互联网+时代的教育信息化理论发展丛书　　主编　胡钦太

本书系国家社会科学基金“十二五”规划（教育类）青年课题“智慧学习环境下创造性人才培养模式的研究”（课题编号:CCA130131）成果

应用与示范：智慧环境与学习创新

胡小勇　郑晓丹　熊　频　著

高等教育出版社·北京

图书在版编目(CIP)数据

应用与示范:智慧环境与学习创新/胡小勇,郑晓丹,熊频著.--北京:高等教育出版社,2020.7

(互联网+时代的教育信息化理论发展丛书/胡钦太主编)

ISBN 978-7-04-051376-9

Ⅰ. ①应… Ⅱ. ①胡… ②郑… ③熊… Ⅲ. ①教育工作-信息化-研究-中国 Ⅳ. ①G43

中国版本图书馆 CIP 数据核字(2019)第 036351 号

YINGYONG YU SHIFAN:ZHIHUI HUANJING YU XUEXI CHUANGXIN

策划编辑	王玉衡	责任编辑	张　召	封面设计	张　志	版式设计	童　丹
责任校对	马鑫蕊	责任印制	田　甜				

出版发行	高等教育出版社	网　　址	http://www.hep.edu.cn
社　　址	北京市西城区德外大街 4 号		http://www.hep.com.cn
邮政编码	100120	网上订购	http://www.hepmall.com.cn
印　　刷	三河市宏图印务有限公司		http://www.hepmall.com
开　　本	787mm×960mm　1/16		http://www.hepmall.cn
印　　张	13.25		
字　　数	230 千字	版　　次	2020 年 7 月第 1 版
购书热线	010-58581118	印　　次	2020 年 7 月第 1 次印刷
咨询电话	400-810-0598	定　　价	55.00 元

本书如有缺页、倒页、脱页等质量问题,请到所购图书销售部门联系调换

物 料 号　51376-00

前　言

教育部颁布的《教育信息化 2.0 行动计划》指出："构建智慧学习支持环境，加强智慧学习的理论研究与顶层设计，推进技术开发与实践应用，提高人才培养质量。"①《教育信息化"十三五"规划》指出："要依托信息技术营造信息化教学环境，促进教学理念、教学模式和教学内容改革，推进信息技术在日常教学中的深入、广泛应用，适应信息时代对培养高素质人才的需求。"②当前，云计算、大数据、学习分析、物联网、智能技术等新技术的发展，推动了信息化教学环境的智能化发展。这为构建新型的智慧学习环境提供了技术支撑，为开展各种信息技术与教学深度融合的创新改革提供了条件，有助于促进创造性人才的培养。

本书依托教育部—中移动科研基金(2012)"教育信息化理论研究"(编号 MCM20121011)、国家社会科学基金教育学青年课题"智慧学习环境下创造性人才培养模式的研究"(编号 CCA130131)展开研究，同时也是华南师范大学创建国家教师教育创新实验区首批教师教育专家工作室研究成果。全书共分为六章：第一章阐述智慧环境与创造性人才培养的基本内涵；第二章介绍智慧学习环境的理论基础；第三章分析智慧学习环境的支撑技术；第四章阐述智慧学习环境的多样化体现及相关案例；第五章阐述智慧环境中的教与学模式；第六章主要介绍各种智慧环境中学习的创新案例。本书写作参考了国内外文献资料，并在注释与参考文献中进行了标注，在此表达敬意和感谢。受时间、资料和精力限制，不足甚至错误之处在所难免，恳请读者指正。

感谢华南师范大学教育信息技术学院的领导和同事提供的良好的工作氛围和研究支持。感谢《电化教育研究》《中国电化教育》《远程教育杂志》《教育信息技术》等期刊的领导和全体编辑给了我们展示学术成果的宝贵平台，感谢提供了宝贵案例的合作单位和学校。此外，还要感谢参与本书编写工作的研

---

① 教育部.教育部关于印发《教育信息化 2.0 行动计划》的通知[EB/OL].[2018-11-11].http://www.ict.edu.cn/p/liaoning/tzgg/n2018050811145.html.

② 教育部.教育部关于印发《教育信息化"十三五"规划》的通知[EB/OL].[2018-11-11].http://www.moe.gov.cn/srcsite/A16/s3342/201606/t20160622_269367.html.

究生：钟丽霞、朱龙、李丽娟、华子荀、冯智慧、伍文臣、饶敏、龙西仔、张华阳、刘怡、陶扬、申晨茜、许钰洋等，以及访问学者战锐。他们为本书的数据调研、资料编纂、内容核对付出了辛勤劳动。还要特别感谢高等教育出版社的编辑为本书出版所做的大量工作。

胡小勇、熊频、郑晓丹

2019年11月15日

目　　录

第一章
智慧环境与创造性人才培养

智慧教育是当代教育信息化的新境界、新诉求。智慧教育是素质教育在信息时代、知识时代和数字时代的深化与提升,是培养面向21世纪创新型人才、智慧型人才、实践型人才的内在需求。①

——祝智庭、贺斌

第一节 智慧学习环境的内涵

一、智慧学习环境的源起

(一)教育信息化的现状及问题

教育信息化是在教育领域,包括管理、教学、科研、服务等方面全面深入地运用信息技术来促进教育改革和教育发展,加速实现教育现代化的过程。随着科学技术的日新月异,以及国家政策的大力支持,教育信息化得到了长足发展。祝智庭认为,“智慧教育是当代教育信息化的新境界、新诉求,智慧教育是素质教育在信息时代、知识时代和数字时代的深化与提升”②。

1. 研究现状

(1)国家层面呼唤教育信息化进一步发展

近年来,国家陆续出台了教育信息化的相关政策文件。《国家中长期教育改革和发展规划纲要(2010—2020年)》提出,把教育信息化纳入国家信息化发展整体战略,超前部署教育信息网络。③ 到2020年,基本建成覆盖城乡各级各类学校的教育信息化体系,促进教育内容、教学手段和方法现代化。充分利用优质资源和先进技术,创新运行机制和管理模式,整合现有资源,构建先进、

---

① 祝智庭,贺斌.智慧教育:教育信息化的新境界[J].电化教育研究,2012(12).

② 祝智庭,贺斌.智慧教育:教育信息化的新境界[J].电化教育研究,2012(12).

③ 教育部.国家中长期教育改革和发展规划纲要(2010—2020年)[EB/OL].[2016-09-08].http://www.moe.edu.cn/srcsite/A01/s7048/201007/t20100729_171904.html.

高效、实用的数字化教育基础设施。加快终端设施普及,推进数字化校园建设,实现多种方式接入互联网。

教育部颁布的《教育信息化“十三五”规划》提出:到2020年,基本建成“人人皆学、处处能学、时时可学”[①],与国家教育现代化发展目标相适应的教育信息化体系;基本实现教育信息化对学生全面发展的促进作用、对深化教育领域综合改革的支撑作用和对教育创新发展、均衡发展、优质发展的提升作用;基本形成具有国际先进水平、信息技术与教育融合创新发展的中国特色教育信息化发展路径。

(2) 科学技术推动教育信息化发展

科学技术高速发展推动了教育信息化发展。教育信息化的技术支持包含:物联网、云计算、大数据等。

物联网[②](Internet of Things,缩写为IOT)是一个基于互联网、传统电信网等信息承载体,让所有能够被独立寻址的普通物理对象实现互联互通的网络。物联网一般为无线网,由于每个人周围的设备可以达到一千至五千个,所以物联网可能包含五百万亿至一千万亿个物体。在物联网上,每个人都可以应用电子标签将真实的物体上网联结,在物联网上都可以查找出它们的具体位置。通过物联网可以用中心计算机对机器、设备、人员进行集中管理和控制。物联网将现实世界数位化,应用范围十分广泛。物联网的应用领域主要包括以下几个方面:运输和物流领域、健康医疗领域、智慧环境领域、个人和社会领域等,具有十分广阔的市场和应用前景。[③]

云计算(Cloud Computing),是一种基于互联网的计算方式,通过这种方式,共享的软硬件资源和信息可以按需求提供给计算机和其他设备。云计算依赖资源的共享以达成规模经济,类似基础设施。服务提供者集成大量的资源供多个用户使用,用户可以通过请求获取更多资源,并随时调整使用量,同时将不需要的资源释放,因此用户不需要因为短暂的需求而购买大量的资源,仅需在有需求时提升租借量,需求降低时便退租即可。服务提供者得以将目前无人租用的资源重新租给其他用户,甚至依照整体的需求量调整租金。

大数据(Big Data),或称巨量数据、海量数据、大资料,指的是所涉及的数

---

① 教育部.教育部关于印发《教育信息化“十三五”规划》的通知[EB/OL].[2016-09-08].http://www.moe.edu.cn/srcsite/A16/s3342/201606/t20160622_269367.html.

② 刘云浩.物联网导论[M].北京:科学出版社,2010.

③ Atzori L,Iera A,Morabito G.The Internet of Things:A Survey[J].*Computer Networks*,2010(15).

据量规模巨大到无法通过人工，在合理时间内达到截取、管理、处理，并整理成为人类所能解读的信息。[①] 随着大数据被越来越多的人提及，有些人惊呼大数据时代已经到来。2012 年《纽约时报》的一篇专栏写道，“大数据”时代已经降临，在商业、经济及其他领域中，决策将日益基于数据和分析而作出，而并非基于经验和直觉。数据挖掘是从大型数据集中发现可行信息的过程，它使用数学分析来派生存在于数据中的模式和趋势。通常，由于这些模式的关系过于复杂或涉及数据过多，因此使用传统数据浏览无法发现这些模式。这些模式和趋势可以被收集在一起并定义为“数据挖掘模型”。

2. 存在的问题

教育信息化是一个长期的发展过程，有其客观规律性，呈现阶段性的特征。根据诺兰模型[②]，我们分析信息化的发展必然会经过六个阶段，包括初始、推广、控制、集成、数据管理和成熟。该模型揭示了教育信息化发展的客观规律，表明信息化发展阶段间存在相互联系、层层递进的关系，实际应用需求和外部环境变化使信息化不断向更高阶段推进，但是这些阶段之间是不能被隔断或超越的。

21 世纪初，国内学校主要围绕数字校园的酝酿、规划、建设和应用开展教育信息化工作。过去数字校园的发展还远非学校信息化发展的终极目标，还没有达到信息化发展的更高级阶段。北京师范大学黄荣怀等从学习环境的变革趋势视角分析了教育信息化的发展由数字校园向智慧校园演进的必然性。[③] 当前数字校园在建设与应用方面主要存在以下问题：第一，数字校园建设在教与学方面融合度不够，其聚焦点主要在系统业务整合和数据集成，不利于教学模式的变革。第二，强调集中式、并发式的数字建设牺牲了业务部门管理信息系统的可扩展性，许多管理系统的应用效果不如预期。第三，数字校园整体上体现的是管理思维，仍旧处于被动处理思维，对最终用户的服务支撑能力依然偏弱。第四，访问方式在时空特性上存在局限，校园内外信息化环境相互“割裂”，交互性不强，难以形成覆盖学校内外各项活动的整体联动的信息化应用环境。[④]

---

① 大数据[EB/OL].[2016-09-08].https://zh.wikipedia.org/zh/大数据.

② 郑凯，聂瑞华.基于诺兰模型的高校信息化发展现状及趋势分析[J].中国教育信息化，2009(11).

③ 黄荣怀，杨俊锋，胡永斌.从数字学习环境到智慧学习环境——学习环境的变革与趋势[J].开放教育研究，2012(1).

④ 胡钦太，郑凯，林南晖.教育信息化的发展转型：从“数字校园”到“智慧校园”[J].中国电化教育，2014(1).

因此，学校教育信息化的发展迫切需要从数字校园向智慧校园转型。而云计算、物联网、移动技术和社交网络等新技术的迅速发展与广泛应用，也为这种转型创造了良好的外部环境与实现手段。信息化外部环境发展演进活跃，新理念与新技术不断涌现。在此背景下，教育信息化发展已清晰地呈现智能化、开放化、个性化与社交化等特征。目前的教育信息化发展的势头良好，教育信息化发展的未来蓝图将体现在智慧教育的建设上面。

（二）智慧教育应运而生

国家将教育信息化纳入国家信息化总体战略，并提出以信息化带动教育现代化，以使教育信息化对教育发展产生革命性影响。正因如此，加快智慧教育的建设与发展也就具备了急迫的发展内在需求和良好的发展环境。①

第一，国家的教育政策，催生了智慧教育。

教育信息化在迎来又一个春天的同时，也迎来了新一轮的发展机遇与挑战，面临着更大的建设力度和更高的发展要求。在这一大背景下，要求加快推进信息技术与教育教学的深度融合，实现教育思想、理念、方法和手段的全方位创新，智慧教育当仁不让地成为教育教学改革和发展的支撑和保障。近年来，互联网教育在我国发展很快。根据《教育信息化十年发展规划（2011—2020年）》，2015年我国要基本建成以网络资源为核心的教育资源与公共服务体系，为学习者享有优质数字教育资源提供方便快捷的服务。② 辽宁省沈阳市计划在2015年建成300所数字化校园。沈阳市二台子小学在日常的教学管理中推广“一对一学习电子书包”“多媒体教学终端云课堂”等多种数字化应用。在实际建设中，这套体系被学校和厂商整合为“智慧教育”，逐渐成为我国教育系统的新标配。③

第二，日新月异的科学技术，促成了智慧教育。

陈杰提出，一场关于物联网的风暴正在席卷全球，物联网与智慧地球的发展动态，将打破人们的传统思维，它的广泛应用必将在后IP时代成为推进全球迈向信息社会的发动机，互联网、物联网智慧教育也已成为当今各国科技和产业竞争的热点。④ 2015年4月17日下午，“美中智慧教育促进中心揭幕仪

---

① 马元福，李奇谦.从数字教育到智慧教育的探索与思考[J].中国教育信息化，2014(1).

② 教育部.教育部关于印发《教育信息化十年发展规划（2011—2020年）》的通知[EB/OL].[2016-09-08].http://old.moe.gov.cn/publicfiles/business/htmlfiles/moe/s3342/201203/xxgk_133322.html.

③ 佘颖.“智慧教育”逐渐成为我国教育系统新标配[EB/OL].[2016-09-09].http://www.ce.cn/xwzx/gnsz/gdxw/201506/20/t20150620_5697416.shtml.

④ Ypd.云平台搭建教育信息化国际快车道[EB/OL].[2016-09-09].http://www.duob.cn/piccont/184194.html.

式新闻发布会”在上海财富天地总部1号云部落“TMT产业园”隆重举行。“美中智慧教育促进中心”是由上海大知科技股份有限公司、美国北美国际教育中心和美昊投资发展有限公司共同组建的一家具有互联网、物联网理念的教育信息科技平台,旨在通过北美国际教育中心与大知科技公司在美中两国的教育信息化、智慧教育研发和教育资源等领域内进行广泛、深度合作,促进美中智慧教育在未来教育中实现跨域式、多维度的发展。关于教育教学中技术的发展及应用趋势,国际新媒体联盟所发布的《2013地平线报告高等教育版》是其显示器与风向标。① 概览2004—2013年《地平线报告》中所列出的技术,其预测的发展与国内教育信息化中技术的研究与应用存在多方面的吻合。物联网、云计算、大数据、移动通信、增强现实等先进信息化技术对智慧教育的建设起到极大的推动作用。事实证明,有效利用信息化可以使人类与生俱来的生理智慧得以延伸;推进智慧教育,能够满足学生更具智慧的发展需求。

第三,现代人才培养目标,呼唤智慧教育。

智慧教育作为“智慧地球”思想在教育领域的延伸,世界上多个国家和地区已将智慧教育作为未来教育发展的方向,如马来西亚、新加坡、韩国、澳大利亚等均颁布了相关的国家教育政策。从数字化教育到智慧教育,这不仅象征着教育信息化中技术的数字化转为智能化走向而促发的“形变”,更蕴含着信息技术促进教育变革所追求的“质变”,尤其是教育文化的创新。以智慧教育引领教育信息化创新发展,带动教育教学创新发展,最终指向创新型人才的培养,已成为教育信息化发展的必然趋势。②

(三) 智慧教育的发展现状与趋势

1. 美国

2010年11月,美国教育部发布《改变美国教育:技术增强的学习——美国国家教育技术计划2010》③(NETP2010),作为美国未来五年教育发展的规划战略,倡导进行信息技术支持的教育系统的全方位、整体性的变革。该计划的核心是提出21世纪的学习模型,分为学习、评价、教学、设施和绩效五大要素,这些都与智慧教育的理念不谋而合。

① NMC地平线项目.2013地平线报告高等教育版(上)[J].龚志武,吴迪,陈阳键,等编译,广州广播电视大学学报,2013(2).

② 祝智庭.以智慧教育引领教育信息化创新发展[J].中国教育信息化,2014(9).

③ Department of Education, Washington, DC. Office of Educational Technology (2010). Transforming America Education Learning Powered by Technology, National Education Technology Plan 2010 [DB/OL]. [2016-09-08]. http://files.eric.ed.gov/fulltext/ED512681.pdf.

在学习方面,NETP2010要求教育工作者聚焦在“如何教”和“教什么”上,以适应学习者个性化的学习需求,要求把学习者放在社会生活或尽量贴近真实的情境中,利用技术为其提供各种方法,使个性化学习成为一种普遍、广泛的学习方式,增加学生学习动力,提升其学习能力和知识水准,获得更高的学业成就。①

在评价方面,NETP2010希望采取更新、更好的方式来衡量、判断学习者的真实能力水平与发展趋势。关于21世纪的新型评价,奥巴马在2009年关于教育改革的谈话中呼吁“我们国家各州主管教育的领导和国家教育部门制定的评价标准,这种评价不要只是简单地衡量学生是否在测试中可以像一个气球一样被填充,而是衡量他们是否拥有21世纪的技能,如解决问题能力、批判性思维和创业创新精神”②。因此,需要设计出能够衡量21世纪能力的标准和评估系统,这一系统应对批判性思维、复杂问题解决、合作、创新、社会交际等多项能力做出评价。③

在教学方面,NETP2010要求运用技术来促进教学模式的转变,帮助教师提升能力。在新的教学模式中,教师与教学数据、教学工具相联系,使用相关数据进行评价;与内容、资源和系统相联系,以创设、管理为学生提供学习体验;与学生相联系,以直接支持学生学习,无论其位于何处。这种联系给予教师接触资源和专业知识的渠道,以改进他们的教学实践,并且成为学生进行自我导向学习的促进者与协作者。在该教学模式下教学成为团队行为④。

在设施方面,NETP2010提出基础设施配置应着力于构建可持续发展的学习模式,除包含不断改进的硬件、系统和管理工具以外,还应涵盖人、过程、学习资源和政策。这种基础设施建设是一项长远的工程,应确保教师和学习者在校内外均可以便捷地接入网络,支持开放教育资源的开发与利用,有合适的软件和资源,为教师和学习者提供在线学习社区和学习平台进行交流和协作,

① Keris. Adapting Education to the Information Age 2011[EB/OL]. [2016-09-08]. http://english.keris.or.kr/whitepaper/WhitePaper_eng_2011_wpap.pdf.

② IBM. Education for a Smarter Planet: The Future of Learning[EB/OL]. [2016-09-08]. https://www.calvin.edu/~dsc8/documents/IBM-Smarter-Planet-June-2009.pdf.

③ IBM. Smarter Educational Framework[EB/OL]. [2016-09-08]. http://www-935.ibm.com/services/multimedia/Framework_-_Smarter_Education_With_IBM.pdf.

④ National Education Technology Plan[EB/OL]. [2016-09-08]. http://www.ed.gov/sites/default/files/netp2010.pdf.

促进校内外学习的无缝连接,使新的学习模式成为可能。[①]

2015 年,美国在 NETP2010 的实施以来取得成果的基础上,结合美国教育面临的挑战,有针对性地提出第五个“美国教育技术规划”——《为未来做准备的学习:重塑技术在教育中的角色》(NETP2016)[②],其中包含五大基本领域:学习、教学、领导力、评价和基础设施。在学习方面提出希望通过正式与非正式的学习的融合促使学生成为当前全球互联社会中积极的、创造的、有知识的、合乎伦理的参与者。在教学方面,教师则利用技术更好地激发学生学习,提供更加有效的教学,实现智慧教育。与 NETP2010 相比,NETP2016 增加了“领导力”,这是美国提出的保证教育高效率的关键因素。美国教育部与大多数国家的教育管理部门不同,它只对学校所在的州政府有一定影响,NETP 只是一种建议而非强制政策,学校可以决定是否参照执行。“领导力”的提出是希望在教育领导者角色和责任的所有层面中嵌入对技术支持教育的理解,州、区域和地方应建立在学习中使用技术的愿景,促进智慧教育的发展。在评价方面提出教育系统在各个层面上都将发挥技术的力量,对重要的事情进行测量,并且使用评价数据提高学习效率,能够真正实现个性化学习,实现深度学习和智慧学习。在基础设施方面提出任何学生和教师,无论何时何地,都可以根据需要使用可靠、全面的基础设施进行学习。NETP2016 提出的“为未来准备的学习”理念,具有战略性和前瞻性,这有利于推动智慧教育的发展、推动美国教育信息化快速发展。

2. 马来西亚

马来西亚早在 1999 年就提出“智慧学校计划”(表 1-1),到 2010 年将所有学校都转型为智能学校,从而促进马来西亚教育系统的整体性变革,为培养信息时代人才奠定基础,目的是让马来西亚进入发达国家行列。马来西亚建立智慧学校质量标准(SSQS),用来检测信息通信技术在学校的应用情况,最高级别学校满足所有指标要求,其次是先进级(满足大部分指标)、中等级、基础偏上级以及满足最基本设备要求的基础级。其对智慧校园的评价具体有以下特征:教与学以学习者为中心,适合不同学生的学习风格;学生具有高水平的思考能力,学生自主制定课程的教学进度、自主学习、自我导向;教师和管理人员能够熟练地运用信息通信技术处理日常事务;善于创新和改革的教师能

① Barack O.Taking on Education:Address to the Hispanic Chamber of Commerce[EB/OL].[2016-09-08].http://www. whitehouse. gov/blog/09/03/10/Taking-on-Education.

② Joseph S. Future Ready Learning: Re-imagining the Role of Technology in Education[EB/OL].[2016-09-08].http://tech. ed. gov/files/2015/12/NETP16. pdf.

够使用信息通信技术成为优化教学和学习的催化剂。

表 1-1 马来西亚的智慧学校计划

国家	项目名称	特色	评估标准
马来西亚	智慧学校计划	(1) 提供个人全方位发展 (2) 注重智能、情绪和身体的发展 (3) 培养科技素养和能力 (4) 建立教育民主化制度	马来西亚建立智慧学校质量标准,用来检测信息通信技术在学校的应用情况,评估中基础设施占 10%,资源情况占 10%,信息通信技术使用占 40%,人力资源(发展培训)占 40%,SSQS 星级标准分为 5 级

3. 新加坡

早在 2006 年,新加坡就公布了第六个国家信息化蓝图:“智慧国计划”。这是由新加坡资讯通信发展管理局(IDA)主导的一项为期 10 年的国家总体规划,预估耗资上百亿新加坡元,旨在将新加坡建设成为全球领先的信息化国家,使信息通信技术成为社会生活中不可或缺的一部分。2008 年新加坡制订了教育信息化三期规划,旨在将信息技术融入教育过程的核心,重视培养精通信息技术、具有竞争力的专业教师队伍,关注有意义的整合,并深层次改变师生的思维,使得学生随时随地学习。

2015 年,新加坡在其 iN2015 计划中提出实施智慧教育计划[①],iN2015 计划的建设目的和建设重点如表 1-2 所示。智慧教育计划的主体是 EdVantage 项目,目标是提供一个延伸至课堂以外的以学习者为中心的交互式学习环境。该项目分为三部分:iACCESS,为学习者的学习提供随时随地的信息接入以满足随时随地发生的学习;iLEARN,为学习者提供交互式数字学习资源;iEXPERIENCE,为学习者提供交互式智能学习应用,以满足不同学习方式的需求。iN2015 计划的目标如下:

第一,所有学校都有能力使用信息通信技术,其中有 10%~20%的学校是“实验学校”,它们将能在教学中试用最新的应用软件;有 5%的学校为“未来学校”,它们是走在信息技术应用最前端的学校。

---

① Info-communications Development Authority.Empowering Learners and Engaging Minds,through Info-comm:Report by the iN2015 Education and Learning Sub-Committee[EB/OL].[2016-09-08].http://www.ida.gov.sg/doc/About%20us/About_Us_Level2/20071005103551/03_Education_and_Learning.pdf.

表 1-2 新加坡的 iN2015 计划

国家	项目名称	建设目的	建设重点
新加坡	iN2015 计划	使公民更好地适应未来的信息社会,能够运用信息技术手段随时随地进行个性化学习与终身学习,保持个人乃至整个国家的竞争力	(1) 建立学习者为中心的个性化学习空间 (2) 建设国家范围的教育基础设施 (3) 使新加坡成为全球教育领域使用信息技术的创新中心。新加坡智慧教育计划主要通过 EdVantage 项目的实施来落实

第二,所有学校中至少有 20%的课程应用信息技术支持学生自我管理和合作学习;每所学校都拥有一名“网络健康大使”和四名“信息技术顾问”,以促进信息技术充分、有效地应用于学习与教学。

第三,将为所有学生提供接入课本、课程和学习项目的个性化信息技术设备,并促成网络化学习应用工具和内容的开发,以实现“没有墙壁的课堂”的梦想。

第四,新加坡家庭宽带渗透率达到 90%,电脑在拥有学龄儿童的家庭中的渗透率达到 100%。

在学校中,所有学生都具备自我管理学习的能力,能够选择正确信息,并能从一大堆信息中区分出重要信息。教师能根据每个学生的最佳学习方式调整教学设计,让学生实现随时随地的学习。信息技术应用让学习更加灵活与机动,学生将从教室的物理空间中解放出来,从经过组织的、刻板的课程时间中解放出来。

4. 韩国

韩国教育科学技术部(MEST)于 2011 年 6 月向韩国总统府提交了《通往人才大国之路:推进智慧教育战略》提案,并于同年 10 月发布了《推进智慧教育战略》,目的是进行智慧教育变革,改造课堂,提高技术支持的学习效果,培养适应未来信息社会的创新型国际人才。MEST 在战略提案中将智慧教育中的智慧(SMART)一词,分解成五个单词的首字母缩写,这五个字母代表了智慧教育的五大特征,分别是自我导向(Self-directed)、激励(Motivated)、自适应(Adaptive)、丰富的资源(Resource-enriched)和无所不在的技术(Technology-embedded)。

韩国智慧教育发展战略是在教育信息化高度发展的基础上推进实施的。韩国2011年颁布了“智慧教育推进战略”的国家教育政策(表1-3)。[①] 该政策主要包含六大战略:第一,数字教科书的开发和应用,争取到2015年取消纸质教材;第二,通过加强在线学习与大学先修课程制度间的联系等措施推广在线学习;第三,构筑教育内容的公共利用环境,确保资源在受保护的条件下被广大教师和学生自由使用;第四,强化智慧教学与管理,提升教学质量,促进教育管理的规范化、科学化和智能化;第五,推行以云计算为基础的教育服务;第六,设立旨在推进智慧教育的未来教育研究中心。韩国智慧教育战略体系的核心是数字教科书的普及推广,期望通过教材的彻底革新来带动整个教育体系的升级改造。该战略的实施带来不错的成效,韩国用事实证明“智慧教育推进战略”是可行的,是韩国教育信息化的重要战略计划。

表1-3　韩国的智慧教育推进战略

国家	战略名称	内容成果	亮点
韩国	智慧教育推进战略	(1) 教育信息化基础设施已经普及 (2) 教育信息化的相关法律和标准较为完善 (3) 教师信息化能力达到较高水准 (4) 数字教学资源快速发展 (5) 数字学习与研究环境已经初步建成	(1) 关注相关法律法规的制定,通过立法为智慧教育的发展保驾护航 (2) 高度重视信息技术给教育带来的负面影响,并努力消弭这些负面影响对智慧教育推进造成的阻碍 (3) 突出公众宣传,获得国民对智慧教育变革的理解和支持,汇聚各方力量共同建设与发展智慧教育,努力提升其在国际上的影响力 (4) 打造智慧教育产业链,努力抢占国际智慧教育市场

该战略包含七项主要任务,分别是:数字教科书的开发和应用;推广在线学习,构建在线评价系统;推进教学资源的公共利用,规范信息通讯伦理教育以避免信息技术带来的社会问题;强化教师的智慧教学能力;推行以云计算为

① Choi J W, Lee Y J. The Status of SMART Education in KOREA[C]//EdMedia: World Conference on Educational Media and Technology. Association for the Advancement of Computing in Education, 2012: 175-178.

基础的教育服务；升级智慧教育推动体系；宣传扩大韩国智慧教育政策在国内乃至国际的影响力。为了落实智慧教育推进战略的七项任务，韩国政府采取了如下策略：一是对相关政策法规进行修改和制定，以应对教学模式变革带来的变化，例如制定隐私保护法，修改远程教育产业发展法，修改私人学校与课外补习班建立与运作规定，修正版权法与版权保护制度等；二是建立并推广涵盖教学环境、教学资源、教学方法、教师和学习者等各教学要素并可以产生良性循环的智慧教育生态系统；三是尽力降低智慧教育环境中的数字鸿沟以及其他由信息技术应用引发的负面影响；四是将飞速更新换代的技术引入课堂时尽量选择相对经济的方案。

经过教育信息化综合发展的一至三期规划，韩国的教育信息化基础设施已经普及，教育信息化的相关法律和标准较为完善，教师信息化能力达到较高水准，数字教学资源快速发展，数字学习与研究环境已经初步建成。2009 年经济合作与发展组织，简称经合组织（OECD）组织的 PISA（Program for International Student Assessment，国际学生评估项目）测试中，韩国学生在数字阅读素养评价中位居首位[①]，说明韩国学生应用数字技术支持学习的能力在国际领先。

5. 中国

《教育信息化十年发展规划（2011—2020 年）》进一步明确了我国教育信息化事业发展的指导思想、工作方针、发展任务、行动计划和保障措施。此外，一些地区已经制订智慧城市发展规划与行动计划，正在紧锣密鼓地推进智慧城市建设。这些纲要与规划的制订为我国发展智慧教育提供了良好的政策环境。

2015 年江苏省人民政府办公厅出台《省政府办公厅关于推进智慧教育的实施意见》，提出智慧教育的建设目标[②]：以提升“三通两平台”（宽带网络校校通、教学资源班班通、学习空间人人通和教学资源公共服务平台、教育管理公共服务平台）的建设、管理、应用水平为抓手，以健全智慧教育体制机制和提升师生信息素养为依托，加快建设涵盖各级各类教育的智慧教育公共服务体系。到 2016 年，基本建成以移动终端、智慧教室、智慧校园、智慧教育云等为主要标志的智慧教育环境，能够实施以自主学习、个性化学习、协作学习、泛在学习

---

① 新华社.十八大报告解读：如何促进教育公平？[EB/OL].[2016-09-08].http://www.gov.cn/jrzg/2013-02/08/content_2329759.htm.

② 江苏省人民政府办公厅：江苏省政府办公厅关于推进智慧教育的实施意见[EB/OL].[2016-09-08].http://www.ict.edu.cn/laws/difang/n20150401_23457.shtml.

为主要特征的智慧教学和基于互联网、大数据、云计算的智慧管理，培养一大批适应“互联网+”和智能化信息生态环境、具有较高思维品质和较强实践创造能力的智慧教育人才。

《上海市推进智慧城市建设行动计划(2014—2016)》将智慧教育作为重点专项之一，提出[①]：发挥信息技术对教育现代化的支撑作用，建立教师备课和学生学习支撑系统，创新教学手段和模式。建设大规模智慧学习平台，为市民提供在线学习、终身学习等个性化学习服务。以建设上海教育资源中心为突破口，探索建立资源建设多元评价机制和共享激励机制，促进优质教育资源向社会开放。建设上海教育数据中心，汇集整合各级各类教育数据，以教育大数据支撑教育管理决策、教学研究和公共信息服务。推动涵盖校区管理、教务安排、后勤保障等内容的智慧校园建设，深化“易班”——上海大学生网络互动社区建设，打造互动、开放、共享的网络平台。鼓励企业和社会机构挖掘需求，建设网络服务平台，面向不同人群提供开放式在线课程，丰富互联网教育产品。

2013 年广州市确立多所中小学作为中小学智慧校园建设试点，强调以构建生态型智慧教育体系为目标，以师生发展为根本，以促进教育改革和创新为核心，实验先行、改革探索、以点带面，探索在校园环境、学校管理、教师队伍、教学模式、教育科研、家校互动等方面有效利用新技术，构建素质教育生态体系的新模式、新方法和新途径，逐步形成智慧型的教育体系，推动信息时代的教育改革与创新发展。

总的来说，我国智慧教育的发展要在《国家中长期教育改革和发展规划纲要(2010—2020 年)》的指导下，利用物联网、云计算、移动通信、大数据等先进技术，充分整合教育系统内外现有资源，打造涵盖各级各类教育机构，融合贯通不同教育阶段，支持各类教育主流业务开展的智慧教育系统，为各类用户提供教育服务。为了更好地推进我国数字教育向智慧教育的跃迁升级和创新发展，需要结合我国国情，站在抢占全球教育发展制高点的战略高度，制定具体发展战略。

二、智慧学习环境的内涵与特征

(一) 智慧学习环境的内涵

1. 智慧的含义

在中文语境中，智慧是“能迅速、灵活、正确地理解事物和解决问题的能

---

① 上海市经济和信息化委员会.上海市推进智慧城市建设行动计划(2014-2016)[EB/OL].[2016-09-08].http://www.sheitc.gov.cn/zxgh/665205.html.

力”。在英文语境中,智慧用 Wisdom 一词表示,剑桥词典对智慧的解释是:“利用知识经验作出好的决策和判断的能力”(Ability to Use Your Knowledge and Experience to Make Good Decisions and Judgements)。华东师范大学祝智庭认为,智慧是一种高阶思维能力和复杂问题解决能力,智慧的精神内核是伦理道德和价值认同,智慧强调文化、认知、体验、行为的圆融统整。[①] 智慧具有“双重词性”,既可充当动词(学习作为运用智慧的过程),也含有名词的含义(智慧作为学习的一种结果),即智慧既是目的,也是手段。智慧教育的基本假设是:以先进的、适宜的信息技术作为基本支持,设计开发各种新型的、能适应各种特定的学习/教学需求的智慧学习环境,利用计算系统或其他智慧设备分担大量烦琐的、机械的、简单重复的学习任务,引导学习者将更多心理资源(如注意力、工作记忆、动机系统)投入更为复杂、更有价值、更需智慧的学习任务中,以利于发展学习者的批判性思维、创造力、协作能力、平衡能力以及问题解决能力。

2. 智慧教育的含义

最早倡导智慧教育概念的是 IBM 公司。IBM 公司认为,未来智慧教育的内涵包括:第一,以学生为中心:教学活动以学生为中心而设计;关注个性化学习与发展。第二,实时统计与分析:对教学、教育资源的科学分配、集中管理、实时监测;对教学效果和学生学习进展与技能水平的实施评估和考量;针对不同角色的实时的统计分析,支持管理方(教育局)、服务方(学校、第三方教育机构)、公众等多视角多层次的统计分析。第三,集成管理:对教学过程和管理过程的集成化操作和处理;对教育辅助设施的智能化管理;对优秀教育教学管理体制、流程和规范的快速复制和推广;对个人和群体教育信息的完整性记录和管理。第四,多样化的互动式体验:多样化的教学工具和方式;无地域和时间限制的公众在线学习;互动式的、体验式的教学模式。第五,共享资源:高度集成的资源共享;随处随时可得的优质资源。[②]

近年来,智慧教育受到越来越多的关注,其内涵也在不断发生变化。可是,目前国内外对“智慧教育”还没有形成统一的认识,不同领域、不同行业对智慧教育的关注点不同,因此,对智慧教育的理解也不尽相同。我国知名学者从不同的角度尝试对智慧教育的内涵进行界定,如表 1-4 所示。

---

① 祝智庭,贺斌.智慧教育:教育信息化的新境界[J].电化教育研究,2012(12).

② Palmisano S J. A Smarter Planet:The Next Leadership Agenda[J].IBM,2008(6).

表 1-4 我国学者对智慧教育的内涵界定

学者	界定视角	内涵界定
何锡涛等	将智慧教育视为教育改革与发展的历史进程①	智慧教育是指依托计算机和教育网，全面深入地利用以物联网、云计算等为代表的新兴信息技术，重点建设教育信息化基础设施，开发和利用教育资源，促进技术创新、知识创新，实现创新成果的共享，提高教育教学质量和效益，全面构建网络化、数字化、个性化、智能化、国际化的现代教育体系，推动教育改革与发展的历史进程
蒋家傅	将智慧教育视为随着技术的革新与发展的智能教育②	智慧教育是一种基于学习者自身的能力与水平，兼顾兴趣，通过娴熟地运用信息技术，获取丰富的学习资料，开展自助式学习的教育。该观点重点关注学习过程与方法，认为 SMART 是由自主式(Self-directed)、兴趣(Motivated)、能力与水平(Adaptive)、丰富的资料(Resource enriched)、信息技术融入(Technology embedded)等词汇构成的合成词。该观点重点关注信息技术手段及信息通信技术的智能应用
柯清超	将智慧教育视为一种教育的新形态③	智慧教育是信息时代教育发展的一种新形态，大数据时代的教育创新以变革工业时代的“教学工厂”，构建适应信息时代人才培养需要的教育模式为根本目标，智慧教育将是教育信息化发展的新阶段，是人文、科技与教育的高度融合，也将是信息时代教育发展的未来
祝智庭等	将智慧教育视为教育信息化发展的新阶段④	智慧教育是教育信息化的新境界，智慧教育主张借助信息技术的力量，创建具有一定智慧的(如感知、推理、辅助决策)学习时空环境，旨在促进学习者的智慧全面、协调和可持续发展，通过对学习和生活环境的适应、塑造和选择，以最终实现对人类的共善(对个人、他人、社会的助益)

3. 智慧教育的相关研究

2008 年，时任 IBM 首席执行官的彭明盛(S. J. Palmisano)在所作的报告——《智慧地球：下一代领导议程》中首次提出了智慧地球的概念。“智慧地

① 何锡涛，沈坚，吴伟，等编著.智慧教育[M].北京：清华大学出版社，2012.

② 蒋家傅. 智慧教育与智慧校园[J]. 中国教育信息化，2013(20).

③ 柯清超. 大数据与智慧教育[J]. 中国教育信息化，2013(24).

④ 祝智庭，贺斌.智慧教育：教育信息化的新境界[J].电化教育研究，2012(12).

球"表达了 IBM 对如何运用先进的信息技术构建新的世界运行模型的一个美好愿景。借助新一代信息技术(如传感技术、物联网技术、移动技术等)的强力支持,地球上"几乎所有东西——任何物理对象、过程或者系统——都可以被感知化、互联化和智慧化"①。"智慧地球"思想渗透到不同领域中,催生出许多新的概念,如智慧城市在韩国首尔(2001)泛在城市规划、欧盟(2007)智慧城市报告中皆有体现。

(1) 生态学视角下的智慧教育

从生态观的视角出发,智慧教育是依托物联网、云计算、无线通信等新一代信息技术所打造的物联化、智能化、感知化、泛在化的教育信息生态系统,是数字教育的高级发展阶段,旨在提升现有数字教育系统的智慧化水平,实现信息技术与教育主流业务的深度融合(智慧教学、智慧管理、智慧评价、智慧科研和智慧服务),促进教育利益相关者(学生、教师、家长、管理者、社会公众等)的智慧养成与可持续发展。

智慧教育要教会学生 21 世纪生存技能,包括学习与创新技能(批判性思考和解决问题能力、沟通与协作能力、创造与革新能力)、数字素养技能(信息素养、媒体素养、通信技术素养)和职业生活技能(灵活性与适应能力、主动性与自我导向、社交与跨文化交流能力、高效的生产力、责任感、领导力等)。

(2) 信息化视角下的智慧教育

祝智庭等认为智慧教育是信息化教育的新境界,主张借助信息技术的力量,创建具有一定智慧的(如感知、推理、辅助决策)学习时空环境,旨在促进学习者的智慧全面、协调和可持续发展,通过对学习和生活环境的适应、塑造和选择,最终实现对人类的共善(对个人、他人、社会的助益)。②

(二) 智慧学习环境的特征

智慧教育是在物联网、云计算、大数据、移动通信、增强现实等先进信息技术支持下的新型教育形态,呈现不同的教育特征和技术特征。

1. 教育特征

从生态学的视角来看,智慧教育是科学技术推动下的和谐的教育信息生态系统,其核心教育特征可以概括为:信息技术与学科教学深度融合、教育资源无缝整合、支持泛在学习、绿色高效的教育管理、基于大数据的科学分析。

---

① IBM.Let's Build a Smarter Planet[EB/OL].[2012-09-09].http://www.ibmbusinessinsight.con/blog/wp-content/uploads/2009/12/Smart_Planet.pdf.

② 祝智庭,贺斌.智慧教育:教育信息化的新境界[J].电化教育研究,2012(12).

(1) 高效的教育管理

不仅学生的学业需要“减负”,教育的管理也需要“减负”。智慧教育推动管理流程的精简化,废除或优化一些不合时宜的管理制度,比如说烦琐的公文审批程序、设备采购程序、经费报销程序等,从而不断提高教育管理业务的运行效率。其中,云计算技术通过大规模地整合基础设施、研发平台、应用软件三种资源,统一对外提供服务,可以实现管理数据的统一处理和集中存储,实现管理业务流程的统一运行和监控。物联网技术可以进行智能化识别、定位、跟踪、监控和管理,从而提高管理的效率。大数据技术通过全面收集各种数据,进行科学统计分析和挖掘处理,进而为教育决策提供数据支撑。

(2) 信息技术与学科教学的深度融合

以学习者为中心,不同时代的人学习方式不同,技术影响人们的学习方式。未来五年,推动高等教育信息化发展的主要趋势是人们期望能够按照自己的意愿在任何时间、任何地点,从事工作、学习和研究。教育模式正在发生变迁,包含了网络学习、混合式学习与协作学习,强调在课堂中开展更多基于挑战的主动学习。

信息技术与学科教学的深度融合是智慧教育的价值追求。课堂是教育改革的主阵地,学科教学是教育系统的核心业务。智慧教育环境下的电子书包、平板电脑、智能手机等移动终端将发展成为课堂教学的常规载体,BYOD (Bring Your Own Device)运动将得到普及。智慧教育需要广大师生具备较强的信息技术应用能力,促进技术走入课前、课中和课后教与学活动中,进而促使信息技术与学科教学深度融合。

现代教育技术在教学中的应用,主要体现为信息技术与课程的整合思想,是以实现信息技术与学科教学之间的“融合”,达到优化教育、教学过程的目的,它的本质是在先进的教育思想、教育理论的指导下,把以 IT 设备和互联网为核心的信息技术作为促进学生自主构建学习的认知工具、情感激励工具及丰富的教学环境的创设工具,并将这些工具全面地应用到各学科的教学过程中,使各种教学资源、各个教学要素和教学环节经过整理、组合促进技术与教育深度融合,推进人才培养模式改革,推动优质教育资源开放共享。从而达到培养学生创新精神与实践能力的目标。①

(3) 教育资源无缝整合

近年来,在世界知名大学的大力推动下,公开教育资源(Open Educational

---

① 张永涛,藏智超.信息技术与教育教学深度融合方法探讨[J].大学教育,2013(14).

Resource,简称 OER)和大型在线开放课程(Massive Open Online Courses,简称 MOOC)浪潮席卷全球,推动了优质教育资源的传递,使得世界各地的学生和社会公众可以轻松获取任何适合自己的教育资源。优质教育资源的无缝整合与共享,将有可能缩小世界教育的鸿沟,提升欠发达国家和地区的教育质量,实现教育公平。

在正式教育中,教育资源的整合有其特定的内涵。"数字资源整合"是依据一定的需要,对各个相对独立的数字资源系统中的数据对象与功能结构及其互动关系进行融合、类聚和重组,形成一个效能更好、效率更高的新的资源体系。"数字化教学资源整合"是指遵循一定的原则、规范、标准,把一个组织内不同部门之间的资源(包括教学媒体素材、试题、课件、文献资料等数字化教学内容、数字化学习环境、教学活动自动化管理系统等)进行融合、类聚、重组,实现资源间的无缝连接,形成一个效能更好的数字资源体系,使用户能够在统一的界面上完成对不同载体、不同形式、分散异构的教学资源的检索和利用。

(4) 基于大数据的科学分析

"靠数据说话",是智慧教育评价的重要指导思想。物联网技术、云计算技术、移动通信技术、大数据等新一代信息技术的发展为教育评价提供了技术条件。智慧教育环境下的教育评价包括中小学的学业成就评价、学习行为分析、体质健康评价、本科教学质量评估等,新技术的支持使教育评价更具有智慧性、科学性和可持续性。

运用学习分析技术来提高学习者成绩的学校有很多。如德雷塞尔大学(Drexel University)收集数据的方法①是采用在线教学管理系统的"视野之星报告"(Vistas Star Report),进而对学习者的在线学习时间、登录次数、下载量等相关数据进行收集评估。美国北卡罗来纳州立大学(North Carolina State University)也是运用学习分析技术对学校已有的学生信息以及针对学习者进行问卷调查等形式获得的数据进行统计分析后,预测学习者在第一学期的学习成绩。

(5) 支持泛在学习

随着时代的发展,学习需求变得无处不在,学习也无时无刻不在发生。智慧教育环境下的学习将走向泛在学习。泛在学习不是以某个个体为核心运转的,泛在学习是一种无处不在的学习,它包含了三个方面的内涵:无处不在的学习资源、无处不在的学习服务和无处不在的学习伙伴。学习者根

---

① 乔金瑶,王红.学习分析技术在未来教育中的应用[J].软件导刊,2013(12).

据各自的需要在这种多样的空间中以不同的方式进行学习，使所有的实际生活空间成为学习空间。知识的获取、储存、编辑、呈现、传播、创造等最优化的智能环境将促进学习者信息素养和综合能力的提高。泛在学习资源环境不仅包括了整个互联网络拥有的信息资源，甚至把整个社会和自然界都纳入其中；不仅包括狭义的信息资源，也涉及技术资源、设施资源、人力资源和环境资源。

泛在学习是一种随时、随地、随设备学习的"三随"自主学习方式，创造智能化的环境使学生能够充分获取学习信息，对传统的教育和思维方式产生了冲击。对整个教育机构来说，泛在学习应与学校教育融为一体。泛在学习的目标就是创建让学生随时随地、利用任何泛在终端设备进行学习的资源环境，更有效地实现以学习者为中心的教学。

2. 技术特征

从技术视角来看，智慧教育是一个集约化的信息系统工程，其核心技术特征可以概括为：情境感知、无缝连接、全向交互、智能管控、按需推送、可视化展现。①

(1) 情境感知

情境感知(Context Awareness)技术源于所谓普适计算(Ubiquitous Computing)的研究，最早由施利特(Schilit)提出②。情境感知简单地说就是通过传感器及其相关的技术使计算机设备能够"感知"到当前的情境。情境感知将成为一种利用新生代智能手机或可穿戴设备应用软件，收集对你的行为进行更细致的"猜测"的信息，从而帮助你完成日常工作。常用的情境感知技术包括全球定位系统(GPS)、射频识别(RFID)、二维码和各类传感器，如：温度、湿度、二氧化碳、光照等。在智慧教育中，情境感知技术主要运用于收集教与学活动实施的物理位置信息、活动过程信息、环境信息、学习者的学习状态和认知风格信息等。

(2) 无缝连接

无缝连接，指的是在充分掌握系统的底层协议和接口规范的基础上，开发出与之完全兼容的产品。泛在学习网络要求资源和服务的无缝连接，这是智慧教育的基本要求。无缝连接能跨平台实现数据共享，允许多终端访问，支持无缝获取学习资源与服务，允许多终端无缝切换，通过增强现实等技术也能实

---

① 杨现民. 信息时代智慧教育的内涵与特征[J]. 中国电化教育，2014(1).

② Schilit W N.A System Architecture for Context-Aware Mobile Computing[J].phd Thesis，Columbia University，1995.

现物理环境和虚拟环境的融合。

(3) 全向交互

智慧教育系统支持全方位的交互,包括人与人之间的交互和人与物之间的交互。这种全方位的交互主要包括自然互动和深度互动。自然互动是指通过语音、手势等自然的操作方式与媒体和系统进行交互,深度互动则是实现师生之间、生生之间随时随地的互动交流。

(4) 智能管控

智能管控包括智能控制、智能诊断、智能分析、智能调节、智能调度等方面。智能控制是基于标准协议的实现信令互通,进而实现教育环境、教育资源、教育管理和教育服务等全过程的智能控制。智能诊断和分析能根据智能控制的数据和结果,复制管理者诊断问题,及时有效地解决存在的问题。智能调节和调度能够依据教与学的实际需求,智能地调节环境指标和科学调度资源和经费等。

(5) 按需推送

按需推送是指根据用户的学习偏好和需求,个性化地为用户推送资源、服务、工具等。

(6) 可视化展现

可视化展现是信息时代数据处理和显示的必然趋势,是智慧教育数据分析、决策的必备功能。通过图形界面,清晰、直观、全面地呈现各类教育统计分析数据,从而为教育决策提供科学的数据。

(三) 智慧教育的功能

1. 智慧教育的系统组成

智慧教育是一个复杂的系统,杨现民等结合智慧城市体系,把智慧教育体系概括为"一个中心、两类环境、三个内容库、四种技术、五类用户、六种业务"①。赵秋锦等进一步提出了智慧教育环境的系统模式,并描述了体系模块相互连接的部分技术。② 从智慧教育功能与技术的融合角度出发,智慧教育是一个由多个教育活动、过程以及功能技术模块共同构成且相互反馈的复杂生态体系。该生态体系由以学习者为主体的智慧学习、以教学者为主体的智慧教学、开发者视角的智慧教育资源与技术环境(智慧教育云)、管理者视角的智慧教育制度等四个主要部分构成,如图 1-1 所示。

---

① 杨现民,余胜泉.智慧教育体系架构与关键支撑技术[J].中国电化教育,2015(1).

② 赵秋锦,杨现民,王帆.智慧教育环境的系统模型设计[J].现代教育技术,2014(10).

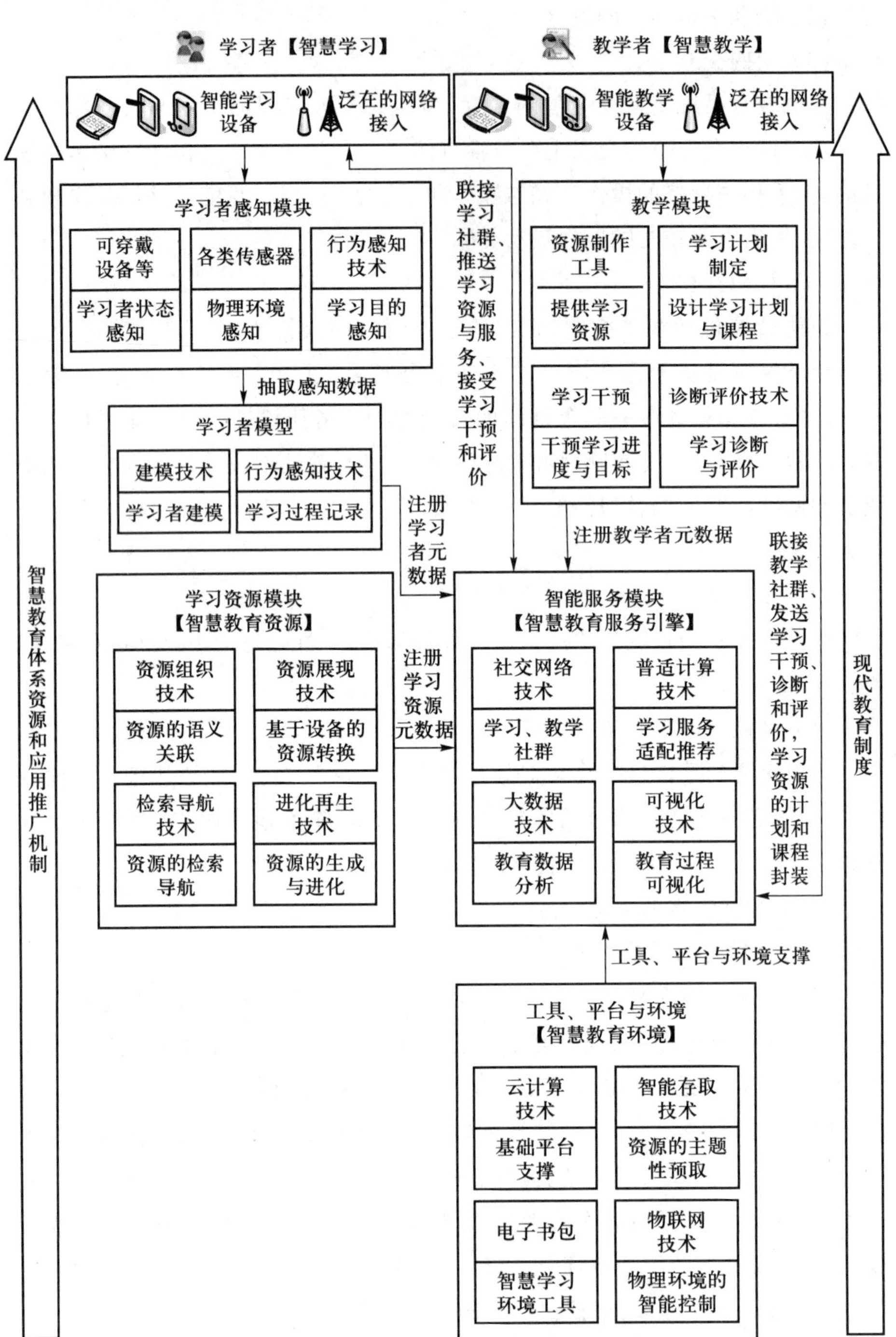

图 1-1　智慧教育体系与功能模型

以学习者为主体的智慧学习:可以解构为四个功能技术模块:学习者(包括智能学习设备和泛在的网络接入)、学习者感知模块、学习者模型和智慧教育服务引擎提供的学习服务。

以教学者为主体的智慧教学:可以解构为三个模块:教学者(包括智能教学设备和泛在的网络接入)、教学模块和智慧教育服务引擎提供的教学服务。

开发者视角的智慧教育资源与技术环境(智慧教育云):可以解构为三个模块:学习资源模块,工具、平台与环境模块以及智能服务模块。

管理者视角的智慧教育制度可以解构为两个模块:现代教育制度、智慧教育体系的资源和应用推广机制。各个模块中细线方框表示智慧教育功能,粗线方框表示功能所依托的信息技术。

在各模块中,智能服务模块居于中心地位,是整个智慧教育体系中的核心模块和运转引擎,它从其他系统模块中获取各类信息,并通过内在嵌入的智能技术提供智慧教育的各类服务。

基于上述体系,典型的智慧学习过程可以描述为:学习者借助智能学习终端和智慧学习物理环境,通过泛在网络环境无缝接入智慧教育云。智慧教育云通过感知学习者学习目标、状态变化、物理环境和学习历史,主动向学习者推送相对应的教学服务、学习资源和学习工具,帮助学习者适配和连接学习社区,智能调控学习者的物理学习环境。简而言之,智慧学习能够更加贴近学习者的学习需求,满足学习者多样化的学习行为,赋予学习者学习的主导权,从而培养更有智慧的学习者。

典型的智慧教学过程可以描述为:教学者借助智能教学工具,通过泛在网络环境无缝接入智慧教育云。智慧教育云分析学习者的统计数据和学习资源统计数据,为教学者的教学设计和资源构建提供智能建议和教学工具,帮助教学者适配和连接教学社区。在具体的教学过程中,智慧教育云向教学者及时反馈学习者的学习情况,教学者按需动态地提供学习干预,准确地进行学习诊断和评价。

2. 智慧教育的系统功能

智慧教育系统主要有五类核心用户,包括教育管理人员、教师、学生、家长和社会公众(图 1-2)。智慧教育的宗旨是为各类用户提供最需要、最便捷的教育服务,以满足他们接受美好教育的期盼。

(1) 为管理人员提供智慧管理服务

利用信息技术实现职能信息管理的自动化,实现上下级部门之间更迅速便捷的沟通,实现不同职能部门之间的数据共享与协调,提高决策的科学性和

图 1-2 智慧教育的系统中的五类用户

民主性，减员增效，形成充满活力的新型管理机制。然而，当前的教育管理信息化体系仍有待完善，智能化水平有待提升。频繁的数据录入、导出、统计、更新、报表制作等大多数管理工作仍需要“人工”完成。对教育数据的使用多限于简单的统计分析，未对教育数据做深度挖掘。

智慧教育系统可以为各级教育主管部门提供所管辖范围内的教育资源配置状况；各级教育主管可以查看任意时间段内各个学校的运行状况，也可以查看所有教育设备和资产的运行状况和查看各地区、学校的教育发展统计情况；能够根据全面的统计数据进行分析，更加科学地确定教育经费的投入和分配问题，更加科学地评估教育产生的社会效益，更加全面地掌握所管辖范围内的教育发展现状。

（2）为教师提供智慧教学服务

智慧教育系统可以将名师资源引入课堂教学。教师可以全面掌握学生的学习情况分析数据，从而开展针对性的教学；教师可以及时与家长、同事、学校领导进行沟通交流；教师可以加入教师社群，开展网络教研活动，更加高效便捷地进行网络备课。通过智慧教育系统可以对学生的作业和试卷进行自动批改和分析，使教师可以快速获取全面准确的分析数据，从而更好地实行个性化学习。教学环境的改变对教师的信息化教学能力提出了更高要求,因此需要进一步实施教师信息技术应用能力提升工程,开展全员培训,鼓励教师在智慧教室实施各种新型教学模式,构建智慧型课堂。课前,教师利用智能备课系统进行电子备课;课中,教师既可以使用视频会议子系统开展异地同步互动教学,还可以了解每一位学生的学习过程,掌握其学习进展与困难,进行个性化指导;课后,教师通过智能作业批改系统,自动分析学生作业成绩,通过可视化图表方式一目了然地呈现学生作业结果及变化趋势。

智慧教育可以利用多媒体、网络技术实现高质量教学资源、信息资源和智力资源的共享与传播,并同时促进高水平的师生互动,促进主动式、协作式、研究型的学习,从而形成开放、高效的教学模式,更好地培养学生的信息素养以及问题解决能力和创新能力。

(3)为学生提供智慧学习服务

智慧学习是指一种学习者自我导向、以人为本的学习方式。它整合了智能信息技术(Smart IT)与学习活动,让学习者容易取用资源信息;它能够支持学习者与学习者之间或与教师之间的有效交互;它设计了自我导向的学习环境。韩国学者李明硕(Myung-Suk Lee)①认为,"智慧学习"是一种面向实践的自主学习,它利用基于无线网络的、便捷的移动计算机,克服时间和空间限制,即刻完成个人或合作的学习活动。

智慧教育系统可以为学生提供优质教学资源,使学生可以利用各种媒体终端随时随地进行学习、交流和分享。学生可以及时获得学习评价反馈信息,弥补自身知识缺陷,开展发展性评价,使学生不断查漏补缺,完善自身的知识体系。"智慧学习"使人们将更多精力聚集于学习主题,借助各种智能终端设备,无缝接入移动的泛在学习空间,灵活定制和透明访问最适宜、最便捷的资源服务,实现自我导向的主动学习。学习者全力关注的是学习目标和任务本身,而非外在的学习设备或学习环境。只有这样,学习者才能成为学习舞台上的"主演"。智慧学习是在智慧环境中开展的完全以学习者为中心的学习活动。学习者不仅能够即时获取自己所需的资源、信息和服务,还能够享受个性化定制的资源和服务,不断发掘自己的兴趣爱好,挖掘自己的潜能,使学习过程更加轻松高效。智慧学习具有个性化、高效率、沉浸性、持续性、自然性等基本特征,能够帮助学习者不断认识自己、发现自己和提升自己,成为21世纪知

---

① Myung-Suk L, Yoo-Ek S. A Study on the Adoption of SNS for Smart Learning in the Creative Activity [J]. *International Journal of Education and Learning*, 2012(3).

识和智慧的创造者。智慧学习的开展需要学生具备较强的学习力。学习力是组织和个体掌握知识、创造知识、传承文化的基础,它主要包括组织学习活动的能力、获取知识的能力、运用知识的能力、创造知识的能力以及伴随学习过程而发生的一系列智力技能。①

(4) 为家长提供智慧沟通服务

智慧教育为家长提供了一个信息了解渠道,家长可以及时查收学校教师发布的相关教学信息和孩子的学习情况信息,能够及时了解孩子是否安全到达学校,能否灵活掌控自身的学习进度等,通过该渠道能够实时了解孩子不在身边时的情况,从而更好地开展课外家庭教育。例如,学校可以将学生在学校的表现和学生的家庭作业通过信息化手段转告家长,让家长在学生离开学校后也能有目的、有计划地督促学生学习;学校还可以提供公开透明的门户网站,方便家长了解学校状况,为家长辅助学生择校等方面提供帮助;家长可以及时地通过信息化手段向学生班主任反馈学生的作业情况,便于教师了解学生的学习巩固情况,便于教学进度的顺利开展。

(5) 为社会公众提供智慧资源服务

优质的教育资源往往来源于教育系统,包括基础教育和高等教育学校,以及各级各类教育机构,社会公众可以通过智慧教育系统免费享受各级各类教育机构开放的优质资源。同时,在当前的“互联网+”时代,社会公众一方面可以通过因特网,以在线的形式接受各种信息技术应用培训,可以参加各种正式和非正式教育,从而提高自身的学习、生活、职业技能,实现泛在学习、终生学习。另一方面,智慧教育的信息化途径为社会公众提供了为教育发展出谋划策的途径。

三、智慧教育的建设意义

《教育信息化“十三五”规划》提出:到 2020 年,基本建成“人人皆学、处处能学、时时可学”②,与国家教育现代化发展目标相适应的教育信息化体系;基本实现教育信息化对学生全面发展的促进作用、对深化教育领域综合改革的支撑作用和对教育创新发展、均衡发展、优质发展的提升作用;基本形成具有国际先进水平、信息技术与教育融合创新发展的中国特色教育信息化发展路子。智慧教育的建设有助于推动我国教育信息化发展,促进教育改革,实现全

---

① 彭希林,周军铁.论大学生的学习与学习能力[J].继续教育研究,2007(3).

② 教育部.教育部关于印发《教育信息化“十三五”规划》的通知[EB/OL].[2016-09-08].http://www.moe.edu.cn/srcsite/A16/s3342/201606/t20160622_269367.html.

民终身教育。

(一)破解我国教育发展难题,推动教育改革

作为人口大国,我国面临的教育问题纷繁复杂。例如,基础教育中素质教育的推进困难,高等教育招生规模扩大对教学质量有一定影响等,更不用谈及城乡之间的发展不均衡问题了。随着当前新一代信息技术的发展,坚持科教融合,整合各种合适的技术,解决当前教育发展中面临的问题是我国教育事业发展的必然选择。如何在社会信息化大背景下,推动教育信息化进程,解决当前教育发展难题(公平与均衡),以理念创新、技术创新、教学方法创新等落实教育信息化创新发展,智慧教育成为教育信息化新追求。

智慧校园的建设是深化课程改革的需要,是实现教育和信息化深度融合的新路径。在过去的发展过程中,课程改革和教育信息化在逐渐分离。现在提出的“课程和信息化的深度融合”,是为了进一步深化课程改革。但是在教育深化改革中,很多专家更多地关注信息化和信息技术的工具属性,这就意味着,我们是拿信息技术的工具和设备来延续传统教学模式,主要目的是完成知识传授。信息技术的学科属性影响了一代人。学生的信息素养将决定他们未来在信息时代的生存、发展和竞争能力,而孩子的生存发展将代表我们国家、我们民族将来在世界舞台上的生存发展或竞争能力。今天,智慧校园建设的提出,推进教育信息化和课程改革深度融合。2014 年 3 月,教育部发布了《全面深化课程改革落实立德树人根本任务的意见》(以下简称《意见》),这是教育部贯彻党的十八大精神提出的,对中小学发展有很好的指导作用。《意见》重点关注“育人”和信息化,涉及当今基础教育的方方面面,成为构建或者探索智慧校园的一个方向和指引。

(二)抢占国际教育制高点,引领教育信息化

在通往教育信息化的路上,智慧教育为我国抢占国际教育的制高点,为我国教育信息化的创新发展起引领作用。

《国家中长期教育改革和发展规划纲要(2010—2020 年)》指出:“信息技术对教育发展具有革命性影响,必须予以高度重视。”①教育信息化的发展和应用水平正日益成为学校的核心竞争力之一。学校信息化由数字校园向智慧校园的演进是教育信息化发展客观规律的必然体现,也是当前教育信息

① 教育部.国家中长期教育改变和发展规划纲要(2010—2020 年)[EB/OL].[2016-09-08]. http://www.moe.edu.cn/srcsite/A01/s7048/201007/t20100729_171904.html.

化发展的趋势。如何准确理解智慧校园的内涵与特征,融合利用信息化热点技术,科学制定智慧校园的发展策略成为学校在大信息时代的重要课题之一。①

(三)面向全体,实现高质量的终身教育和全民教育

智慧教育是教育信息化应该从根本上解决的一个问题。现在提出的教育信息化或智慧校园,是以满足学生个性发展为目标的,这是信息时代发展的需要。在教育发展的今天,以人文主义为基础的信息化时代,教育思想在发展变化。要做好教育信息化就要提升认识。最关键的是做好以下三点:一是教育思想的核心价值观的变化;二是信息技术的核心价值观的变化;三是对教育信息化的核心价值观,知道为什么要搞教育信息化对以后的教育信息化工作是有所帮助的。

智慧教育是面向全体公民的,它既要为普通大众提供优质的个性化的教育服务,也要满足各类特殊人群的教育需求。学习型社会的建设和人的终身学习是社会发展的必然要求。智慧教育运用科技服务教育,面向全民的终身教育,能够实现“人人教,人人学”的教育形态。

第二节 智慧环境促进学习方式变革

从2000年10月全国中小学信息技术教育工作会议提出“全面启动中小学‘校校通’计划”开始,我国的教育信息化已基本完成“硬件建设、平台建设、资源建设、教师培训”的系统工程。在新的历史发展阶段,教育信息化的发展将逐步从规模扩张走向内涵发展,更多关注技术如何促进教与学方式的变革。创新人才的培养需要教师更新教学理念,改进教学方法,提高教学效率,学生的学习环境和能力也需要得到改善和提高,这些都可以通过智慧学习环境的建立得以实现②,因此为学习者提供更加便利、舒适、有效的学习环境,将是未来教育信息化发展的重要方向。

一、传统学习方式,不能满足“数字土著”的需求

“数字土著”是指出生于20世纪80年代末及其以后的年轻一代,他们的

---

① 胡钦太,郑凯,林南晖.教育信息化的发展转型:从“数字校园”到“智慧校园”[J].中国电化教育,2014(1).

② 纪方.信息技术带来的课堂变化[J].北京教育学院学报(自然科学版),2013(1).

学习风格、认知方式、行为模式、情感模式与“数字移民”存在根本性区别，他们客观上要求新型的学习环境和教学方式，以契合“数字土著”独特的学习方式、体验方式以及价值取向。

传统的学习方式以知识精加工学习为主，学习者的学习路径是同质的和线性的，学习方法单一且相对僵化，不利于创新能力的培养。信息环境下的学习方式要求以知识贯通型的学习为主，学习者的学习路径是差异化的，既有线性的路径，又有从点到面或从整体到局部的学习路径。而智慧学习环境通过利用智能化技术，让师生施展灵巧的教与学方法，不再局限于单一的教学方式。

二、智慧学习环境，有助于变革传统学习方式

智慧学习环境的一个重要任务是能够主动感知学习者的学习能力、学习风格、动机水平和学习任务等重要信息，将低水平操作、简单记忆等简单的、结构化的、非挑战性任务交由计算机代理，让学习者将更多时间和精力集中在复杂的、非结构性、挑战性任务之上①，从而减轻学习者认知负载，从而可以用较多精力在较大的知识粒度上理解事物之间的内在关系，将知识学习上升为本体建构。

（一）智慧学习环境让学习更加智慧

智慧学习环境可以识别学习情境，通过信息采集、动态建模、情境推理，从而主动判断各种学习、学习资源等是否适合当前的学习情景，使学习资源的推送、学习伙伴的连接、学习活动建议的提供等成为可能。②

在智慧环境支持下，学生的学习由被动转为主动。智慧学习环境中构建的教育云平台为教师和学生提供了丰富的、优质的教与学的视频、音频等资源。学习者在智慧学习环境下，通过数据挖掘分析技术，对学习的需求就被系统所获取，系统提供的数据为学生推送个性化的能够激发学生的学习兴趣和提高学生学习积极性的各种资源，使学生从传统教学中的被动接受转变为积极主动获取知识。由于个性化的推送，每一位学习者可以根据自身学习的能力、状态调整学习的步调。同时智慧学习环境下实现的无缝连接，使移动泛在学习成为可能。只要学习者想要学习，就可以在任何地方、任何时间，学习任

---

① 祝智庭，贺斌.智慧教育：教育信息化的新境界[J].电化教育研究，2012(12).

② 张永和，肖广德，胡永斌，等.智慧学习环境中的学习情景识别——让学习环境有效服务学习者[J].开放教育研究，2012(1).

何内容。

（二）体验式学习方式

智慧学习环境下的体验式学习通过信息技术来创造体验环境，以学习者参与为主，以智慧环境为依托，使新旧知识建立联系，进而产生知识重组。智慧学习环境为学生提供了虚拟实验环境和实体的学习空间，学习者可以在网络学习空间自主获取、处理、加工、吸收学习内容，形成自主学习的能力。接着利用实体学习空间，学生相互之间进行解答问题和分享知识，形成互助式的学习方式。

课前学习者可以利用备课系统参与学习，同时学习者可以通过智慧环境提供的交流与协作工具，如在线讨论区、即时通信工具等实现学习者与学习者、学习者与教师之间的在线交流与讨论。在课中，学习者根据教师的指导进行个人、小组协作来探究解决问题进而获得知识。在这个过程中，智慧学习环境会为教师提供对学习者的评价管理，以便教师及时为学习者提供个性化的指导，使学生在参与的过程中获取知识、技能与情感态度。

（三）探究式学习方式

学习者从知识的消费者变为知识的创造者。在智慧学习环境的支持下，学习者可以获得资源、技术、工具等支持来帮助他们去探究他们希望得到解答的问题。从发现问题、分析问题、解决问题到最后的思考问题的过程，学习者都可以在环境中获得。同时学习者可以寻找志同道合的同学一起参与探究进而获得知识。在这个过程中，学习者不仅获得知识，还学会了如何探究与学习。

近年来，各项条件的成熟给智慧学习环境的繁荣创造了生机，使越来越多的学者在关注智慧学习环境。然而对智慧学习环境促进学习方式的变化仍然需要教师在实际的教学过程中去总结经验，相信在智慧学习环境下，学生的学习方式会慢慢改变。

第三节　智慧环境与创造性人才培养

一、创造性人才培养

智慧学习环境能促进学生智力发展和智慧行动，培养面向 21 世纪的创造性人才。本研究界定的“创造性人才”，是指在特定情境中能够综合运用各种方法、技能和资源，创造性地解决复杂问题的人才。吉布森（Gibson）曾指出：

一种学习环境会给养一种学习,培养相应类型的学习者[①]。创造性的实质是指根据一定目的,运用一切已知的信息,产生某种新颖、独特、有社会意义或个人价值的产品的智力品质[②]。智慧学习环境具有新型的、高端的形态,能够满足新时代各种学习需求,其中的“自由”“民主”和“个性化”等特征,为创造性人才的培养提供了“沃土”。祝智庭等[③]指出,信息时代智慧教育的基本内涵是通过构建智慧学习环境,运用智慧教学法,促进学习者智慧学习,从而提升成才期望,即培养具有高智能和创造力的人。黄荣怀等认为智慧学习环境能够真正实现学与教的变革,促进学习者轻松、投入和有效地学习,从而培养高素质的人才[④]。

随着世界多极化、经济全球化、文化多样化、社会信息化深入发展,各国教育专家都在思考21世纪的学生应具备哪些核心素养才能成功适应未来社会这一前瞻性战略问题。为适应世界教育改革发展趋势、提升我国教育国际竞争力的迫切需要,我国以科学性、时代性和民族性为基本原则,以培养“全面发展的人”为核心,构建了《中国学生发展核心素养》总体框架[⑤],其中分为文化基础、自主发展、社会参与三个方面,综合表现为六大素养和十八个基本要点:人文底蕴,包括人文积淀、人文情怀、审美情趣;科学精神,包括理性思维、批判质疑、勇于探究;学会学习,包括乐学善学、勤于反思、信息意识;健康生活,包括珍爱生命、健全人格、自我管理;责任担当,包括社会责任、国家认同、国际理解;实践创新,包括劳动意识、问题解决、技术运用。六大素养之间互相联系、互相补充、相互促进,在不同情境中整体发挥作用(图1-3)。《中国学生发展核心素养》在培养人才方面,提出创新性的培养结构,即品格培养、素养培养和能力培养。品格培养不仅需要培养学生积极的心理品质、热爱生活热爱劳动的良好态度和习惯,而且要培养他们的个人责任意识、国家意识,具有为实现中华民族伟大复兴的中国梦而奋斗的信念和行动,具有全球意识和开放的心态。生活在“互联网+”时代,素养培养不仅需要培养学生具有人文素养、科学素养、艺术素养,而且需要培养学生有效准确获取、评估、鉴别、使用信息的能

---

① Gibson E J. *Perceiving the Affordances:A Portrait of Two Psychologists*[M]. New York: Psychology Press, 2001.

② 林崇德. 创造性人才特征与教育模式再构[J]. 中国教育学刊, 2010(6).

③ 祝智庭, 贺斌. 智慧教育:教育信息化的新境界[J]. 电化教育研究, 2012(12).

④ 黄荣怀, 杨俊锋, 胡永斌. 从数字学习环境到智慧学习环境——学习环境的变革与趋势[J]. 开放教育研究, 2012(1).

⑤ 人民网.《中国学生发展核心素养》发布[EB/OL].[2016-09-23]. http://edu.people.com.cn/n1/2016/0914/c1053-28714231.html.

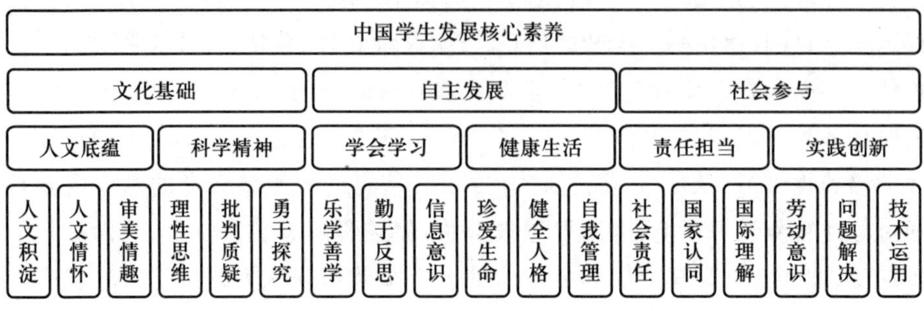

图 1-3 《中国学生发展核心素养》总体框架

力,同时具备网络信息安全意识和数字化生存能力,以更好地适应信息时代的发展。能力培养方面不仅需要培养学生掌握学习的能力,如自主学习的意识和能力;学会与人、与社会、与自然之间相处的能力、勇于探究和解决问题的能力;而且需要培养学生思考质疑的能力和实践创新的能力,善于发现生活中的问题、勇于质疑现有的内容,能够利用技术和工具将创意和方案转化为实物和作品等动手操作的能力。《中国学生发展核心素养》明确了“21 世纪应该培养学生什么样的品格与能力”,为创新人才的培养提供新的育人目标和结构。

《21 世纪技能:为我们所生存的时代而学习》①指出,21 世纪技能包括三大方面:学习与创新技能,包括批判性思考和解决问题能力(专家思考能力)、沟通与协作能力(复杂交流能力)、创造与革新能力(运用想象和发明能力);信息、媒介与技术技能,包括信息素养、媒体素养、信息与通信技术素养;生活与职业技能,包括灵活性与适应能力,主动性与自我导向,社交与跨文化交流能力,高效的生产力、责任感、领导力等(图 1-4)。

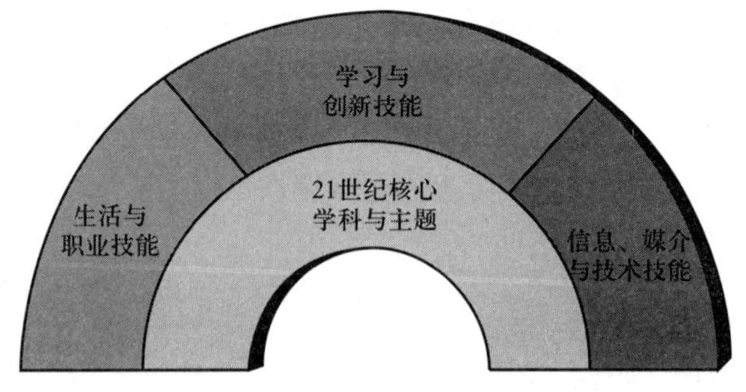

图 1-4 21 世纪技能

① [美]伯尼·特里林,[美]查尔斯·菲德尔. 21 世纪技能:为我们所生存的时代而学习[M].洪友,译.天津:天津社会科学院出版社,2011.

二、智慧环境下的创造性人才培养

创造性人才培养是以获取知识为基础,以开发智能为手段,以发展创新能力为核心,以提高综合素质为目标的大学人才培养“范型”。智慧学习环境促使学生的学习方式和学习特征发生了重大变革,由以教师为中心,转向以学习者为中心①,呈现开放性、多样性、平等性、高交互、共享性、快捷性、协同性等新特征。② 祝智庭等认为智慧学习环境中学生应该自主投入、协同互助,随时随地随需地拥有学习机会,并将智慧学习划分为个性学习、群智学习、泛在学习、入境学习等形式。③

智慧学习环境的人才培养,是在传统人才培养主旨的基础上,融入智慧时代对人才的要求,体现在人才的心理与行为特征、知识与技能特征、工作与事业特征,以及创造性人才的能力结构。智慧学习环境能够真正实现教与学的变革,促进学习者轻松、投入和有效的学习,培养高素质的人才。运用智慧教学法,促进学习者智慧学习,培养有高智能和创造力的人。智慧环境下创造性人才的培养,总的来说包括“开放式”教学、“个性化”教育、智慧教学法、问题解决教学等方式。

(一)“开放式”教学

随着智慧学习的发展和教学改革的进行,也随着课堂上个性的体现、人文主义教育逐渐深入,培养学生主动性、创造性学习能力成为课堂教学的一个重要目标。所谓开放式教学,是相对于传统封闭式、灌输式的教学模式而言,是围绕教学目标,以开放性问题为中心,以学生为主体的主动学习为出发点,以提高学生学习效果和培养学生的全面发展为目的,通过设计灵活多样的课堂活动,营造开放、民主、自由、和谐的师生关系和教学氛围,优化教学资源,借助现代教学手段的教学方式。④

智慧学习环境为开放式教学的开展提供了强有力的技术支持。智慧学习环境下,教师能够根据学生的实际情况,创造良好的思维环境,给学生足够的思维时间和空间,启发学生分析问题和解决问题的思维,开展发展性评价。

(二)“个性化”教育

《国家中长期教育改革和发展规划纲要(2010—2020年)》指出:“关心每

---

① 徐国伟.激发学生学习兴趣,培养学生学习主动性[J].读与写(教育教学刊),2010(6).

② Zaphiris P, Kurniawan S, Ghiawadwala M.A Systematic Approach to the Development of Research-based Web Design Guidelines for Older People[J].*Universal Access in the Information Society*,2007(1).

③ 祝智庭,贺斌.智慧教育:教育信息化的新境界[J].电化教育研究,2012(12).

④ 林玉生.开放式教学在英语课教学中的应用[J].长春教育学院学报,2013(8).

个学生,促进每个学生主动地、生动活泼地发展,尊重教育规律和学生身心发展规律,为每个学生提供适合的教育。”“适应国家和社会发展需要,遵循教育规律和人才成长规律,深化教育教学改革,创新教育教学方法,探索多种培养方式,形成各类人才辈出、拔尖创新人才不断涌现的局面。”[①]新时代的教育应该因材施教,将人的全面发展与个性发展统一起来。

个性化教育是指基于学生个性特点,以适合学生的个性发展和多样化学习需求为出发点,强调为学生提供满足其个性需要的多样化学习资源、教学方式、学习指导,使不同天赋的学生以适合自身特点与学习需要的方式充分发展自己的个性才能,实现全面发展[②]。长久以来我国教育的现状是“僧多粥少”,对学生而言,教师、学习资源相对欠充足,而实施“因材施教”则需要更多的师资和学习资源。智慧学习环境以其海量的学习资源和灵活多样的学习方式,能够很好地满足“因材施教”的开展。

(三) 智慧教学法

整合技术的学科教学法(TPACK)是教师使用技术进行有效教学所必需的。TPACK顺应时代要求,明确阐明了信息时代教师的知识体系和生成特征,“重视情境、教学实践、教学反思、交流与共享”的教师教育观为智慧环境下创造性人才的培养提供了良好的理论依据和实践指导。其创立者米沙(Mishra)和科勒(Koehler)指出,如果教师要有效地使用技术进行教学,就要明晰在何处、如何以及为何整合信息技术,就必须深入了解信息技术、所教学科的内容和教学方法三者及其相互之间的影响关系[③]。这样一来,课堂达到了信息技术与课程的深度融合,智慧学习媒体能够为学生提供最好的学习帮助。

(四) 问题解决教学

智慧环境下,问题解决教学在传统的PBL(Problem-Based Learning,简称PBL,也称作问题式学习)教学基础上进行完善。将学习者的学习放在真实环境以及结构不良的问题解决过程中,学生通过协作方式,发现问题、了解问题、评价问题,随着问题的深入,学生进行思考,学生的知识与技能也在提高。在问题解决的过程中,学生利用在线工具对问题进行搜索、收集信息、加工信息、

---

① 教育部.国家中长期教育改革和发展规划纲要(2010—2020年)[EB/OL].[2016-09-08].http://www.moe.edu.cn/srcsite/A01/s7048/201007/t20100729_171904.html.

② 王振权.教育适合学生:个性化教育实践范畴[J].中国教育学刊,2012(5).

③ [美]全美教师教育学院协会创新与技术委员会.整合技术的学科教学知识:教育者手册(*Handbook of Technological Pedagogical Content Knowledge(TPCK)for Educators*)[M].任友群,詹艺,主译.教育科学出版社,2011.

解决问题,学习隐含在问题中的知识,提高问题解决的能力。

智慧环境中协作解决问题的过程包括①:教师作为“认知教练”,为学生准备问题;学生进入问题情境,分析要解决的问题;利用网络手段收集并共享信息;设计解决问题的方案;小组协商,选择最佳方案;陈述最佳方案;学习评估并反思。

① Danielson J A, Mills E M, Vermeer P J, et al. Characteristics of a Cognitive Tool That Helps Students Learn Diagnostic Problem Solving[J]. *Educational Technology Research and Development*, 2007(5).

第二章
智慧学习环境的理论基础

教育作为一种过程,更少的是教学,而更多的应是创建环境。[①]

——Barry

智慧教育是经济全球化、技术变革和知识爆炸的产物,也是教育信息化发展的必然阶段,体现了教育信息化发展的新境界,表达了一种技术以智慧性方式促进教育变革与创新的诉求。智慧教育主张借助信息技术的力量,创建具有一定智慧特性的学习时空环境,旨在促进学习者的智慧全面、协调和可持续发展,通过对学习和生活环境的适应、塑造和选择,以最终实现对人类的共善。[②]

第一节　联通主义

一、理论概述

数十年来,学习的图景发生了很大改变。在许多学习情境下,行为主义、认知主义和建构主义为理解学习提供了有效的方式。但当学习进入非正式、网络化的时代后,这些理论在有效解释"学习"问题方面就显得不足。[③] 一个时代有一个时代的特点,适应数字化时代学习需求的联通主义应运而生,为人们审视和塑造终身学习能力提供了一个新的视角。

西蒙(Sienmens)在《联通主义:数字时代的学习理论》(Connectivism: A Learning Theory for the Digital Age)一文中系统提出了联通主义的思想,指出学习不再是一个人的活动,学习是连接专门节点和信息源的过程[④]。在西蒙看

---

① [美] Priscilla Norton, Karin M. Wiburg.信息技术与教学创新[M].吴洪建,倪男奇,译.北京:中国轻工业出版社,2002:31-32.

② 祝智庭,沈德梅.学习分析学:智慧教育的科学力量[J].电化教育研究,2013(5).

③ 钟志贤,王水平,邱婷.终身学习能力:关联主义视角[J].中国远程教育,2009(4).

④ Siemens G. Connectivism: A Learning Theory for the Digital Age [J]. *Instructional Technology and Distance Learning*, 2005(1).

来,个体对明天所需知识的学习能力比对今天知识的掌握能力更重要。联通主义表达了一种“关系中学”(Learning by Relationships)和“分布式认知”(Distributed Cognition)的观念,我们可以将学习集中在将专业知识系列连接方面,这种连接能够使我们学到比现有的知识体系更多、更重要的东西[①]。当人们听到虚拟社区、协作网络课程、分布式多媒体、虚拟协作、浸润式环境和泛在计算的时候,他们需要一种像分布式认知这样的整合性理论观点,学习者构建他们对如何利用这些新技术的理解[②]。

联通主义为人们审视和塑造终身学习能力提供了一个特殊而有益的视角,其所蕴涵的学习理念和学习方式,对塑造终身学习能力和有效实施终身学习具有深刻的理论和实践意义。

二、主要观点

克罗斯有句广为流传的名言:学习就是优化自己的内外网络。[③] 联通主义理论把学习情景视野放在了网络社会结构的变迁当中,认为学习是在知识网络结构中一种关系和节点的重构和建立,是一个联结的过程。

联通主义的起点是个人,个人的知识组成了一个网络,这种网络被编入各种组织与机构,反过来各组织与机构的知识又被回馈给个人网络,帮助个人继续学习。

学习不再是内化的个人活动。当新的学习工具被使用时,人们的学习方式与学习目的也发生了变化。联通主义建立在这样一种理解上:知识基础的迅速改变导致决策的改变、新的信息持续被获得、区分重要信息与非重要信息的能力至关重要。联通主义强烈地关注外部知识源的联结,而不仅仅设法去解释知识如何在我们的头脑中形成。例如张乐乐等根据联通主义,构建了移动学习环境的基本结构,分别对其中的学习共同体、学习资源、支持工具、学习情境四个环境子要素进行设计,以期为学习者提供一个优质的学习环境,促进学习者高效学习。[④]

---

① 王佑镁,祝智庭.从联结主义到联通主义:学习理论的新取向[J].中国电化教育,2006(3).

② [美]戴维·H. 乔纳森,等,编.学习环境的理论基础[M].郑太年,等,译.上海:华东师范大学出版社,2002.

③ Cross J A,Cross J,Dublin L.Implementing E-learning[M].Alexandria:American Society for Training and Development,2002.

④ 张乐乐,黄如民. 联通主义视域下的移动学习环境设计[J]. 现代教育技术,2013(2).

三、智慧教育与联通主义学习

联通主义是智慧教育的理论基础之一，主要体现在三方面，包括智慧教育资源的联通、智慧学习环境的联通、智慧学习方式的联通。

（一）智慧教育资源的联通

联通主义强调信息技术对学习者方式的变革，强调以优化节点的内、外部知识网络为主，学生需要与其他学生和教学相关人员协同，建立和保持更多的知识节点连接。[①] 网络中的每个节点都相互联通，里面的每一个节点都是资源，在物联网技术支持下，各资源间无缝连接、相互联通。

（二）智慧学习环境的联通

智慧学习环境是一个以信息通信技术的应用为基础、以学习者为中心的且具备以下特征的环境：可以适应学习者不同的学习风格和学习能力；可以为学习者终身学习提供支持；为学习者的发展提供支持。[②] 智慧学习环境是一种能感知学习情景，识别学习者特征，提供合适的学习资源与便利的互动工具，自动记录学习过程和评测学习结果，以建立促进学习者有效学习的学习场所或活动空间。智慧学习环境和普通数字学习环境在学习资源、学习工具、学习社群、教学社群、学习方式和教学方式六个方面有显著差异[③]，它实现了物理环境与虚拟环境之间的融合，无论在校内或校外，都可以为学习者的学习提供技术支持。

（三）智慧学习方式的联通

学生的学习方式是教育教学中的重要一环，转变学生的学习方式也一直是课程改革的一项重要内容，也是学生全面发展的需要。调查显示，影响学生学习方式转变的因素主要有学习内容、学生个体、教师引导、评价方式、学校文化以及教学资源等[④]。在智慧学习环境、智慧教育资源，教师的新型教学方式的支持下，学生的学习方式向着智慧学习方式转变。这种学习方式更体现个性化和智能化，更凸显情境对学习者学习的帮助。智慧学习方式是一种面向

---

① 李改霞，陈云虹.基于联通主义的网络学习平台架构探究[J].中国医学教育技术，2012(6).

② Chin，K W. Smart Learning Environment Model for Secondary Schools in Malaysia：An Overview[EB/OL].[2016-09-08].http://www.apdip.net/projects/seminars/it-policy/cn/resources/kangwaichin/smartlearning-mimos. ppt.

③ 黄荣怀，杨俊峰，胡永斌.从数字学习环境到智慧学习环境——学习环境的变革与趋势[J].开放教育研究，2012(1).

④ 李本友，李红恩，余宏亮.学生学习方式转变的影响因素、途径与发展趋势[J].教育研究，2012(2).

未来的学习方式。

随着互联网多媒体技术的发展,智慧环境下的智能学习概念也伴随网络技术及新技术的扩张得到相应的发展。智能学习成为智慧学习方式中的一种,它作为建立在网络技术平台上的教育方式,在数字技术、多媒体计算机技术、网络传输技术和交互技术等的支撑下,在资料的获取,信息的收集、整理、分类、处理,统计展示以及决策等各个环节都有广泛的运用和发展。[①]同时智慧学习环境中虚拟现实技术和物联网技术为真实的学习情境的创设提供了极大的便利,让现实与虚拟的无缝体验成为现实,这也有效地促进了智慧学习环境下的体验式学习的落实。这种体验式学习方式是基于高端数字环境的一种新颖的学习方式,是包含感知、建构、融合与反思等多个环节的完整过程。[②]

第二节 TPACK

一、理论概述

TPACK(Technological Pedagogical Content Knowledge)称为整合技术的学科教学法。TPACK 主要包含三个核心要素,即学科内容知识(CK)、教学法知识(PK)和技术知识(TK),如图 2-1 所示;四个复合要素,即学科教学知识(PCK),整合技术的学科内容知识(TCK),整合技术的教学法知识(TPK),整合技术的学科教学知识(TPACK)以及境脉因素(Context)。[③]TPACK 不仅是一种知识和技能,而且是包括发展中的学科、技术、教与学知识等多领域知识范围的一种思维方式。它强调学科内容知识、教学法知识和技术知识对信息技术与课程整合的重要性,和三类知识互动形成系统的整体性。[④]

二、智慧教育与 TPACK

智慧教育是信息技术高速发展的必然结果,技术支持下的智能学习是智

---

① 黄乐鸥,刘巧.高校智慧型校园建设环境下学习方式的转变[J].华章,2012(8).

② 唐湘宁,王静静.智慧环境下的体验式学习探析[J].成人教育,2014(12).

③ AACET.*Handbook of Technological Pedagogical Content Knowledge(TPCK)for Educators*[M].New York:Routledge,2008.

④ 徐鹏,张海,王以宁,等.TPACK 国外研究现状及启示[J].中国电化教育,2013(9).

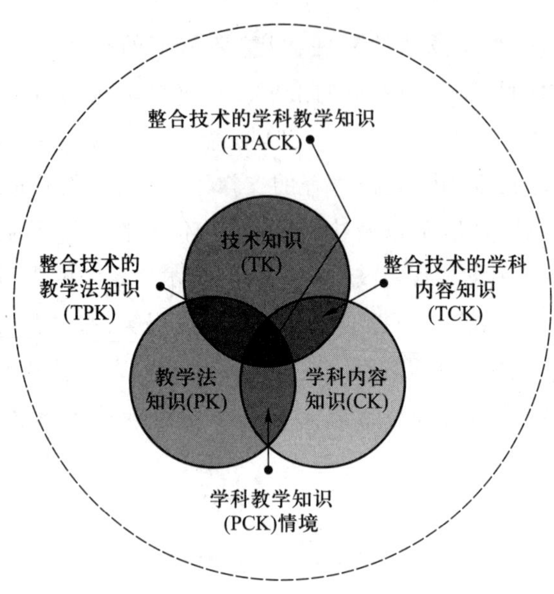

图 2-1 TPACK 的核心要素

慧教育区别于其他教育形态的重要特征。这也对新时代教师的教育技术能力和信息素养提升提出了挑战,如何更好地将信息技术与教育融合,将学科知识从理论转化为实践,是智慧教育中教师所要思考的最紧迫的问题之一。而 TPACK 为技术知识、学科内容知识和教学法知识如何互动成为一个整体提供了框架模型,也为智慧教育下教师信息素养和技术整合能力提升提供了理论支撑。因此,智慧教育的理论基础离不开 TPACK 理论的支持。

智慧教育绝不等同于技术,尽管智慧教育的开展需要成熟科学技术的支持,但技术只是手段,背后的教育理念是智慧教育的根基。智慧环境中,教师的教育智慧、教学智慧也是不可或缺的。我国学者对教育智慧有不同角度的阐述。在理论上,认为教育智慧是教师教育教学研究的水平和能力,教育教学经验的总结与概括的能力。从实践角度看,教育智慧是教育情境中的理性行为,是教育的实践语言,是教师对教育情境的即刻投入①,是教师熟练掌握教学知识、教学内容及技术手段,拥有充分利用技术为教学服务的能力和水平。毋庸置疑,这种层次的智慧尤为重要。

① 朱胜爱,陈瑜姝.智慧教育:现代学校教育改革的新走向——关于智慧教育与教育智慧研究的综述[J].江苏教育研究,2010(18).

第三节 混合学习理论

一、基本内涵

混合学习(Blended Learning)是教育领域的一个新名词,其理念和思想已存在多年,但目前没有一个正式定义。混合学习主要分为以下四类:一是以学为中心的教学模式;二是各种教学方式、教学技术、网络技术、学习方式、教学要素、学习资源等混合;三是面对面的课程学习和在线学习或e-learning(即数字化或网络化学习)两种学习方式结合;四是一种学习方法。国内学者较倾向第三种分类,国外学者较倾向第二种分类①,即混合学习提倡将面对面教学(Face-to-Face Learning)与在线学习(Online learning)相融合,使二者优势互补②。混合学习通过在恰当的时间对合适的人采用适当的学习方式来满足不同的人(或学习团体)的学习风格,以使他们掌握适当的知识技能,从而使学习效果达到最优化。既要发挥教师引导、启发、了解教学过程的主导作用,又要充分体现学生作为学习过程主体的主动性、积极性和创造性③。

二、混合学习与智慧教育

混合学习,是智慧教育的理论基础之一。线上线下的融合是混合学习的最大特点,但线上线下如何无缝连接?如何更好地支持学生的学、教师的教?如何在技术支持下,让混合学习的理念落实到实际教学中,应对实践中出现的各种问题,技术的发展,智慧教育的建设正在给出答案。2009年美国教育部公布的《对基于证据的在线学习实践的评价:在线学习研究的元分析与评论》(Evaluation of Evidence Based Practices in Online Learning:A Meta-Analysis and Review of Online Learning Studies)指出,混合学习是最有效的学习方式④。尤其是随着技术的发展,混合学习越来越发挥其重要的作用。

在大数据、物联网、虚拟现实等技术支持下,智慧教育能更好地体现以学

① 盛丽华.智慧教育下基于翻转课堂的混合学习研究——以《电视节目制作》课程为例[J].产业与科技论坛,2015(7).

② 王阿习,张学军,朱敏,等.基于虚拟实验室的混合学习活动设计[J].中国电化教育,2013(7).

③ 何克抗.从Blending Learning看教育技术理论的新发展[J].中小学信息技术教育,2004(4).

④ Means B,Toyama Y,Murphy R,et al.Evaluation of Evidence-based Practices in Online Learning:A Meta-analysis and Review of Online Learning Studies[J].US Department of Education,2009(3).

生为主体,以教师为主导的教育理念,能更好地实现课堂中师生的有效交流和学生对所学内容的自我建构,这也是混合学习的核心理念。例如翻转课堂模式、MOOC学习等新型的学习方式、教学方式的出现,无不体现了混合学习的理念。

第四节　泛在学习理论

一、基本内涵

在社会瞬息变化、知识呈现爆炸式增长的时代,技术所带来的学习方式的改变也非常快速。1988年美国富士施公司(Xerox)帕拉阿尔托研究中心(PARC)计算科学实验室的马克·威瑟(Mark Weiser)第一次提出泛在计算(Ubiquitous-computing)的概念。随后,经过多年的研究,发达国家纷纷将泛网时代作为国家科学技术发展策略的重要一项。[①] 泛在计算是指信息空间与物理空间的融合,在这个融合的空间,人们可以随时随地、透明地获取数字化服务。[②] 伯基特·波姆斯多夫认为泛在学习是泛在计算环境下未来的学习方式。泛在计算导致泛在学习,使个人的学习活动被嵌入日常生活之中。[③] 从广义上讲,泛在学习是一种无处不在的学习,可以概括为"7A"学习方式,即任何人(Anyone),在任何地方(Anywhere),任何时间(Anytime),都可以利用随手可得的学习设备(Any device)以自己的方式(in Any way)获取自己所需的学习信息(Any contents)与学习支持(Any learning support)。真正实现以学习者为中心,随时、随地、随需地进行无缝学习的学习理念[④]。

二、泛在学习与智慧教育

随着WAP技术、蓝牙技术、GPRS系统以及UMTS系统的成功开发,移动电话和移动计算技术迅速普及全球,为移动教育的开展提供了理想的技术基础和物质准备[⑤]。从突破学习时空限制,具有丰富共享的网络化学习资源的数

① 杨孝堂. 泛在学习:理论、模式与资源[J]. 中国远程教育,2011(6).

② 庞春红,郦晓宁.泛在学习的多维透视[J].河北大学学报(哲学社会科学版),2010(5).

③ Bomsdorf B.Adaptation of Learning Spaces:Supporting Ubiquitous Learning in Higher Distance Education[C]//Dagstuhl Seminar Proceedings.Schloss Dagstuhl-Leibniz-Zentrum fr Informatik,2005.

④ 刘红,赵婷婷,任善恂,等.泛在学习理论视野下的终身学习模式的构建[J].昆明冶金高等专科学校学报,2014(2).

⑤ 白俊,刘家勋.移动学习的发展现状及其启示[J].中国现代教育装备,2007(5).

字化学习(E-learning),到移动学习(U-learning),学习者在技术的支持下,学习的自由度得到提高,可通过各种移动设备终端按需、灵活地进行各种目的、不同方式的学习。而普适计算在教育领域的应用,又催生了泛在学习(U-learning)。这是一个技术与教育逐步深入融合的过程,是技术与多种教育理论、教育方法相结合的体现。但目前泛在学习方式仍未完全实现,学习环境的建设和学习的管理都有待完善。支持泛在学习的无所不在、随时随地都可以进行计算的方式需要无线通信技术、人工智能、超微型计算机集成技术和软件工程技术等的支持。而以构建物联网为基础,整合创新技术支撑(二维码、多屏互动、自然交互、学习分析等)构建智慧学习环境,每个物体都连接网络,教室里的声、光、电等都在一个系统内,进行协调控制,学习者的随时随地随需学习进一步成为可能。融合可穿戴计算、信息设备和智能交互空间的智慧教育是泛在学习的进一步完善。

第五节 教学设计理论

教学设计主要是运用系统方法,将学习理论与教学理论的原理转换成对教学目标、教学内容、教学方法和教学策略、教学评价等环节进行具体计划、创设教与学的系统“过程”或“程序”,而创设教与学系统的根本目的是促进学习者学习。[①] 智慧教育为教学提供技术支持与服务,提供丰富的教学资源,为开展分层次教学、主动积极学习提供更大可能性。以学生为中心的教学会得到更广泛的开展,但这些都离不开教学设计理论的支持,而在智慧教育环境支持下的教与学中,教学目标、教学策略和教学过程都要与智慧教育更加融合。

一、与智慧教育融合的教学理念

智慧教育是一种智慧教育系统,它尝试从教育方针、政策、信息化的角度来解决教育公平问题,但更多是为了解决教育的卓越问题,即我们下一代培养的人是否卓越的问题。[②] 因此,智慧教育需要先进的现代教学理念的指导,需要落实个性化教学,实现从“以教师为中心”到“以学生为中心”的教学模式转变,形成以教师为主导、以学生为主体的高效教学,寻求学生的全面发展,实现以技术推动教育改革的理念。

---

① 何克抗主编.教学系统设计[M].北京:北京师范大学出版社,2002.

② 黄荣怀.智慧教育的三重境界:从环境、模式到体制[J].现代远程教育研究,2014(6).

二、与智慧教育融合的教学目标

教学目标是指教学活动实施的方向和预期达成的结果，是一切教学活动的出发点和最终归宿，它既与教育目的、培养目标相联系，又不同于教育目的和培养目标。教学目标是教师在日常教学工作中必不可缺的一项。每一节课的开展都必须以一定的教学目标为指针，进行教学策略、教学活动的选择。在中小学中的三维目标：知识与技能、过程与方法、情感态度与价值观，在高校中的布鲁姆分类目标等，无不为教师对教学目标的分析提供依据。智慧教育对人才的培养提出了更高的要求。而随着社会的发展，社会中的人也寻求更高、更好的发展，因此，智慧教育的建设给教育教学中教学目标的设立提出了相对应的期望。这也要求教师在进行教学设计时，需要制定与智慧教育融合的教学目标，以学生的"全面发展"为总出发点，而且智慧教育系统通过寻求教育体制与教育目标的适配，从效果、效率和效益三个方面不断提升知识生产能力，以最终实现培养卓越的国家人才的教育目标。①

三、与智慧教育融合的教学策略

教学策略是实施教学过程的教学思想、方法模式、技术手段这三方面动因的简单集成，是教学思维对其三方面动因进行思维策略加工而形成的方法模式。教学策略是为实现某一教学目标而制定的、付诸教学过程实施的整体方案，它包括合理组织教学过程，选择具体的教学方法和材料，制定教师与学生所遵守的教学行为程序。在智慧教育中以智慧教育理念为指导，在智慧环境中开展的教育教学，必然要求要有相对应的教学策略与之匹配。适当的教学策略能提高教学效率、教学质量，从而落实教学目标，实现教学的最优化。在智慧教育中，技术所提供的便捷为教师教学策略的选择和落实提供了更多的方向和便捷。电子白板、电子书包支持的小组学习、学生自主学习，及时应答与即时反馈等学习功能，让课堂教学策略更加多样。大数据技术、网络和移动终端的普及，微课等网络资源的建设，让学生的课外与课堂更加无缝连接，教师能打破时间、空间的限制从更多方面指导学生的学习。

四、与智慧教育融合的教学过程

智慧教育有五个本质特征，感知、适配、关爱、公平以及和谐。这五个本质

---

① 黄荣怀.智慧教育的三重境界：从环境、模式到体制[J].现代远程教育研究，2014(6).

特征中感知和适配为教师的教学提供了高科技保证，也让教师能开展与智慧教育更加融合的教学活动。

感知是指采用各种技术（GPS、RFID、QRCode）、各类传感器（如感知温度、湿度、二氧化碳、光照等）以及各种量表（学习评测表、学习态度等）来感知外在的学习环境与人的内在状态。具体包括：实时检测室内的噪声、光线、温度、气味等参数，根据预设的理想参数，自动调节百叶窗、灯具、空调、新风系统等相关设备，将教室内声、光、温、气调节到适宜学生身心健康的状态；收集学生学习活动、学习场所、认知风格、知识背景等方面的信息，为“按需推送”提供基础。

适配是为达成“因材施教”的美好愿望，让教育资源能够根据学生个性化的需求而获取和使用，教与学可以按需开展。具体包括：按需推送资源，根据用户的学习偏好和学习需求，个性化推送学习资源或信息；按需推送活动，根据用户的现有基础、学习偏好以及学习目的，适应性地推送学习活动；按需推送服务，根据用户当时的学习状态和需求，适时推送学习服务（如解决疑问、提供指导等）；按需推送工具，根据用户的学习过程记录，适应性地推送用户学习所需的各种认知工具；按需推送人际资源，根据用户兴趣、偏好、学习等内容，适应性地推送学伴、教师、学科专家等人际资源。[①] 感知和适配两个特性，让教师及时掌握学生的学习状态和过程，能更有针对性地调整教学。

五、与智慧教育融合的教学评价

教学评价是教学中必不可少的一环，是反馈教师教学效果和学生学习掌握情况的过程，是研究教师的教和学生的学的价值的过程，对教育教学的调整有指导借鉴价值。传统的评价多为总结性评价，主要以练习和测试的形式开展，而过程性评价较少，而且多为课堂提问和教师主观印象。而在智慧教育的感知和适配特性支持下，多协作、多活动的教学课堂为过程性评价提供了更多的机会，个人评价、小组评价等多元评价为教学评价提供多样的数据参考，而网络学习平台等大数据分析技术的嵌入，无时无刻不在记录着学生的学习行为，使其数据化，可供教师直观察看。智慧教育中的教学评价更加个性化、数据化，更有针对性、即时性和科学性，直观地反映学生的学习进程、状态，更有利于教师对教学进行调整。

---

① 杨现民. 信息时代智慧教育的内涵与特征[J]. 中国电化教育，2014(1).

第三章

智慧学习环境的支撑技术

技术的发展,刺激了研究者和教育者去拓展学习的概念和设计学习环境。①

——Jonassen & Land

第一节 教育云计算

一、云计算与教育云平台

(一) 教育云计算的概念

云计算是分布式处理(Distributed Computing)、并行处理(Parallel Computing)和网格计算(Grid Computing)的发展,通过云计算技术,网络服务提供者可以在数秒之内,处理数以千万计甚至亿计的信息,获得和"超级计算机"同样强大的网络服务。通过云计算,共享的软硬件资源和信息可以按需求被提供给计算机和其他设备。"云"指的是一个包含大量可用虚拟资源(例如硬件、开发平台以及I/O服务)的资源池。这些虚拟资源可以根据不同的负载动态地被重新配置,以达到更优化的资源利用率。资源池通常由基础设施提供商按照服务等级协议(Service Level Agreement,简称SLA)基于用时付费模式开发与管理。

李开复这样界定云计算:所谓云计算,就是要以公开的标准和服务为基础,以互联网为中心,提供安全、快速、便捷的数据存储和网络计算服务,让互联网这片"云"成为每一个网民的资料中心和计算中心。② 雷万云等指出云计算包含五个主要特征:按需自助服务、无所不在的网络访问、划分独立资源池、

---

① Jonassen D H, Land S M. *Theoretical Foundations of Learning Environments* [M]. New York: L. Erlbaum Associates, 2000: 272.

② 李开复.云中漫步迎接云计算时代的到来[EB/OL].[2016-09-08].https://blog.csdn.net/zhujjcn/article/details/2595428.

快速弹性、服务可计量。[①]

（二）云计算的优势

云计算具有众多优势。围绕教学、科研、管理、公共服务、国际交流，使用云计算技术具有以下潜在优势：其一，随时随地访问网络资源使学生、教师可以更加灵活地开展教学、研究活动。学生有更多机会参加需要大容量计算资源或复杂资源部署的实践项目；教师有机会使用更多资源，开展学术研究，缩短研究周期。其二，学校对全校 IT 资源进行整合、统一管理，使资源利用最大化，缩减资源购置、管理及运维成本；可以为灾难恢复、业务连续性提供可靠的技术支持保障。其三，利用云端服务和移动网络可以为师生提供更加丰富且人性化的教学、生活支持服务。其四，学校和学校之间可以方便实现资源（包括 IT 资源、人力/智力资源）共建、共享和协作（跨校学习、科研协作等）。其五，基于云端整合平台的大量数据信息分析，可以辅助管理者发现大学运转中的问题，据此做出快速响应，合理决策；可以对学习者的学习轨迹进行追踪、记录，及时发现问题，帮助学习者认识自己，帮助教师更立体地了解学生，从而有助于个性化的学习和指导。

（三）云计算的服务模式

传统的数字校园建设导致大量的信息孤岛与数字鸿沟，而云计算则为新时期的“智慧教育”发展带来了新思路。“集中力量办大事”“集中建设、分散使用”的建设方式，将更有利于教育信息资源的收集、存储、共享与应用，有利于形成区域性的教育大数据。云计算主要包括三种服务模式，分别是基础设施即服务、平台即服务和软件即服务。其中基础设施即服务（Infrastructure as a Service，IaaS）通过 Internet 提供完善的计算机基础设施服务，包括服务器、操作系统、磁盘存储、数据库和信息资源。相比物联网技术，云计算在教育中的应用更为普及和成熟。云计算在高校已经步入实际应用阶段。

（四）教育云平台

基于云计算、传感技术、物联网和海量信息处理等新技术的教育系统让教育信息化进入了全新的发展阶段。利用云计算对传统的教育信息系统、校园网络系统进行整合与优化，建构教育云服务平台，形成新一代的数字校园系统、智慧校园系统，实现对教育信息系统的重构，聚合更大范围的教育资源，建立可流动、可获取、可应用的大规模非结构化教育数据，形成教育大数据，以支

---

① 雷万云，等.云计算——技术、平台及应用案例[M].北京：清华大学出版社，2011.

持教育教学的智能决策、实施、评价等全过程。

在教育云时代,数字校园不再孤立。基于教育云的信息化系统建设,对传统的校园网络系统进行重新整合与优化,将促进学校教育系统的深刻变革。应用云计算技术开发的教育信息服务平台,有助于将越来越庞大、复杂的教育管理、教务教学、课改教研、教育资源、安全管理等应用,抽象为简单、个性化、智慧型、支持多终端且具有良好用户体验的应用,让每个用户都可以通过个人电脑、移动终端、数字电视等设备访问所关注的教育服务,最终实现任何人在任何时间、任何地点以任何方式开展的数字化学习。所有的教师、学生都能随时随地共享优质的教育资源,教育大数据将有助于推动教育评估、教育决策,创新教育实践,为教育教学过程的智能化支持提供了巨大机遇。同时,大数据对课程教学模式创新提供了有力支持。借助海量开放教育资源、大平台,学生不再局限于在课堂上进行学习,云平台的各种资源为学生提供了一个无墙的课堂。各种新型的课程教学方式,将突破学校教学时空的局限,推动学校的教学模式由封闭走向开放。在课程教学组织方式上,结构化良好的封闭式课堂教学逐步发展到半开放的混合式课程、完全开放的社会化课程教学,教学时空、师生关系进一步多元化。

二、云计算在教育中的应用

(一) 云计算在教育中的应用价值

云计算技术在智慧教育体系中的应用主要集中在教育资源(硬件、平台、软件、学习资源)的共享上,可以有效解决我国教育信息化进程中一直存在的重复投资、信息孤岛等问题,实现系统互联、资源共享以及应用互通等。

此外,云计算技术还可以用于打造智慧学习环境,学习者通过电子书包等终端随时随地享受云端的各种学习服务。学习者的学习过程数据也将及时存储到云端,保证学习数据的永不丢失,为学习分析提供数据支持。云计算作为整合教育资源的有力手段,可以使学习者不依赖于某特定的终端来访问和使用学习资源。智慧学习需要基于云计算,教育管理等其他业务也需要有云计算支撑。我们将以上这些能够支持下一代智慧教育的云计算和云服务统称为"智慧教育云服务"。

从部署的角度来看,未来教育云将会呈现四种部署模式:私有云、公有云、混合云和园区云,对应到教育中则是学校私有云、国家教育公有云、教育机构混合云和区域教育云。

有部分学者已经探索云计算教育应用的价值。得到最多公认的价值体现在教育成本的削减上，苏坦（Sultan）认为云教育解决方案可以削减公共开支。其他应用价值包括：提高效率、减少内部所需专业知识和灵活的资源水平。除此之外，更具体的教育云应用价值有学习机会的均等、可访问性，能惠及更多学生和满足学生的期望。同时云计算的出现可能激励更多教育工作者关注以学习者为中心的学习方式。教育云可以促进正式和非正式学习，也促进了网络上的学习资源的开放性、共享性和重用性。

（二）云计算在教育中的应用现状

目前在教育教学中对云计算、云服务的应用研究主要有以下三个方面：一是对云环境下学习环境的研究，主要是个人学习环境及网络学习环境；二是云环境下资源平台的建设研究；三是教育云的建设与服务模式研究。

1. 云环境下学习环境的研究方面

郁晓华、祝智庭认为个人学习环境为新阶段电子书包“关注学生”“支持学”的发展理念提供了很好的内涵诠释和行动指向。[①] 新的电子书包应用思路要求能连接传统正式学习活动，引导未来非正式学习活动的创新应用，并通过情境模式的切换实现电子书包在不同情境中的应用实践。在云计算技术的支持下，电子书包可以利用提供资源、工具和服务的云端来构建一种几乎“全能”的个人学习环境。

朱惠娟指出，随着网络学习的普及，构建完善的网络学习环境成为远程教育的研究热点之一[②]。云计算是继网格计算之后的又一个全新的网络概念，是下一代互联网的发展趋势，她就云计算及其在网络学习环境构建中的应用做了初步的研究工作，提出了基础框架。

武法提、李彤彤认为生态化网络学习环境的研究源于WebX2.0、混搭、云计算等技术的发展与支持，研究者从自然生态系统视角、学习资源的有机生命特征视角、文化生态视角等提出了网络学习环境的生态化结构模型[③]。

2. 云环境下资源平台的建设研究方面

张家贵、罗龙涛依据“共建共享、边建边用”的原则，提出基于云计算理念构建数字化教学资源平台的总体思路、建设内容与实现方式，并指出该平台可

① 郁晓华，祝智庭.电子书包作为云端个人学习环境的设计研究[J].电化教育研究，2012(7).

② 朱惠娟.云计算及其在网络学习环境构建中的应用初探[J].中国电化教育，2009(4).

③ 武法提，李彤彤. 网络学习环境生态化设计研究[J].中国电化教育，2013(7).

为专业教学资源库提供跨越时空的数字化管理与应用平台，为全国高职院校师生和企业技术人员提供统一的网络学习环境。①

王永军基于学习者网络学习的需求和已有的云服务资源，提出可以选择一些优秀云服务，整合用于个人知识管理和网络学习共同体的技术支持，并根据个人知识管理的内容和网络学习共同体的实现要素选择云服务，将其整合在一个学习支持平台上，同时对该平台进行开发。②

3. 教育云的建设与服务模式研究方面

李广文提出基础教育云在资源选用中应遵循的原则：一是转向云后应用是否可以更有效支持教育业务，二是转向云后是否比以前节约成本，用户的体验是否更方便。同时他指出目前教育云服务的应用模式主要有三种：基础架构即服务（LaaS）、软件即服务（SaaS）和平台即服务（PaaS）。③

张进宝等分析了云计算技术在解决教育信息化发展任务与挑战中的价值，然后提出了教育云服务概念，同时分析了智慧教育云的架构（部署方式、服务类型、基本特征、关键特征、教育需求），最后对如何开展教育服务体系建设提出四点建议。④

云计算是智慧学习环境支撑技术的核心，近几年来，云计算已经成为网络发展的方向，其核心在于计算与存储功能的虚拟化、集中化，实现资源的快速统整，提高设备使用效率，较大程度降低管理成本，这为优质资源的共建共享增添了新的技术支持，更为构建区域“智慧教育”开拓了空间。

第二节　物　联　网

一、物联网的概念

美国 Auato-ID 中心最早提出“物联网”概念，认为基于互联网、射频识别技术（RFID）技术、EPC 标准，在计算机互联网的基础上，主要利用射频识别技术、无线数据通信技术等，将会构造一个实现全球物品信息实时共享的实

① 张家贵，罗龙涛. 基于云计算理念构建数字化教学资源平台[J].现代教育技术，2011(3).

② 王永军. 基于云服务的学习支持平台的设计与实现[D].上海：华东师范大学硕士学位论文，2012.

③ 李广文.对基础教育云建设与云服务模式的思考[J].中国现代教育装备，2012(8).

④ 张进宝，黄荣怀，张连刚.智慧教育云服务：教育信息化服务新模式[J].开放教育研究，2012(3).

物互联网。[①] 国际电信联盟(ITU)的报告认为,物联网的定义较之前已经发生变化,并指出RFID、传感器技术、纳米技术、智能嵌入技术将得到更加广泛的应用。在物联网时代,通过在各种各样的日用品中嵌入一种短距离的移动收发器,人类在信息与通信世界里将获得一个新的沟通维度,在任何时间、任何地点的人与人之间的沟通将连接扩展到人—物和物—物之间。

目前,在国内较为多见的"物联网"定义为:物联网是指利用各种信息传感设备,如射频识别装置、红外传感器、全球定位系统、激光扫描等装置与互联网结合起来而形成的一个巨大网络,其目的就是让所有物品都与网络连接在一起,方便识别和管理。[②] 物联网把网络所实现的人与人之间的互联通过技术扩大到了所有事物之间的连通,不但使现实世界的物品互为连通,而且实现了现实世界(物理空间)与虚拟世界(数字化信息空间)的互联,从而有效地支持人机交互、人与物品之间的交互、人与人之间的社会性交互。[③] 总之,物联网是一个物—物相连的互联网,成为新一代信息技术的重要组成部分。

二、物联网的特征

(一)连通性

连通性是物联网的本质特征之一。国际电信联盟认为,物联网的"连通性"有三个维度:一是任意时间的连通性(any time connection),二是任意地点的连通性(any place connection),三是任意物体的连通性(any thing connection)。

(二)技术性

物联网是技术变革的产物,代表未来计算与通信技术的发展趋势,而其发展又依赖众多技术的支持,尤其是射频识别(Radio-frequency identification, RFID)技术、传感技术、纳米技术、智能嵌入技术。

(三)智能性

物联网使人们所处的物质世界得以极大程度地数字化、网络化,使世界中的物体不仅以传感方式也以智能化方式关联起来,网络服务也得以智能化。物联网具有智能化感知性,它可以感知人们所处的环境,最大限度地支持人们

---

① Saram, David L B, Kevin A. *MIT Auato IDWH 001: The Net-worked Physical World* [R]. Massachusetts: MIT Press, 2000.

② 宁焕生,徐群玉.全球物联网发展及中国物联网建设若干思考[J].电子学报,2010(11).

③ 李卢一,郑燕林.物联网在教育中的应用[J].现代教育技术,2010(2).

更好地洞察、利用各种环境资源以便做出正确的判断。

（四）嵌入性

物联网的嵌入性表现在两个方面：一是各种各样的物件本身被嵌入人们所生活的环境中；二是由物联网提供的网络服务将被无缝地嵌入人们日常的工作与生活中。

三、物联网在智慧校园中的作用

（一）实现学校的可视化智慧管理

在智慧校园中应用物联网能够实现校园中物理对象的互联互通，全面感知校园环境，获取和汇总最新的数据信息，发现问题并分析原因，实时对物体进行控制并反馈相关的信息。可视化校园环境可以为校园管理提供服务，促进学校管理的科学化、人性化和智能化。在基于物联网的校园环境中，它能够便捷地完成师生身份识别和考勤管理，通过在学校内部安装能够感知人体运动、光线、声音、温度的传感器，对教学环境和安全保障系统等进行可视化监测，连接网络，进行智能控制，全面实现学校的教学和安全环境的智慧管理。

（二）构建智慧的教育教学环境

随着网络技术和多媒体技术的发展，人们通过互联网可以获得较为丰富的学习资料和教学资源，但是虚拟的学习环境缺乏真实的可触碰性。物联网技术的引入可以使现实世界的物品互为连通，实现物理空间与数字化信息空间的互联，使真实空间与虚拟学习环境实现比较有效地整合。它让教学环境中每个物件形成数字化、网络化、可视化特性，学生在课堂中就可以感知自然、感知真实的场景，有效地促进人机交互、人与环境的交互，加强了师生之间、生生之间的交流。同时，物联网与现有教学平台的有机整合为远程实践教学活动提供了广阔的空间和智能化的管理服务。

（三）促进区域资源共享

如何在区域内使教育资源得以共享是实现教育公平的主要瓶颈，也是长期困扰教育界的重要难题。我国推行的重点学校制度，造成了区域内不同学校间的差距，主要体现在能够支配的优质教育资源方面。通过物联网技术可以实现教育资源的均衡。例如：一些大型的实验设备、图书资源可以利用物联网技术实现区域内各学校的共建共享，使师生能够均等地享有教育资源，在低成本条件下获取高质量的教育服务。基于物联网的智慧校园的建立对提高师资水平、消弭校际差距、提升教育资源的利用率均具有重要意义。

(四)拓展学习空间物联网技术

物联网技术可以拓展学习空间,提供泛在服务,能促进学生将课堂中学到的理论知识与相关实例相结合,弥补理论知识与实践脱节的不足。利用物联网技术将校园中的教育资源与对口公司、企业拥有的相关资源进行连通,使校企之间建立双向互动、优势互补的战略伙伴关系,对提升学校教学质量,培养学生的创新意识与应用能力具有重要的意义。同时,教育管理模式也可以延伸至整个区域,在智慧校园的建设过程中,能够多领域和跨区域地提供泛在的智慧学习服务,为实现移动学习、泛在学习提供无所不在的资源管理服务。①

在网络时代,运用计算机技术对教育教学过程进行辅助设计、研究和管理,可以促进学校教学改革,是实现教育现代化并提高教学质量的有效途径和方法。随着互联网技术的不断发展,数字化校园以数字化信息和网络为基础,使资源实现了高度的共享,信息获得了高速的流动,学校从环境、资源到教与学的活动逐步实现了数字化。物联网技术实现了物体间的连通,智能化地实现了信息的获取、传递和分析,改变了人们生活、工作、学习的方式,也将推进智慧校园的建设和发展。

通过传感器、RFID 技术的运用,物联网可将各种物件互联并实现智能化的数据传递和通信,完成网络内物体的识别、管理和应用等操作。结合物联网的教育应用现状及相关研究,物联网在教育领域中的应用可分为课堂教学、课外学习和教育管理三个方面,见表 3-1。

表 3-1 物联网在教育领域中的应用

应用分类	应用范围	主要技术	典型应用
支持课堂教学	实时教学测评	FRID 技术、传感器技术	课堂答题
	实验教学指导	传感器技术	实验操作、体育运动课程指导
	丰富教学资源	传感器技术	实验数据获取
	优化学习环境	传感器技术	教室噪音、教室及电脑光线亮度控制

① 陈明选,徐旸. 基于物联网的智慧校园建设与发展研究[J]. 远程教育杂志,2012(4).

续表

应用分类	应用范围	主要技术	典型应用
支持课外学习	支持课外研究性学习	传感器技术	实验数据回送，协作学习与跨学科合作探究
	支持移动学习	FRID 技术、传感器技术	教学资源获取与交互、无线电子书包系统
	支持泛在学习	FRID 技术、传感器技术	智能型学习服务的实现
支持教育管理	仪器设备管理	FRID 技术	会议运动设施、教学仪器、学生文凭管理
	学生安全行踪及健康管理	FRID 技术、传感器技术	学生上下学通知危险区域报警、体温预警服务、运动障碍儿童保护
	学校安全管理	FRID 技术、传感器技术	宿舍及校门安全门禁、安全访客、机动车管理和校园火灾报警管理
	数字化校园建设	FRID 技术	校园一卡通、智能图书馆建设、人员考勤
	区域教育管理信息化建设	FRID 技术	区域性教育 E 卡通项目

第三节 教育社会性软件

一、概念及特征分析

社会性软件（Social Software）可以理解为软件的社会化，是网络技术与文化的一种新型表现形式。一方面，所有可以帮助人们建立社会网络、支持交互和交流协作的一类软件都可以被称为社会性软件；另一方面，一个软件只要能够由多人协作参与，并且这些协作有现实需求的必要性，就能通过软件社会化的三个过程即网络化过程、协同化过程、开放社会化过程而被改造为相应的社会性软件。①

社会性软件是人们用于相互间交流的软件，具有五个方面特点：个性化、参与性、人际关系、对话和群体。社会性软件是个人软件，是个人网络化的工具。社会性软件是个人性和社会性的统一，社会性软件核心内涵是在互联网应用模式开始从传统的人机对话逐渐转变为网络中的人与人之间进行对话。

社会性软件将现实生活中的人与软件功能集于一体，提供了友好的技术支持，软件使用简单，从而使人与人之间的信息交流变得便捷可行，能够很好地支持学习的发生以及人与人之间知识的共享，使学习者不致陷入孤独之中，而是将网络与真实的社会关系结合起来，建构了社会性的网络，它赋予了网络"人性化"的特征。利用社会性软件的优势，教师能够更好地实现教师之间的信息交流，提高群体协作能力。

二、社会性软件在教育中的应用研究现状

（一）利用社会性软件搭建学习平台的研究

黄春梅基于社会性软件 BLOG 设计了一种网络协作学习环境②，为开展协作学习提供了良好的技术保证和友好支持，延伸了学习空间，丰富了学习资源，进而激发了知识创新，培养和提高了学习者的信息处理能力和协作能力。

尚佳指出社会性网络和社区的兴起为个人学习环境的构建提供了契机，使自我导向式学习和个人知识管理成为可能，通过分析个人学习环境的特点，结合常用的社会性软件构建了一种个人学习环境。③

（二）利用社会性软件促进教学策略的研究

李凡等指出信息化时代大学生学习方式的发展趋势是主动的、独立的、自主的、建构的、合作的、探究的、亲身体验的深层学习，而社会性软件对大学生学习方式转变起到了良好的支持作用。通过构建基于社会性软件的大学生学习模式，提出大学生作为学习主体利用社会性软件实现学习方式转变的途径，从而促进大学生有效运用社会性软件实现学习方式转变。④

朱哲等通过分析常用社会性软件在非正式学习中的功能，将日常使用的

---

① 王蕊，李燕临.社会性软件支持下教师专业发展策略研究[J].现代教育技术，2010(5).

② 黄春梅.社会性软件 BLOG 支持下的网络协作学习环境设计研究[D].兰州：西北师范大学硕士学位论文，2008.

③ 尚佳.Web2.0 时代的 PLE 建构初探[J].远程教育杂志，2008(1).

④ 李凡，陈琳，殷旭彪.社会性软件支持下的大学生学习模式设计研究[J].电化教育研究，2012(11).

社会性软件与非正式学习有效结合,构建了促进大学生进行非正式学习的基本模型,使大学生认识到Web2.0时代下如何在日常网络环境中利用司空见惯的社会性软件有效进行非正式学习,提高自身的自主学习能力。[①]

第四节 教育新媒体技术

一、新媒体技术概述

随着计算机网络技术的发展,新媒体已成为当今世界最重要的信息集散枢纽,它们在建构智慧学习环境过程中发挥着越来越重要的作用。

互动性是新媒体的本质特征。[②] 新媒体开创了“泛在传播”的聚合时代,表现在四个方面:传播层级泛化,消解权威;传播关系泛化,激活互动;传播介质泛化,汇聚效力;传播主体泛化,凸显个性。[③] 新媒体不仅改变了人类传播活动的面目,而且改变了整个人类社会的政治、经济和文化,甚至改变了人类的生活方式和生存方式。[④]

在现有“智慧校园”模式下,以电子书和移动设备为代表的使用终端,已经开始在教育管理和教育教学中得到越来越多的关注和应用。智能终端设备由于具有一定的网络连接、数据存储、可交互联通的能力,可以用来接收各类教育资源。智能移动终端设备中的蓝牙、GPS定位系统等,具备一定的情景感知与跟踪能力,是智慧学习环境中不可或缺的一个学习工具。

二、新媒体促进学习方式的改变

体验学习在促进学习者知识理解、激发学习者主动性、培养批判性思维等方面有积极影响。[⑤] 因此在利用新媒体、新技术进行体验学习时,一方面要使物理环境遵循未来课堂、体验学习、场馆学习环境设计的基本理念,以人为本,重视多角度、多形式地对事物进行呈现,尽可能地促进学习者直接经验的获取和反思;另一方面在体验学习活动设计时要将具体体验、反思观察、抽象概括、行动应用四个学习阶段贯穿其中,充分利用物理环境所提供的空间和技术支

---

① 朱哲,甄静波.基于社会性软件的大学生非正式学习模式构建[J].电化教育研究,2010(2).

② 匡文波.“新媒体”概念辨析[J].国际新闻界,2008(6).

③ 冯锐,金婧.论新媒体时代的泛在传播特征[J].新闻界,2007(4).

④ 周海英.从媒介环境学看新媒体对社会的影响[J].兰州学刊,2009(6).

⑤ 张际平,许亚锋.新媒体、新技术体验学习的设计与实践[J].现代远程教育研究,2012(6).

持,把获取经验与转换经验结合起来,实现体验学习过程的螺旋上升。熊凤将新媒体条件下的学习方式与新课改下倡导的学习方式进行比较,分析了移动学习、泛在学习、个性化学习的特点,指出学习者在特定的学习环境下选择恰当的学习方式,可以有效提高学习效率。①

第五节　学习分析

一、智能学习分析概念

《新媒体联盟地平线报告(2013 基础教育版)》认为学习分析指的是教育领域应用"大数据"的方式。② 该术语源于商业领域,商家对商业活动进行数据分析,从而把握消费趋势并对消费者的行为进行预测。互联网的兴起带动了大数据及其指标的研究,使企业能够建立储量丰富的信息并用于市场营销活动的分析预测。同样,教育领域也在着手探索大数据的科学分析,目的是提高学生巩固率,为学生提供高质量、个性化的学习体验。

在首届学习分析和知识国际学术会议期间,参会者一致认为学习分析技术是测量、收集、分析和报告有关学生的学习行为以及学习环境的数据,用以理解和优化学习及其产生环境的技术。祝智庭等认为学习分析技术是智慧教育的重要支柱③,黄荣怀等也指出学习分析技术是智慧学习环境中不可或缺的一部分。④ 美国高校教育信息化协会(EDUCAUSE)对学习分析技术的界定为:学习分析技术就是利用数据和模型,预测学习者的学习进步和表现,预测未来表现和发现潜在问题⑤。

应用学习分析技术旨在运用数据分析为各级教育决策系统提供参考。学习分析能利用学生数据来探索更有效的教学方法,判明困难学生人群,并评估项目设计能否有效提升学生保持率及其未来取舍。由此可见,学习分析对教育立法者和教学管理者来说都具有重要意义。对远程教育工作者和研究人员而言,学习分析对剖析学生与在线文本、课件之间的互动状况举足轻重。学生

---

① 熊凤.论新媒体视野下学习方式的转变[J].软件导刊(教育技术),2013(1).

② L.约翰逊,S.亚当斯贝克尔,M.卡明斯,等.Part Ⅱ:《新媒体联盟地平线报告(2013 基础教育版)》[J].北京广播电视大学学报,2013(s1).

③ 祝智庭,沈德梅.学习分析学:智慧教育的科学力量[J].电化教育研究,2013(5).

④ 黄荣怀,张进宝,胡永斌,等.智慧校园:数字校园发展的必然趋势[J].开放教育研究,2012(4).

⑤ Johnson L, Becker S A, Cummins M, et al. *NMC Horizon Report*: 2016 *Higher Education Edition*[M]. Austin, TX: The New Media Consortium, 2016.

正逐步受益于学习分析,因为移动和在线平台对学习行为进行跟踪并提供数据,这样就可为学生创设更具互动性和个性化的学习体验。

二、智能学习分析特征

学习分析技术是指利用数据挖掘工具,测量、收集和分析学生在正式和非正式学习过程中的有用信息和数据,对这些信息和数据作深度分析、统计和运算,并以可视化方式解读数据结果,其具有以下特征:

(一)复合化的数据采集

学习分析技术所采用的数据大部分来自 LMS(学习管理系统)、CMS(课程管理系统:如网络课程、学习论坛等)和学生档案系统等数据库;来自学生在传统环境下学习时留下的学习资料、作业、作品;也来自学生个人的非正式的知识管理系统(如个人主页、博客、微博等)。比如,仅就 LMS 而言,已经积累大量的关于学生学习行为的信息(学生网络学习行为、同伴互动、与教学人员交互以及访问教学信息系统的有效数据)。不同来源的海量数据为提供自动化的学习支持和针对性的学习服务提供了可能性,同时其最大的挑战是如何将不同来源的多样性数据加以整合,并将这些多来源的数据导入同一个分析框架中(常需要采用第三方分析软件)进行分析和运算,从而提供有关学生学习情况的可视化分析结果。

(二)多重角度的分析技术

学习网络的动态变化、学习者关系的变化以及学习内容的复杂多变,使网络学习的研究过程变得非常复杂。所以,要进行有效的分析,必须使用多重研究方法、技术与工具。[①] 学习分析技术则为实现这一有效分析提供了技术支持。延续了 CMI(Computer-Managed In struction,即计算机管理教学)的形式与 DDDM(Data-Driven Decision Making,即基于数据的决策)的思路,学习分析技术将数据分析结果聚焦于学习过程,并试图为优化学习提供针对性服务。从多重角度,学习分析技术不仅关注数据挖掘、数据聚合、数据分析等技术在教育领域中的应用,也注重结合定量研究与定性研究方法,透过教育数据对教育过程进行合理的解释,并为学习提供支持。

(三)可视化的分析结果

学习分析技术的服务对象主要是学生或教师,所用工具和技术必须降低技术门槛,分析结果必须是可视化或者直观化的数据,以便不具备统计和分析

---

① 赵姝淳,孙曙辉.移动互联网技术在教育领域的应用[J].发明与创新(教育信息化),2014(1).

知识的学生和教师能通过直观的分析结果对自身的学习或教学情况作出判断。可视化的方式可以使师生很容易地解读学习的参与程度或者预测学习者的努力程度。如SNA(Social Network Analysis)可以分析学生个人、学习小组、教师和计算机之间的信息交互关系,提供对数据的直观解读。

(四)微观化的服务层次

如果说DDDM相对来说涉及较为宏观的教育决策从而更多地直接服务于教育决策者,那么学习分析则主要面向微观层面的教师和学生,通过对学习过程、学习行为、学习网络的跟踪和分析,为教师的教学干预提供依据,为学习者的适应性学习提供建议。

(五)多元化的理论基础

学习分析技术的理论基础包括分析理论和实践知识两部分:分析理论是协同过滤算法、贝叶斯网络、关联规则挖掘、聚类、基于知识的建议和协同过滤算法等理论的有效分析方法和技术;实践知识是与学习理论、良好的教学实践、知识共同体的构建、学生的学习动机、毅力等知识积累的相关领域。

三、学习分析技术在教育中的应用研究现状

(一)学习分析技术在教育教学中的作用研究

学习分析技术用于教育教学主要表现在数据挖掘和学术分析两个方面。数据挖掘技术从来自于教育系统的数据中提取有意义的信息,这些信息可以为教育者、学习者、管理者、教育软件开发者和教育研究者等提供服务。①

利用数据挖掘技术,可以发现数据中的教育模式和规律,帮助管理者做出正确的教育决策,并且应用到教学中。学术分析是商业智能在教育领域中的应用,与教育数据挖掘旨在分析数据中的教育模式和规律的目的不同,其更加关注学习者的学习行为。

例如,魏顺平指出学习分析技术有助于发挥学习过程数据的价值,使数据成为审慎决策、过程优化的重要依据,归纳出学习分析技术的关键技术及分析模式,并以实例从不同用户视角包括管理者、辅导教师、学习者,展示了学习分析技术在网络学习过程分析中的应用过程。②

(二)学习分析的组成要素和应用模型研究

马尔科姆·布朗(Malcolm Brown)认为,学习分析是教育技术发展的第三

---

① Educational Date Mining[EB/OL].[2016-09-08].http://www.educationaldatamining.org/.

② 魏顺平.学习分析技术:挖掘大数据时代下教育数据的价值[J].现代教育技术,2013(2).

次浪潮,其核心在于搜集和分析与学习行为相关的数据,包含数据收集、分析、学习、受益方和干预五个大要素。他强调学习行为是学习分析关注的重心,也是学习行为区别于其他分析方法的标志。[①] 郁晓华、顾小清借鉴活动流的描述机制,情景化注意元数据被加以改造并得到学习活动流的描述模型,而基于学习活动流的学习情境分析则探讨了对这一行为模型的学习分析应用,并以信息感知和资源推送为例展示了其实践应用。[②]

第六节 虚拟现实与增强现实

一、虚拟现实与增强现实概述

一般而言,新技术的出现会引起搜索高潮,然后慢慢下降,在技术取得突破或出现某个热点事件时激增,最终趋于稳定,这就是“新技术宣传曲线”。[③] 周忠等曾经使用 Google trends 对比虚拟现实、增强现实、增强虚拟环境和混合现实等词的全球搜索热度[④],搜索结果表明从 2010 年开始虚拟现实的搜索热度逐渐下降并趋于稳定,同时增强现实的搜索热度也在激增并最终趋于稳定,这说明虚拟现实技术正在成熟中,逐渐被大众所接受。由于虚拟现实和增强现实技术能运用计算机对现实世界进行模拟仿真,学习者可以将他们的日常生活和学习内容进行融合、交互。增强现实在电子出版、虚拟训练、课件开发等教学领域具有广泛的应用前景。苹果最新专利,增强现实技术将会成为未来主要应用之一。2010 年、2011 年,美国新媒体协会连续两年在地平线报告中将其列入 2~3 年内会在教育中得到广泛应用的技术。

(一) 虚拟现实

虚拟现实(Virtual Reality,VR)技术又称灵境技术,最早是由美国人兰尼尔(J.Anier)提出的。兰尼尔将虚拟现实定义为:用计算机技术生成一个逼真的三维视觉、听觉、触觉或嗅觉等感觉世界,让用户可以从自己的视点出发,利

---

① Malcolm B.Learning Analytics:The Coming Third Wave [EB/OL].[2016-09-08].http://net.educause.edu/ir/library/pdf/ELIB1101.pdf.

② 郁晓华,顾小清.学习活动流:一个学习分析的行为模型[J].远程教育杂志,2013(4).

③ [美]William Sherman,[美]Alan B.Craig.虚拟现实系统:接口、应用与设计[M].魏迎梅,杨冰,译.北京:电子工业出版社,2004:299-301.

④ 周忠,周颐,肖江剑.虚拟现实增强技术综述[J].中国科学(信息科学),2015(2).

用自然的技能和某些设备对这一虚拟世界客体进行浏览和交互考察。[①] 这个定义注重的是逼真的感觉(视觉、听觉、触觉、嗅觉等)、自然的交互(运动、姿势、语言、身体跟踪等)、个人的视点(用户的眼、耳、身所感受到的信息)和迅速的响应(感受到的信息跟随视点的变化和用户的输入即时更新),用户在其中所体验到的是一种浸入式的、多重感官刺激的经验。

虚拟现实是一项计算机图形学、人机接口技术、传感技术、心理学、人类工程学(Er-gonomics)及人工智能技术相结合的综合技术。巴迪亚(Burdea G.)和库非(Coiffet)在1994年出版的《虚拟现实技术》中描述了VR的三个基本特征:3I(Imagination、Interaction、Immersion)。[②] 沉浸感(Immersion)是指必须存在一个由计算机生成的虚拟场景,这个虚拟场景能令用户暂时脱离现实世界,产生一种现场感。互动性(Interaction):用户必须能与这个虚拟场景进行互动,产生一种参与感。想象力(Imagination):这种互动可以是感官上的,也可以是心理上的。这里的现场感和参与感是以用户的主观心理为衡量标准的。[③]

虚拟现实的主要科学问题包括建模方法、表现技术、人机交互及设备三大类,但目前普遍存在建模工作量大,模拟成本高,与现实世界匹配程度不够以及可信度较低等方面的问题。[④]

(二) 增强现实

增强现实(Augmented Reality,AR)技术,是将真实环境和虚拟现实的景象结合起来的一种技术,并强调虚拟对象与真实世界物体的交互,因此它为解决某些领域的应用问题提供了技术手段。

随着技术的不断进步,多媒体技术被广泛应用于教育领域,目前已经在各个学科的学习中被普遍应用。这种传统多媒体(即目前教学活动中普遍应用的多媒体)在应用之初,以其新颖性吸引了学生的注意力,并且具有能够在学习过程中高效快速地表达知识的独特优势。但其缺点是难于表达知识的完整性,只能使学习在视觉和听觉上进行,并且缺乏互动能力。当前相关研究者已经将增强现实技术引入教育领域,试图更好地解决这个问题。喜夫久·秀和(Kikuo Hideaki)等指出,增强现实技术可以为学习者提供一种新型的学习工

---

① 梁国伟,聂伟.虚拟现实技术在媒体中的运用及意义[J].新闻界,2006(6).

② [美]Burdea G,[法]Coiffet P.虚拟现实技术[M].魏迎梅,栾悉道,等,译.北京:电子工业出版社,2005.

③ 刘向铜,熊助国,曹秋香.虚拟现实技术的若干问题及发展展望[J].水利科技与经济,2006(5).

④ ZHAO Q P.A Survey on Virtual Reality[J].*Science in China Series F:Information Sciences*,2009(3).

具,而且具有很大的发展空间。[①]

增强现实技术作为虚拟现实技术的延伸,其基本软硬件构成与虚拟现实技术十分相似,因此两者之间存在不可分割的密切关系,但是它们有显著的差别。如果将整个环境分为场景和物体,那么虚拟现实中的场景和物体都是虚拟的,这正好完全符合虚拟现实沉浸性的特点。在虚拟现实中,使用者无法感知周围的真实世界,因此延伸出新的技术让虚拟与实体同时在同一空间共存,该技术即增强现实。增强现实中的场景即真实的景,同时把虚拟的物体融入真实的场景中,实现虚实结合,让使用者同时感知真实世界与虚拟世界。罗纳德·阿祖玛(Ronald Azuma)在 1997 年给出的增强现实的定义是[②]:虚实结合、实时互动、三维注册。也就是说,增强现实是指在同一环境中实现虚拟物体与真实环境的结合,同时具有交互功能。

保罗·米尔格拉姆(Paul Milgrama)的研究则是把虚拟环境和现实环境看成一对封闭的集合,如图 3-1 所示,最左侧代表绝对现实环境,最右侧代表绝对虚拟环境,中间部分则代表现实环境与虚拟环境的同时存在。米尔格拉姆用混合现实(Mixed Reality,MR)的概念来表示这个中间区域,认为增强现实应该是虚拟与现实的混合。所以,增强现实又被称为混合现实。

图 3-1　虚实空间的连续统一体

二、虚拟现实和增强现实在教学中的应用形式

虚拟现实技术在教育教学上能够实现课程的数字化学习,可将课程学习内容作为学习者的学习资源,并将其他的相关资源一并提供给学习者,实现资源共享;能按照超文本、超链接的方式组织管理学科知识和各种教学信息,有利于学习者主动发现、主动探索知识,发展联想思维和建立新旧知识之间的联系;能够提供界面友好、形象直观的交互式学习环境,不受时空和距离的限制,

---

① Asai K, Kobayashi H, Kondo T. Augmented Instructions-A Fusion of Augmented Reality and Printed Learning Materials [C]//Kaohsiung, Taiwan: Advanced Learning Technologies, 2005. ICALT 2005. Fifth IEEE International Conference on. IEEE, 2005: 213-215.

② Azuma R T. A Survey of Augmented Reality [J]. *Teleoperators and Virtual Environments*, 1997(4).

可让各地的师生共处于一个虚拟空间中，有利于激发学习者的学习兴趣和进行协商会话，实现合作学习；能提供图文声像并茂的多种感官综合刺激，提供生动活泼的直观形象思维材料，使学生从思维、情感和行为三个方面参与教学活动，有利于学习情境创设和大量知识的获取与保持；可以弥补实验教学条件的不足。学习者足不出户便可以做各种实验，获得与真实实验一样的体会，还可以避免真实实验或操作所带来的各种危险。此外，虚拟现实技术还可以彻底打破时空限制。大到宇宙天体，小至原子粒子，学习者都可以进入这些物体的内部进行观察。一些需要几十年甚至上百年才能观察的变化过程，通过虚拟现实技术，可以在很短的时间内呈现给学习者。虚拟现实技术在教育教学上具体应用形式如下。①

（一）模拟训练

虚拟现实技术在教育中应用最成功的案例之一就是模拟训练系统的开发与研制。最先进的科学技术往往重点应用于国防方面，由于空间探索和军队战争训练需要高昂的费用，以及这些领域需要极高的安全性与可靠性，虚拟现实技术在这些领域的应用发挥了巨大的实用价值和商业价值。随着计算机技术和网络的发展普及，虚拟现实技术也延伸到了一般的医学教学、汽车驾驶以及电器维修等需要培养各种操作技能的领域。

（二）虚拟学习环境

虚拟学习环境（Virtual Learning Environment，VLE），是指通过人体模型或者化合物等分子结构演示的虚拟体验，教育者和学习者之间，或者学习者和同伴之间可以在一个虚拟的现实空间中，进行虚拟人之间面对面地情感交流。

（三）虚拟实验室

利用虚拟现实技术建立的各种虚拟实验室（Virtual Lab）在教育上的应用前景广阔，尤其在物理、化学、生物等需要实验的学科中更是如此。创建这种虚拟环境的演示物体可以摆脱真正实验室所需要的昂贵设备，教学的效果基本接近真正的实验教学效果。虚拟实验室可以称为是协作式虚拟环境（Collaborative Virtual Environments，CVE）中的一种，高级的甚至能模拟真实实验室中学习者之间以协作方式为主的、需要共同完成的学习任务。学

---

① 刘向铜，熊助国，曹秋香.虚拟现实技术的若干问题及发展展望[J].水利科技与经济，2006(5). Azuma R T. A Survey of Augmented Reality [J]. *Teleoperators and Virtual Environments*，1997(4).Milgram P，Kishino F.A Taxonomy of Mixed Reality Visual Displays [J].*IEICE Transactions on Information Systems*，1994(12).

习者可以在跟真实实验室几乎相同的学习环境中学习,可以相互讨论学习到的概念。

三、国内外虚拟现实和增强现实技术应用现状

(一) 我国虚拟现实和增强现实技术教学应用研究现状

1. 我国虚拟现实教学应用研究情况

我国许多高校都建立了国家实验室开展虚拟现实方面的研究工作。其中,北京航空航天大学建立了虚拟现实技术与系统国家重点实验室,浙江大学也有计算机辅助设计与图形学国家重点实验室,其他高校如清华大学、西安交通大学对虚拟现实的真实感和立体现实技术也进行了广泛的研究,使我国在虚拟现实基础理论研究方面硕果累累。比较具有代表性的高校的虚拟现实应用情况如表 3-2 所示。

表 3-2 我国部分高校虚拟现实应用情况

学校	虚拟现实应用情况
中国科学技术大学	开发了物理虚拟实验平台,被称为是我国第一个物理虚拟实验室
华中科技大学	建立了互动型数字逻辑虚拟实验教学平台,为我国其他学校在虚拟实验室的开发与应用上起到了示范的作用
北京航空航天大学	开发了虚拟北航,可以实现用户在计算机生成的虚拟环境中对虚拟校园的实时漫游和交互操作
南开大学	从计算机图形学的角度,对虚拟环境中微泵运行行为进行了研究,得出了简化了的动态规律,并在虚拟环境中进行了实现
清华大学	将 VRML 语言应用于开发工程类远程教育网络课程
华南师范大学	应用 VRML 语言增强 Web 有机化学课件的交互性
山东大学	利用 VRML 和 Java 语言开发了机电一体化设备电气控制虚拟平台
广东工业大学	运用 VRML 和 Java 语言在微机上实现了一个跨平台、网络化的仿真平台,用于机器人离线规划和编程及可视化教学等领域
长春工程学院、吉林大学	将 VRML 和 Java 语言结合,构建了远程虚拟教学平台,为该技术在远程虚拟教学的实践提供了一种可供参照的样本

2. 我国增强现实教学应用研究情况

目前我国增强现实技术的研究主要集中在高等科研院校,对增强现实技术应用于教育的探索才刚刚起步,相关研究很少。但也有应用增强现实技术进行的相关开发,如5ii交互工作室开发的基于增强现实技术的游戏作品"山海游"(Voyage Through Mountains & Seas),它使用AR Tool Kit以及三维引擎Virtools Dev 3.5进行开发,内容取材自《山海经》(*Guideways Through Mountains & Seas*)并进行了再加工与再创作,具备完整的游戏流程。北京师范大学现代教育技术研究所团队自主研发的增强现实教育应用案例"未来之书"对比增强现实电子书与传统纸质书籍,通过形象直观的特点,提高书籍阅读的体验,促进学生自主学习。浙江大学计算机辅助设计与图形学国家重点实验室则开发了基于增强现实技术应用于科技馆中的"基因剪刀"项目,吸引了许多儿童学习科普知识,对提高儿童理解和学习科普知识的兴趣具有显著的效果①。

(二)国外虚拟现实和增强现实技术教学应用研究现状

1. 国外虚拟现实教学应用研究情况

在国外,虚拟现实技术已经在教育领域被广泛应用。其应用并非只限于发达国家,发展中国家对这方面的应用也在日益增多。美国是较早将VR技术引入课堂的国家之一。② 休斯敦大学建立的虚拟物理实验室,能使学生做包括万有引力定律在内的各种实验,可以控制、观察由于改变重力的大小、方向所产生的种种现象,以及对加速度的影响,使学生对物理概念和定律有了更深的理解。北卡罗来纳大学研制了一种可以让学生用手操纵分子运动的化学虚拟现实系统,可以使分子按某种方式结合在一起。印第安纳大学应用桌面型VR培养学生对太阳—地球关系的理解,不但增强了学生对相关概念的理解,也大大减少了学生的错误认识。在亚特兰大的克拉克大学,人们还对真实环境和虚拟环境中的学习效果进行了研究。实验的对象是21岁至32岁的11位男士和7位女士,结果表明:学生的学习兴趣在虚拟环境中远高于真实环境,尤其在增强学生的记忆能力方面,虚拟环境中的学习更加有效③。

---

① 张宝运,恽如伟.增强现实技术及其教学应用探索[J].实验技术与管理,2010(10).

② 郭天太.虚拟现实技术在高等教育中的应用及其意义[J].宁波大学学报(教育科学版),2006(1).

③ Barab S A,Hay K E,Barnett M,et al.Virtual Solar System Project:Building Understanding Through Model Building[J].*Journal of Research in Science Teaching*,2000(7).

由美国国家航空航天局项目资金和美国国家科学基金会的高级技术应用程序项目资金资助开发的科学空间项目运用了物理性沉浸、建构主义学习方式和多种感觉器官并用的学习方式使学生在一系列不同的虚拟世界中进行探索,最终达到促进学生学习科学知识的目的。

英国学者加西亚(Garcia)对大学老师在使用虚拟学习环境时的观念进行了研究,认为虚拟学习环境有助于生成以学生为中心的学习环境以及以学生为中心的教学方式。[①] 荷兰特温特大学建立了一个虚拟图书馆系统,教师和学生使用该系统犹如置身于真实的图书馆,任意、快速、方便地查阅各种所需的资料和书籍。希腊爱奥尼亚大学的研究者于学生对 VR 应用于教育中的态度做了调查,得到的结果是肯定的。[②] 马来西亚的研究者对一所私立高校通过问卷调查研究后指出:那些对使用计算机有焦虑感或准备不足的学生在虚拟学习环境中容易碰到困难。因此有必要建立对虚拟学习环境积极的态度。学生的年龄、经历和学习水平既影响虚拟学习环境的有用性,也影响学生对计算机的使用,但性别和所学专业被认为没有影响。此外,学生对计算机的态度对学习效果有很大的影响。[③]

2. 国外增强现实教学应用研究情况

近几年来,国外对增强现实技术在教育中的应用作了较多研究,并且相继出现了一些相关的教学产品。谢尔顿(Shelton)等采用 AR 技术进行九大行星的教学实验,他们发现通过使用 AR 技术,可以使教师仅用较少的教学材料就可以进行教学活动,并且在学生的学习过程中比较容易形成互动,让学生更容易理解学习内容。[④] 比林赫斯特(Billinghurst)在他的研究中认为,把增强现实教学软件作为教具具有其独特的优点[⑤]:将 AR 作为教具,可使学习者在虚拟与真实的环境中流畅地进行互动;将 AR 作为教具,将产生一种新的教学和学习策略,在这种模式下,即使学生没有任何电脑使用经验,也可以进行互动学习;学习者可以沉浸于学习内容,改变了学习者仅仅面对静态文字的传统学习

---

① 郭天太.虚拟现实技术在高等教育中的应用及其意义[J].宁波大学学报(教育科学版),2006(1).

② Mikropoulos T A, Chalkidis A, Katsikis A, et al. Students' Attitudes Towards Educational Virtual Environments [J]. *Education and information Technologies*, 1998(2).

③ Lee J, Hong N L, Ling N L, et al. An Analysis of Students Preparation for the Virtual Learning Environment[J]. *Internet and Higher Education*, 2001(4).

④ Shelton B E, Hedley N R. Using Augmented Reality for Teaching Earth-Sun Relationships to Undergraduate Geography Students [C]. Augmented Reality Toolkit. The First IEEE International Workshop, 2002: 8.

⑤ Billinghurst M. Augmented Reality in Education[J]. *New Horizons for Learning*, 2002, 12(5).

方式。

考夫曼(Kaufmann)曾对 AR 应用于教学进行多年的研究。他的研究采用一个名为 Construct 3D 的增强现实工具进行空间几何教学。他指出,AR 不仅能够为师生提供一种面对面的沟通与合作平台,而且通过 AR,可以增加学生对复杂空间中概念及其相对关系的理解。他对应用 VR/AR 开展几何教学的研究进行总结,发现不管是学生还是教师都能对 AR 保持较高的兴趣。他通过 3 次分析和评估收集了 100 余个学生的 500 余个教学单元资料,结果显示,应用 Construct 3D 工具进行教学可以提高学习效率,节约大量学习时间,同时能使学生保持较高的学习热情,而且这种模拟情境的学习效果具有一致性①。

第七节　量化自我

一、技术概述

加里・沃尔夫和凯文・凯利在 2007 年首次提出量化自我的概念,量化自我(quantified self)也称作"自我追踪"(self tracking)、"生理信息"(body data)或"生活数据化黑客"(life hacking),是指通过数据收集、数据可视化、交叉引用分析和数据相关性等技术手段,获取个人生活中有关生理吸收、当前状态和身心表现等方面的数据,如所消耗的食物、皮肤电导、血氧饱和度、心理表现等。简单地说,就是实时测量或记录的方法,记录、量化个人生命数据,如饮食、运动、睡眠、情绪等,并通过数据反馈进行自我调整。

《2014 年地平线报告(高等教育版)》②将量化自我列为未来 4~5 年将采纳的技术。报告指出,量化自我技术以移动应用程序、可穿戴设备和基于云的服务等形式出现,这使数据收集的过程变得更加容易。从学习分析数据里面搜集的考试成绩和阅读习惯的数据与其他生活方式追踪的信息相结合,基于这些大数据的分析将有可能揭示环境变化是如何改进学习成果的。

---

① Kaufmann H.The Potential of Augmented Reality in Dynamic Geometry Education[C].12th International Conference on Geomertry and Graphics.2006:6-10.

② 北京开放大学.2014 年地平线报告(高等教育版)[EB/OL].[2016-09-08].http://cdn.nmc.org/media/2014-nmc-horizon-report-he-CN.pdf.

二、量化自我在教育中的应用

（一）数据收集

教育大数据指的是在信息技术支持下教与学各个环节所产生的各种类型的结构化、半结构化和非结构化的具有大数据特征的数据集。教育大数据来源于学生过程性、即时性的行为与现象记录，用于调整教育行为与实现个性化的教育，目的在于关注每一个学生的微观表现。[①] 目前教育大数据采集主要来自虚拟学习环境，如网络平台上所记录的学生行为数据，真实学习环境中所采集的教育大数据很少，这些数据的产生完全是过程性的，在每时每刻发生的动作与现象中产生，采集的难度较大。而量化自我技术弥补了真实学习环境中教育大数据采集技术的缺乏，提供了一种支持现实环境中教育数据采集的新方式，包括学生在课堂上的行为和心理数据，推动了教育大数据的全面获取，实现了学习者高度个性化的数据表征。

（二）数据分析

有学者认为学习分析的数据来自智能数据（移动终端、社会型软件、PLE、LMS）和学习者数据（课程、学习数据、相关数据），他指出："学习分析存在很多局限性，目前最大的缺点是数据收集的范围。目前很多数据来自学习管理系统、键盘数据、浏览器数据，基本上都是学生操作电脑的数据。实际上，很多学习发生在现实情境当中，但我们并没有捕捉这些发生在现实情境中的学习过程。我认为，学习分析面临的最大挑战就是如何扩大数据捕捉范围。只有解决这个问题，我们才能深入了解学习和教学过程。"[②]因此，借助量化自我工具收集现实世界中与学习者生活方式或外部学习环境相关的数据，为学习分析提供了更加广泛的分析因素，进而揭示学习者生活方式或环境因素的改变是如何影响学习结果的。如记录学习者在学习过程中的心跳频率，判断学习者是否紧张或焦虑，分析学习者对学习内容的掌握程度。

（三）数据反馈

数据的可视化反馈能使学生随时调整学习状态、提高学习效率、优化学习效果，成为学习的主导者。利用量化自我相关设备即时记录学生学习行为表

---

① 武法提，牟智佳.电子书包中基于大数据的学生个性化分析模型构建与实现路径[J].中国电化教育，2014(3).

② 魏雪峰，宋灵青.学习分析：更好地理解学生个性化学习过程——访谈学习分析研究专家George Siemens教授[J].中国电化教育，2013(9).

现、心理状态等还能够帮助教师更全面地认识学生、了解学生的个性化差异，提供更加个性化的学习服务。教师通过数据反馈制定与学习者学习习惯、学习内容、学习目标相符合的学习服务优化方案，包括下一阶段的学习计划，查漏补缺和精益求精的强化训练，提出潜在问题的解决办法等，可大大节约学习者的时间，减少教师和学生的工作量。

第四章

智慧学习环境的多样化体现

虽然历次教育改革都非常关注教、学和课程。然而,人们很少关注另外一些很重要的方面,如学习地点和环境的设计。①

——诺顿、维贝格

第一节　智慧教育城

一、智慧地球、智慧城市和智慧教育城

2008 年 11 月 6 日,美国 IBM 公司总裁兼首席执行官彭明盛在纽约市外交关系委员会发表题为《智慧地球:下一代的领导议程》的演讲,“智慧地球”的理念被明确地提出来。② IBM 公司认为,在城市发展过程中,经济发展和稳定是首要任务,公共安全、社会服务、教育、社保和市政建设分别构成最重要的板块。而形成整个板块的支撑层有法律框架、市政系统,以及赋予城市以“智慧”的信息基础架构。

“智慧城市”将是未来城市的发展趋势,其包括智慧的交通、智慧的商业、智慧的公共安全、智慧的居民健康和教育、智慧的环境等内容,其中作为民生工程的智慧教育应该是智慧城市建设的重点。2013 年 3 月,温州市人民政府通过了《温州市智慧城市创建实施方案》,“智慧教育”成为智慧城市建设的重要组成部分。在此背景下,温州市提出了“智慧教育城”的概念,将其纳入“智慧城市”建设体系。③ 智慧教育作为教育信息化发展建设的新阶段,其具体建设还需依托区域特色和区域的推进。国家可以全面推进智慧教育建设,而实

① ［美］Priscilla Norton,［美］Karin M.Wiburg.信息技术与教学创新［M］.吴洪建,倪男奇,译.北京:中国轻工业出版社,2002:31-32.

② IBM.Education for a Smarter Planet:The Future of Learning［EB/OL］.［2016-09-08］.https://www.calvin.edu/~dsc8/documents/IBM-Smarter-Planet-June-2009.pdf.

③ 温州市人民政府.温州市智慧城市创建实施方案［EB/OL］.［2016-09-08］.http://www.wenzhou.gov.cn/art/2013/3/25/art_1230739_2350238.html.

质性推动需要区域推进,“教育智慧城”建设也就成为推进的主体。区域推进智慧教育建设不仅是为了解决庞大网络和系统部署的问题,更是为了满足教育全数据收集和精细化管理的需要。

总的来说,智慧教育城归属于智慧城市的建设体系,是智慧城市建设的重要组成部分,也是区域推进智慧教育的重要依托。

二、智慧教育城的层次[①]

(一)宏观层次:社会智慧教育

智慧教育在宏观层次,即社会系统之中,其核心是社会创新能力、公共服务体系、社会经济发展和文化传承,主要表现为服务于社会创新能力提升、服务于公共服务体系建设、服务于推动经济社会发展、服务于人类文化传承。在社会视野中,教育是最基础、最重要的社会子系统,也是人类社会的更新性再生系统,承载着文化传承与创新、推动社会发展的重要责任,教育信息化在服务教育的同时,也服务于社会发展。从这个角度来看,教育信息化服务是社会公共服务体系的基本组成部分,也是完善这个体系的重要动力。

智慧环境建设和创新能力发展贯穿于各个层次。智慧环境建设主要是教育条件的信息化和现代化,包括信息化设施设备、网络带宽、教育资源、应用软件、网站平台等,即物的现代化;创新能力发展主要是指教育信息化服务于培养人们在不同人生阶段的创新能力,包括教师、学生创新,以及终身创新,这是人的现代化。个体创新构成群体创新,最终表现为社会创新能力和国际竞争力。如果说创新是教育信息化的天生优势,那么推动社会创新能力必然是其责无旁贷的使命。[②] 值得注意的是,教育信息化服务的各个层次之间并没有明显界限,呈现相互交叉和重合的特点。教育信息化服务的无边界性与教育内部各部分之间,以及教育和社会系统之间的关系是一脉相承的,这种无边界体现为各级各类教育的无边界性、学校教育与国民终身教育的无边界性、教育系统与社会系统的无边界性。

(二)中观层次:社区智慧教育

在中观层次下,智慧教育服务的核心是社区教育、终身教育、教育公平和教育发展,主要表现为促进家庭教育科学化、社区教育的普及发展、建构

---

① 赵晓声.教育信息化服务的内涵、层次与现实发展——对教育信息化本质的新认识[J].中国电化教育,2012(7).

② 赵晓声,傅钢善,卢燕.规划纲要视角下的陕西省教育信息化发展探讨[J].中国电化教育,2011(7).

成熟完备的终身教育体系和学习型社会、推动教育公平实现及教育改革发展。这体现了教育信息化支持“人人、时时、处处”泛在学习的职责与使命，也体现了“让每个人具有主动发展的可能与潜力，让每个人成为自身发展的承担者”，而不仅仅是知识传递的承继者的教育理想[①]，这个理想包含了教育公平、教育均衡、教育质量等全部诉求，而教育改革的终极目标和归属也正是实现这个理想——无疑，教育信息化能够使这个理想加速变为现实。可以说，教育信息化服务的大教育视野，也就是教育信息化对实现教育理想的不懈追求。

（三）微观层次：学校智慧教育

在微观层次即学校教育领域，智慧教育的核心是课堂教学、教育管理、教师成长、学生发展，主要表现为改善教学绩效、提高学生素质、促进教师发展和优化教育管理。这里的学校教育主要指我国现行的制度化的国民教育体系，包括学前教育、基础教育、职业教育、高等教育和特殊教育等各级各类教育，这是教育信息化服务最基本、最为人熟知的层次，也是发展相对成熟的层次，目前对教育信息化的绝大多数实践与思考都集中在这个层次。

三、智慧教育城的结构[②]

（一）基础支撑环境

1. 基础设施

网络环境和低成本终端，即根据用户需要提供互联网、电信网、广播网、有线电视网和电力网等多种方式接入服务，且互联互通、无缝连接和有机融合，遍布城乡、社区，深入学校、基层、厂矿、企业、部队，重点面向农村、中西部边远地区和生产服务第一线，使数字化学习资源和支持服务延伸到各个地区和角落，以较低成本满足各类人群随时、随地、随意学习的需求。

2. 教育基础数据库与服务资源

在整合并集成已建和新建的各级各类优质数据库和资源的基础上，开发或更新社会急需和量大面广的优质、公益性、示范性和标准化的数字化学习资源，如国家精品课程、数字图书馆、数字博物馆、网络教学资源等，形成基于教育资源网络的“公益性”数字化资源库。

---

① 叶澜主编.教育学原理[M].北京：人民教育出版社，2007.

② 曾海军，范新民.关于教育信息化发展新框架的思考——以公共服务、典型应用及公益资源为导向[J].中国远程教育，2007(3).

（二）公共服务

1. 以学生为对象的服务

以学生为对象的服务主要是为学习服务的各种系统。如学生从入学起的档案管理系统，高考志愿填报系统，大学生毕业信息管理系统等。

2. 以教师为对象的服务

以教师为对象的服务主要是为教师教学服务的各种系统。如网上统一的备课系统、教学资源系统，提供教师之间交流的系统。

3. 以教学管理人员为对象的服务

以教学管理人员为对象的服务主要是为教学管理人员管理服务的各种系统。如学籍管理系统等。教学管理人员能快速方便地管理学生、教师等。

4. 以社会公众为对象的服务

以社会公众为对象的服务主要是为社会公众服务的各种系统。社会公众人员进入各种系统，能方便审查各种教育信息，及时做出各种教育决策。

四、智慧教育城的建设[①]

智慧教育城的建设内容分为两方面：一是基础环境建设（图 4-1），主要承担智慧教育的底层技术支撑，包括云计算中心、无线环境和数字化校园管理，以及学校、县（市）区、市管理平台组成的教育城域专网；二是应用平台建设，包括智能管理平台、智能教学平台、智能接入平台、智能门户网站。

（一）基础设施建设

1. 云计算中心

云计算中心是智慧教育平台中的基础，其可以将整合城市的部分基础性硬件资源，用于存储基础数据库和应用软件，通过云技术进行资源统一管理与调度（统一软硬件、统一数据、统一平台、统一管理），最终实现数据统一、应用便捷。柯清超认为，传统的数字校园建设导致大量的信息孤岛与数字鸿沟，云计算为新时期的教育信息化建设带来了新思路。“集中建设、分散使用”的建设方式，将利于教育信息资源的收集、存储、共享与应用，利于形成区域性的教育大数据。[②] 云计算中心的基本功能包括以下几方面。

（1）统一的基础性硬件资源管理

由市级层面统一建设云计算中心，进行基础性硬件资源采购与建设。云平

---

① 张光明.宁波市智慧教育区域推进策略与实践研究［D］.宁波：宁波大学硕士学位论文，2014.

② 柯清超.大数据与智慧教育［J］.中国教育信息化，2013（24）.

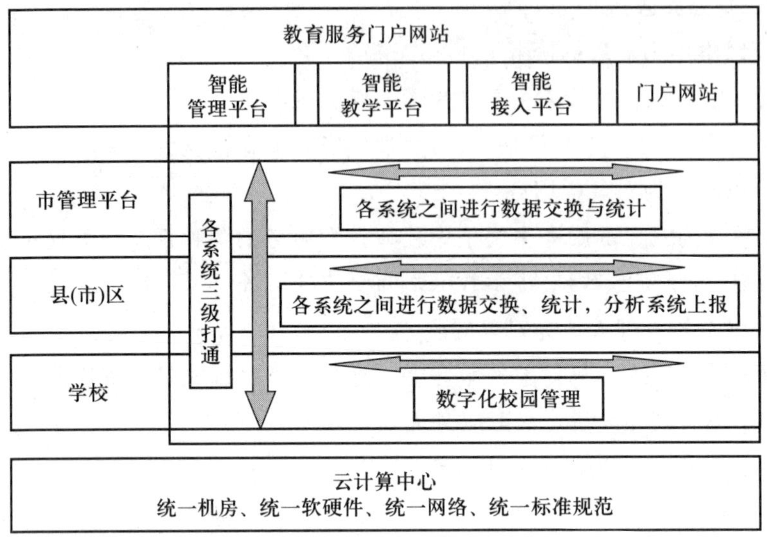

图 4-1 智慧教育城建设内容结构图

台分为四层,底层是基础数据库服务器,所有教育基础数据存储于此,用于数据源头统一。第二层是应用系统服务器和资料存储服务器,形成系统兼容的应用层;第三层是安全防护设备以及冗余、备份设备,用于保障信息安全;最上层是云服务平台,在虚拟技术的支持下对服务器、存储、网络等资源在全市层面进行按需分配、统筹管理,以解决资源分布不均、平台重复建设、资源闲置等问题。其建设模型见图 4-2。为实现智慧教育为区域内全体市民终身学习服务的目标,宁波市智慧云具有足够大的存储空间和运算能力,以保证智慧教育活动能够顺利开展。

(2) 统一的管理人员配备

云计算中心配备一支专业性较强的管理人员队伍,对整个云计算中心进行科学高效的管理,并为所有的用户(部门、学校、个人)提供相关技术支持,从根本上缓解各个学校(单位)缺少智慧教育专职人员的现状,实现高层次人力资源的共享。

(3) 统一的安全管理

基于基础硬件资源的集中管理和人员配备,云计算中心将有更加充足的力量来进行机房、网络以及管理方面的安全建设工作,以教育部发布的《关于加强教育行业网络与信息安全工作的指导意见》为标准进行从人员到设备到规章制度的标准配备和管理。

(4) 高效的功能应用

云计算中心建成之后,将基于统一数据、统一存储、统一运算,提供高效、

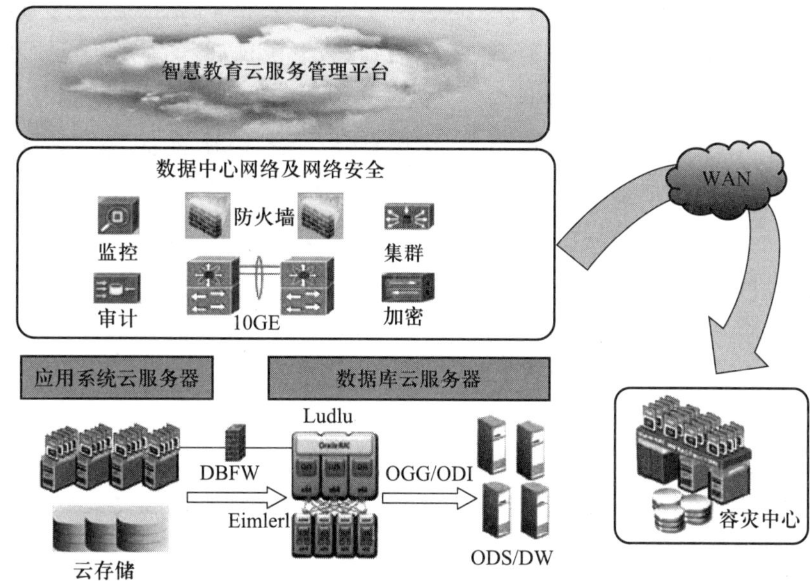

图 4-2 云计算中心结构图

便捷、智能化的教育云服务,进而在数据产生、积累和归类整合后,进行数据分析和数据挖掘,提高各类教育管理和教学服务质量。"让每一个用户都可以通过个人电脑、移动终端、数字电视等设备访问所关注的教育服务,最终实现任何人在任何时间、任何地点,以任何方式开展的数字化学习。"①

2. 智慧校园一体化解决方案

学校是真正发生教育和进行教育的地方,是教育改革的基点。② 建成规划统一、覆盖全面、应用深入、高效稳定的数字化校园是智慧教育的重要途径。为了克服信息孤岛、重复建设等弊端,须在市级层面制定数字化校园一体化解决方案,各个学校的个性化建设按照一体化方案(统一数据、统一标准、统一接口)原则进行开发,确保学校自行开发的个性化系统与市级各管理平台、资源平台能正常接入。

3. 无线环境建设

鉴于智慧教育是区域范围内的泛在学习、移动学习和智能化学习,所有的教育资源和学习活动均要通过无线网络进行共享,应该加快无线城市、无线校园建设,并实现其从中心城区向城镇乃至乡村的逐步延伸。

① 柯清超.大数据与智慧教育[J].中国教育信息化,2013(24).

② 张立昌.论基础教育课程改革的学校文化适应性及其改造的目标——基于中、美课程改革历史与现实的比较分析[J].比较教育研究,2005(4).

4. 教育城域网建设

教育城域网是保障教育管理、教学活动、教学科研工作高效开展的基础，其应能支撑全体市民进行资源与数据高速传输，保障教育教学活动实时开展。所以教育城域网应该贯通中国电信、中国移动、中国联通、中国广电等宽带运营商，确保使用各种运营商网络的家庭和个人均能高速参与智慧教育。鉴于目前宁波市教育城域网的千兆并发带宽只能保障 6 万人参与空中课堂，随着智慧教育的深入运行，为确保具有全员全域全程终身教育服务能力，教育城域网的并发带宽应保持在 8 GB 左右。

（二）应用平台建设

1. 智能管理服务平台

教育管理平台的应用对象是教育行政部门或学校管理人员，内容涉及教育教学活动的各类管理事务，平台将提供 OA 办公系统、考务管理系统、学籍管理系统、财务管理系统、教师人事管理系统、信息发布系统、资产管理系统、教育装备管理系统、校园一卡通系统、图书管理系统、校园安防系统、教育管理系统、透明厨房管理系统、课表查询系统、成绩录入与查询系统等各类应用软件，为教育管理者提供高效服务，并为 1 000 万市民提供信息查阅的渠道。在应用软件使用上，使用者无须下载和安装，就可随时随地登录，享用教育云提供的丰富教学资源、教学工具和应用软件。

市级层面统一建设教育管理平台，从纵向管理来看，实现管理平台自市、县（区）、学校三级打通，并与省、国家平台连通，全市教育系统内均使用该平台进行管理，从国家云平台到个人终端全程畅通，提高管理效率。从横向管理来看，为了让不同管理平台可以协同工作，消除不同管理平台信息不连通的状况，教育主管部门在建设各个管理平台时需统一数据格式，统一接口标准，从根本上解决信息孤岛、数字鸿沟等问题。同时利用基础服务平台解决不同管理平台中的数据互通问题，真正实现一位用户、一个门户、一次登录全程畅通的效果。在纵横双向实现数据统一、系统兼容的基础上，云计算平台将记录教育管理者的管理行为，产生各类教育活动的基础数据，并根据大数据整合与分析，有效开展数据挖掘，提高教育决策等管理行为的科学性和有效性。

2. 智能学习服务平台

智能学习服务平台主要包括三项内容。

一是市级学习社区建设。学习社区建设进一步整合针对基础教育的人人通空中课堂、针对高校研究人员的数字化学习平台、针对市民教育的终身学习平台建设。通过征集、购置、整合等途径，建成具有城市特色、覆盖终身教育全阶段的优质教育资源库，比如慕课课程、名校试卷库、课题研究成果、备课素材等，并拥有开放的网络答疑、自动组卷考试、自动评价等功能。

二是个人空间建设。单位或者个人可以基于具有私密性的网络空间存储资源、开展各类教育与学习活动，借助空间形成学习型组织。学习型组织是由美国学者彼得·圣吉在《第五项修炼》中提出的一种管理观念。在学习型组织理论指导下，建设教师、教师学习发展共同体（LDC），能够不断发掘潜能，实现智慧共享。比如教师、学生可以开展双向互动学习，接受慕课教学，在教与学的过程中，实现“教学相长”。教师也可以在网络空间内在线布置作业、批改作业和分析学生学情。同样云平台也将基于大数据分析为学习者提供学习计划或者推送个性化学习资源。

三是资源交易服务。智慧学习服务平台引入市场运行机制，允许各资源拥有者在平台内进行资源交易，并提供实时结算功能，学习者可以根据需要，自主寻找相关信息。平台也将根据受众反馈提供资源排行和名师排行，通过资源评价排行或者便捷搜索方式便于实时交易。以市场化运行为途径，调动市民的积极性，促进资源的建设与交易，让每一个人成为资源提供者和受益者，真正实现资源建设的可持续发展。

3. 应用接入服务平台

智慧教育系统自身要具备较强的“开放性”，可以将外部第三方符合标准的系统无缝接入智慧教育系统。[①] 在上述基本服务的基础上，门户网站还可以提供各种教育应用服务，为用户提供各类延伸服务。

（1）科技文献服务

将城市数字图书馆接入门户网站，用户无须重复登录即可享受数字图书馆的文献搜索、下载以及其他附属功能，该功能具有可拓展性。

（2）中小学课外学习辅导服务

名校与社会培训机构在此开展中小学学生在线网络学习服务，推出部分试听课程，学生、家长若试听满意可自行购买相关学习课程，进行市场化运作。

（3）公众社会化培训服务

为社会学员提供培训服务，建立非学历学习的学分积累、转化机制，同时探索学历教育与非学历教育的衔接机制，逐步满足社会学员个性化、多样化的

---

① 章伟.架构基于云计算的区域教育云[J].江苏教育，2013(11).

终身学习需求。

(4) 教师教育科研需求服务

为教师教学、科研提供各类资源(论文、数字图书、教案、试卷、讲义等)、教学资源制作工具,以及科研相关信息资源,辅助教师完成教育教学及科研工作。

(5) 教育信息发布

提供一个权威认证(如教育行政部门认证)的教育信息发布平台,供教育行政部门、各学校(单位)发布官方信息,如一些面向全体市民的教育政策、教师招聘信息、招生考试信息等。此外可以允许社会培训机构、留学机构等民办教育相关企业/机构在经过教育局认证的基础上,通过平台发布培训招生广告、业务介绍等相关信息,规范民办教育管理。

4. 智慧教育门户网站和终端化 App

智慧教育门户网站的定位是以统一数据管理、统一门户网站、统一认证登录为目标建立的一个教育管理全流程、教育资源全覆盖、教育应用全接入的一站式教育服务门户网站。同时这个门户网站以及子网站和内置软件系统均支持多终端运行,用户只要在手机等智能终端上装载该网站的 App 就可以登录城市智慧教育网站,自主运行其中的内置软件。教育门户网站的基本内容包括以下三个方面。

(1) 统一认证登录中心

市民每人确定一个实名制登录账号(可参考身份证号),用户登录门户网站以后,系统根据登录者的身份信息授予相应权限,保障每一位学习者均能参与智慧教育,并实现按权限登录与管理,如“给校教务处的教师授权教务管理的服务,给班主任授权本班级学生管理的服务,给教师授权教研协作交流的服务,给学生授权成绩查询的服务”。同时实现每个用户只要单次登录,就可以在门户网站内全程畅通,并把实名制登录账号免费发放给全体市民。

(2) 智能管理服务中心

在门户网站内实现基础数据的统一和共享,应用软件的互通与兼容。平台接入所有教育领域管理应用系统,用户可以根据需求选择应用管理软件,平台内统一登录可以减少用户工作量以及系统使用复杂度,提高工作效率。

(3) 智能学习服务中心

智能学习服务中心主要包括三项内容:一是个人的学习空间建设,学生将基于个性化的学习空间进行资源存储和交互式学习;二是公益学习社区的建设,面向广大市民提供经过政府整合或购买的资源;三是教育交易社区,每位学习者都能基于这个交易平台引入各类资源提供者,如政府部门、培训机构、资源原创公司、教师、学生等,在平台上无偿或有偿地使用各类优质资源。

五、智慧教育城的案例

(一)国外案例

美国智慧教育的推进,可以分为企业和政府两个层面。其中企业层面以IBM公司为先。IBM公司率先提出智慧地球概念,并将智慧地球的理念融入各个行业,衍生出一系列智能化的行业解决方案,包括智慧教育。IBM公司提出21世纪教育具有五大特征:学生的技术沉浸、个性化的学习路径、知识技能、资源的全球整合,以及教育与经济的紧密结合。与这五大特征相对应,IBM公司提出智慧教育变革的五大对策:使用任何设备进行学习,向以学习者为中心转变,建构学习共同体,专业化的学习服务,以及系统观的教育。[①] IBM公司并以此为基础构建了智慧教育框架。

IBM公司智慧教育框架[②]的核心是为学习者提供个性化的学习体验。随着社会对农业和工业劳动力的需求数量降低,学生需要掌握更多的技能以适应知识型工作。这要求教育机构开发新的教学方法,为每一名学生定制学习体验,使学生在模拟现实的情境体验中学习知识与技能。IBM公司通过为教育机构提供云端课堂、交互社交媒体等教育平台,使其可以连接到每一个学习者与其进行互动,并提供独特的学习体验。

教育大数据的存储与分析是IBM公司智慧教育框架的一个重要组成部分,通过收集、过滤、分析教学过程中学生学习行为和学习环境产生的海量数据,可以帮助学习者进行反思,优化学习,开展适应性学习、个性化学习;可以帮助教师对学生进行评估,充分了解学生的认知水平与技能掌握情况,发现潜在问题,从而进行更有针对性的教学干预;可以帮助管理者评估课程和机构,以改善现有的绩效考核方式,制定更加科学的教育决策。框架的另一个组成部分是对教育管理的优化。通过云计算和虚拟化技术,智慧的管理方法能够将数据统一集成到运营工作中,从而给管理人员和业务官员提供有关组织绩效的更多信息,同时能够允许各机构与同行及合作伙伴进行协作,从而提高教

---

① IBM.Education for a Smarter Planet:The Future of Learning[EB/OL].[2016-09-08].https://www.calvin.edu/~dsc8/documents/IBM-Smarter-Planet-June-2009.pdf.

② 王冬梅.新加坡“未来学校”的实践探索及其对我国的启示[J].外国教育研究,2012(4).

育的可靠性和质量,同时实现规模效益。

IBM 公司在智慧教育框架下,细分出若干个独立的解决方案,方便政府机构与学校根据自身情况,选择适合自己的智慧教育解决方案。这些方案包括教育决策方案、教育评价管理方案、智慧校园建设方案、智慧教室建设方案、云虚拟实验室建设方案、教育数据分析方案等。

IBM 公司智慧教育方案的特色主要为:第一,以增强学习者个性化体验、优化教育管理质量与效率为核心,突出大数据、云计算、物联网等先进技术的应用;第二,化整为零,结合教育实际需求制定若干更加具体的解决方案,可操作性强,因此其方案被许多国际知名高校采用;第三,将数据视为宝贵资源,注重教育大数据的深度分析与应用。但是,IBM 公司提出的智慧教育框架也有其局限性,即主要聚焦硬件环境的建设与教育数据的处理,对教学方法和理念的变革以及教师和学习者的因素等方面关注较少。IBM 公司智慧教育方案能否取得预想中的效果,主要取决于教师、学生与管理者在 IBM 公司建设的智慧教育环境中能否发挥其能动性,充分利用技术对教育进行变革。

(二)国内案例

1. 南京智慧教育

2015 年南京市出台《关于推进智慧教育的实施意见》[①],对南京市推进智慧教育提出实施意见,提出要“以‘三通两平台’的建设、管理和应用为抓手,推广普及智慧教育,提升师生信息素养,促进教育公平发展和质量提升。到 2020 年,基本建成涵盖各级各类教育的智慧教育公共服务体系,基本实现智慧教育对学生全面发展的促进作用、对深化教育领域综合改革的支撑作用和对教育创新发展、均衡发展、优质发展的提升作用”。

南京“智慧教育”的总体架构为 1+4:一个综合应用体系加上组织架构体系,政策法规体系,教育管理者、教师、学生、家长、社会教育机构和安全保障体系四个支撑体系(如图 4-3 所示)。

综合应用体系是智慧城市顶层架构的核心。其内部可分为基础设施层、智慧教育信息服务平台,体现系统融合和信息共享的导向。

组织架构体系是智慧城市建设的关键,包括了组织协调、实施推进和专家

① 南京市人民政府办公厅.关于推进智慧教育的实施意见[EB/OL].[2016-09-08].http://www.nanjing.gov.cn/njszf/szf/201512/t20151225_3720357.html.

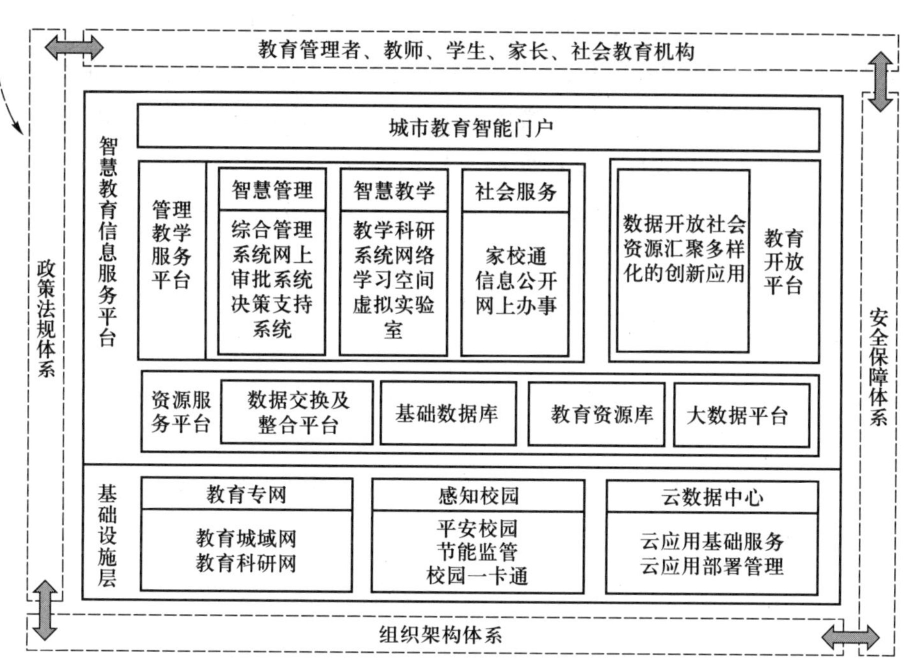

图 4-3 南京“智慧教育”总体架构①

咨询体系。

政策法规体系是智慧城市建设的保障。可以从以下四个方面进一步加强智慧南京政策法规的制定工作：一是强化依法管理，二是完善绩效考核，三是完善投入机制，四是出台信息化项目建设绩效评估办法。

安全保障体系是智慧城市建设的基础。在全市网络与信息安全的总体架构下，智慧南京将遵循贯彻落实国家信息安全等级保护制度要求，从组织、管理、技术与运营维护等多方面入手，提升基础信息网络和核心要害信息系统的安全可控水平，保障核心要害信息资源的安全，形成可靠、完善的信息安全保障体系。②

2. 温州市智慧教育③

作为教育均衡优质和内涵发展的一个重要载体，智慧教育城建设必须在提升学校管理效能、教师发展绩效、课堂教学效益等多方面发挥更为重要的作

① 杨现民，刘雍潜，钟晓流，等.我国智慧教育发展战略与路径选择[J].现代教育技术，2014(1).

② 陈晓娟.国内外“智慧教育”建设成功经验及对南京的启示[J].改革与开放，2013(15).

③ 章伟.架构基于云计算的区域教育云[J].江苏教育，2013(11).

用，以信息技术带动教育模式的创新，推动区域教育体制、思想、观念、方式等方面的深刻变革。因此，温州市智慧教育城建设继续将"推进教育公平、提高教育质量"作为最高价值追求，秉承信息技术与教育教学深度融合的核心理念，按照应用驱动的基本思路，强化智慧教育基础环境体系和应用体系建设。其战略意图是以大数据为基础实施个性化教育，引领带动教育模式的彻底变革，成就更智慧的学习者；其战略要点是智慧环境和应用推进两者并重，实现"赋物以智，赋人以慧"，为智慧教育奠定基础；其战略任务是加快教育智慧物化提升和系统融通整合，形成区域教育大数据，利用学习分析技术和数据模型决策，助推区域教育模式的变革和创新。

(1) 明确框架体系：基础环境+五大中心

随着信息技术的快速发展和广泛应用，人们的教育观念发生了根本性的变化，知识的传输不只是通过书本和依靠教师。现代开放式教育的发展，已越来越不满足于固定教室的功能，即使再多的功能教室，也难以满足校园交流空间的拓展需要。网络智能化校园基础设施建设则成为学校内涵发展的物质基础和直接或间接影响个体形成与发展的外在因素。

因此，温州市谋划智慧教育城建设时，需要重点考虑的是，在合理布局校园物质空间环境的同时，深化数字化校园建设，积极推进智慧校园建设，将重点延伸到智慧教室建设，充分利用现代信息技术手段创造自然、物质、人文三位一体的校园环境。但是，教育信息化发展又不得不考虑技术发展和设备淘汰因素，以及前沿教育技术与教育教学结合效益发挥滞后问题。因此温州市在《关于推进温州智慧教育城建设的实施意见》中提出"适度超前布局，强化智慧教育城基础环境建设"的整体目标，整合提升教育城域网建设与应用，建设网络智能化学习支撑环境，加强网络与信息安全建设，从而提升学校基础建设和应用水平，形成广泛的智慧校园和智慧课堂应用，带动区域学校信息化水平整体提升。

未来教育的基础是数据。因此温州市将"智慧教育城应用平台"作为未来校园的虚拟环境建设核心，建成包括行政管理、教师发展、学生发展、教育资源和数据共享在内的五大中心，"市—县—校"分级建设，全市整合覆盖，数据汇聚共享，有效开展国家、省级指定软件系统的推广应用和数据对接，整合形成汇聚与共享的区域教育资源平台和师生学习空间，实现区域单点登录和统一认证，形成智能、系统、鲜活的智慧教育城社区。

(2) 抓住关键环节：资源泛在+应用融合

温州市教育信息化一直将资源建设作为重要工作内容，并取得了一定成绩,特别是以“一网一院+专题网站”建设为核心的建设模式,形成了优质教育资源共建共享的良好格局。“一网”指的是“温州网络教育教学资源网”,“一院”指的是“温州教育影院”,“专题网站”是一线教师自主建设管理的一批优质学科教学资源网,建立了以市县教育信息中心为龙头、优秀学校为骨干节点、广大教师为主体的资源建设体系,并通过优质教育光盘集、中小学辅导网、城乡结对等多种形式,不断扩大优质教育资源覆盖面。

优质教育资源建设应用是教育均衡优质发展的前提基础,共享汇聚、个性泛在、智能推送的教育资源成为智慧教育的核心主题。但是,传统的教育资源库建设也存在诸多问题,比如资源开发的优质特色、动态更新、有效共享等。余胜泉结合国内外学习资源建设发展情况,分析整理了当前学习资源建设呈现的从平面到三维、从电脑到手机、从封闭到开放、从预设到生成、从网络课程到微课、从内容到活动、从资源到认知网络、从结果到过程、从通用到个性化、从知识到智慧等发展趋势,相当具有代表性和参考价值。①

受到本地学校信息化基础条件、技术水平和工作量等因素影响,结合区域教育信息化发展实际,温州市智慧教育城建设在加强优质资源开发与应用中,拟着重从以下几个方面加强:一是整合形成汇聚与共享的区域教育资源平台,开发建设师生学习空间;二是组织开发优质课程资源和校本资源,积极开发乡土教材资源;三是借助“远程教学”“微课程”、视像中国等手段促进资源交换应用。同时,配合多种信息技术手段和途径,努力构建跨区域、跨校际的教育资源共建共享平台,促进区域、城乡、校际教育均衡优质发展。比如,积极推进“翻转课堂”“电子书包”“一对一移动学习”,以及未来技术支撑下的新项目试点推广,利用学习分析技术优化学习过程,提供更有针对性的教学干预。不断扩展“市民卡·校园卡”、校园基础设施和综合实践基地、社会公共服务和社区服务领域的应用,为教育精细化管理、教学质量跟踪、关注学生成长和教师的发展、教育决策提供基础数据服务。

(3)突出战略重点:立足实践+引领创新

爱因斯坦说过:“我们不能用制造问题时的同一思维水平来解决问题。”②国家将教育信息化上升到引领教育改革发展全局的战略高度,而智慧教育城建设作为教育主动顺应时代的必然选择,更是肩负破解教育热点、难点问题的

---

① 桑青华,焦益华.“智慧南京”顶层设计下的“智慧教育”总体架构及信息服务平台构建[J].中国信息界,2014(1).

② 《爱因斯坦经典名言》[EB/OL].[2018-09-08].http://www.360doc.com/content/16/0319/02/28833735_543475760.shtml.2017-11-11.

重任。因此，创新实践求突破，提升内涵促发展，也就成为教育信息化工作的战略核心。只有以超前思维与创新理念探索新时期教育信息化发展之路，建立最直接、最完整体系的智慧教育方式，加快构建和不断深化现代智慧教育信息化服务体系，动态提升智能化、智慧化管理和服务环境，才能实现对教学内容、教师教学、学生学习方式的积极变革。为此，智慧教育城建设必须着力从三个方面予以加强。

一是应用驱动，整体构架。智慧教育应以大数据为基础并实施个性化教育。必须立足部门分工合作与任务强化，从整体上分析和梳理教育领域急需信息化支持解决的重点问题，以“数据、服务、决策”为核心，统一布局设计、统一系统建设、统一数据管理，建设覆盖全市的智慧教育城应用服务体系和温州市教育大数据体系，为教育教学提供强大的基础技术支撑，建设便捷畅通的智慧流程、智慧管理、智慧决策等教学和服务环境。

二是深度融合，内涵发展。智慧教育城建设必须从重视硬件建设转向重视系统、软件智能化程度的提升，更加重视师生有意识地转变观念，从重视信息化建设转向重视教育教学融合应用；切实关注师生个体需求，促进学习者学习以及身心健康发展，最大限度地满足师生个性化定制服务，助力解决师生教育教学中存在的实际问题，促进师生健康、自主、智慧地发展。

三是回归教育，落脚课堂。一切教育工作的根本目的都是服务教育教学，智慧教育城建设的核心与落脚点同样是课堂教学中的应用，必须区别于原来的现代教育技术装备配置，也不是简单孤立的信息化环境打造，而是为学生提供人与资源、环境交互的人性化、个性化的高效互动课堂。因此，在学习空间设计、课堂技术选用与整合，以及教学策略选择和过程实施上，必须充分关注课堂主体的实际需要，实现人、技术、环境、资源等诸要素和谐共存。

综上所述，智慧教育城建设是一个系统工程，是教育信息化发展的新境界、新追求，涉及教育施为的方方面面，贯穿于教育改革发展的全过程。面对教育改革发展的新形势，作为区域教育信息化建设主体的温州市，深刻感受到以教育信息化带动教育现代化、促进教育全面变革的高度责任感和历史使命感，必须站在推进国家信息化战略和引领教育改革发展的高度，加快推进教育信息化建设，这不仅是教育主动顺应信息经济时代的必然选择，也是事关教育全局的战略选择，更是破解教育难点问题的一项紧迫任务。

3. 北京市海淀区智慧教育[1](图 4-4)

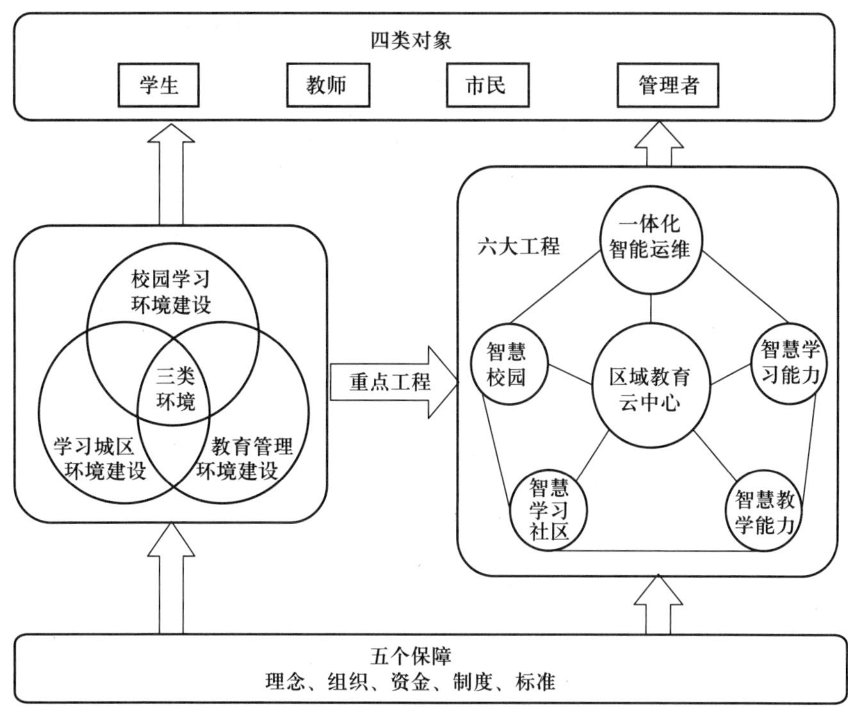

图 4-4 海淀区智慧教育建设框架结构图

(1) 建设三类智慧环境

为打造适应信息时代发展、适合 21 世纪数字原住民健康成长的学习生态环境,海淀区运用物联网、云计算、大数据、语义网、移动通信等新一代信息技术,建设和完善能感知学习情境、识别学习者特征、提供合适学习资源与便利互动工具、自动记录学习过程和评测结果的三类智慧教育环境,分别是由教育行政部门管理的智慧云(教研)中心,支持学校教育的智慧校园和支持终身教育的智慧型学习社区。如图 4-5 所示。

智慧云(教研)中心主要是整合现有各类软件系统,促进应用系统贯通与集成,建成基于统一数据环境的集成化、智能化的海淀区智慧教育公共云平台,为全区师生提供“人人通”空间等基础支持服务,实现全区通用教育业务的集中化管理和信息资源的按需分配。支持终身教育的智慧型学习社区主要是积极推进支持正式学习与非正式学习相混合的智慧型学习社区建设,为海淀

① 陈晓娟.国内外“智慧教育”建设成功经验及对南京的启示[J].改革与开放,2013(15).

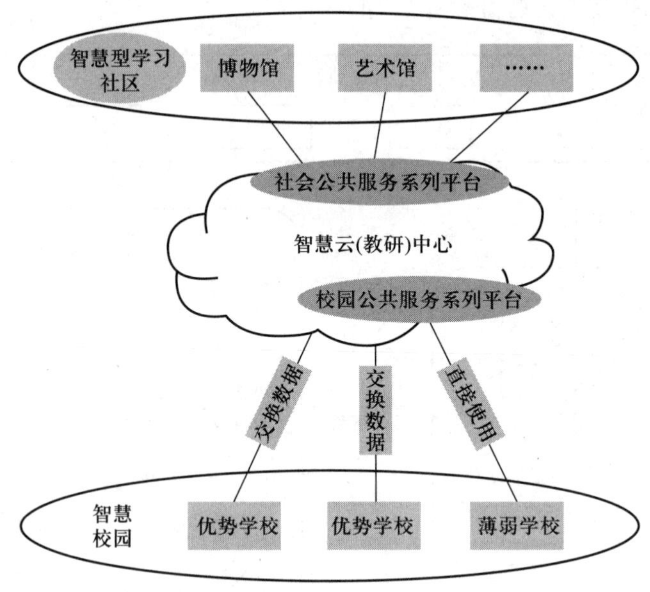

图 4-5 智慧教育三类环境建设结构图

区师生及公众提供个性化的支持与服务,进而创建物理环境与虚拟环境相融合的学习型城区。

(2) 提升四类对象的智慧服务

为体现智慧教育以学生为中心,面向对象服务的理念,海淀区智慧教育力图最大限度地发挥信息技术在学科教学、教育科研、师资培训,以及教育管理等方面的作用,全力做好面向学生、教师、市民与管理者四类对象的服务,持续推进智慧学习、智慧管理、智慧教研和智慧服务四大应用,从而促进教育观念、教学内容、教学服务、师资队伍和教育管理五个现代化的实现。

推进智慧学习主要是广泛推广信息化的学习方式,通过信息技术与学科教学的深层次融合达到教学质量与学生素质的大幅度提升。推进智慧教研主要是创设良好的网上教学教研环境,建立基于网络的教师协同教研平台,使得优质学校教师的智慧能够向薄弱学校、社区、社会辐射,形成具有海淀鲜明特色的区域性网络教育体系。智慧管理主要是在“教育管理基础数据”以及与之相关的“科学决策”方面推动深层次应用,实现教育的智能决策、可视化管控、安全预警和远程督导,以及构建一体化智能运维体系等。推进智慧服务主要是为公众提供智能沟通服务、即时教育信息服务、优质教育资源服务、意见建议反馈服务等。

(3) 实施六大板块任务

为实现打造三类环境的宏伟目标,切实做好面向四类对象的智慧服务,结合海淀区智慧教育发展现状,初步规划并逐步完成六个板块的任务,分别是智慧教育云中心建设板块、智慧校园建设板块、智慧型学习城区建设板块、智慧教研素质提升板块、智慧学习应用推进板块、一体化智能运维板块等。这六大板块的总体逻辑架构如图 4-6 所示。

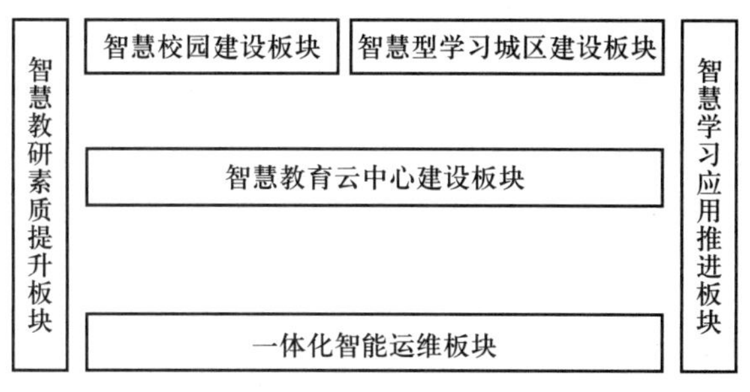

图 4-6　六大建设工程板块

通过以上六大工程板块的任务完成,结合探索教育云平台与智能终端在学生学习、教师工作、课堂教学、教育管理、工作场所的无处不在学习(泛在学习)等领域的典型应用,最终为各级领导、教师、学生、家长和社会公众提供最需要、最适合、最准确、最便捷的智慧教育服务。

(4) 建立五个保障体系

为确保以上各大工程板块的顺利实施以及智慧教育总体目标的达成,海淀区智慧教育着重持续加强理念、组织、资金、制度、标准五个方面的保障体系。

理念保障,主要是从智慧教育建设的高度出发,以"技术推动教育变革"为核心理念,及时实现教育理念、教育管理理念的变革,促进教学模式与学习模式的转变,不断破解海淀区教育所面临的教育难题,不断提升海淀区教育质量水平。

组织保障,主要是在海淀区智慧教育工作领导小组的统一指导下,完善并充实海淀区智慧教育专家评审委员会专家成员库,完善学校等教育机构智慧教育小组及其运行机制,贯彻"一把手"负责制,切实做到职能明晰、责任落实、协调统一,从而形成海淀区智慧教育建设的合力。

资金保障,主要是本着"财政驱动、社会参与、多方开源"的原则,以海淀区智慧教育财政资金为主要投入来源,在妥善利用并主动争取国家、北京市教育信息化专项转移财政资金的同时,充分发挥海淀区智慧教育财政资金的杠杆与导向作用,引导并撬动社会资金积极参与海淀区智慧教育建设,促使形成海淀区智慧教育建设多方投资、多方参与、优势互补的有利局面。

制度保障，主要是以国家、北京市相关规范性文件为指导，制定《海淀区智慧教育建设项目管理办法》，并不断完善海淀区智慧教育各项规章制度，确保智慧教育各项工作有法可依、有章可循，以规范操作，提高效率。同时以创新的精神科学设定、不断完善各方工作机制，为技术推进海淀区智慧教育发展添动力。

标准保障，主要是加强智慧教育标准采纳、建设与应用，在积极采纳教育部、北京市制定的相关教育信息化标准的同时，建立海淀区与国家和北京市教育信息化标准和规范相衔接的区域性智慧教育技术类、管理类标准、环境配置规范和应用绩效评估规范。

第二节　智慧校园

一、智慧校园概述

（一）从“数字校园”到“智慧校园”

数字校园概念最早起源于20世纪70年代美国麻省理工学院提出的数字校园计划。1990年，美国克莱蒙特大学教授凯尼期·格林（Kenneth Green）发起了“数字校园计划”（The Campus Computing Project）大型科研项目。1998年，时任美国副总统戈尔发表了题为《数字地球：21世纪认识地球的方式》的演讲，其在演讲中提出“数字地球”的概念，此后全世界普遍接受了数字化概念，并引出了“数字城市”、数字校园等概念。随着国际互联网的广泛应用，各种与之相关的概念不断涌现，数字校园逐步成为一个单独的研究领域。

数字校园是学校教育信息化发展到一定阶段的产物，是通过技术手段改造和提升传统校园的必然结果，其具备五方面的特征：重点关注学生的有效学习以及创新和转变教学方式；以服务教育教学作为数字校园建设的基本理念；支持教与学的资源比较丰富；多种应用系统有机集成、相关业务高度整合；能拓展学校的时空维度并丰富校园文化。数字校园建设强调信息技术应与教育教学深度融合，这与教育信息化的目标是一致的，也是与社会信息化的步伐相匹配的。数字校园建设是一个庞大的系统工程，涉及学校工作的方方面面，但随着对数字校园不断地深入研究，由于在数字校园建设理念与整体规划上以及在数字校园建设实践过程中存在缺失。因此，协调与合作成为数字校园建设实践中的最大的难题。

因此,教育信息化迫切需要从数字校园向智慧校园转型,而物联网、云计算、移动技术和社交网络等新技术的迅速发展与广泛应用,也为这种转型创造了良好的外部环境与实现手段。

智慧学习环境、智慧校园、数字校园、现实校园之间的关系如图 4-7 所示。现实校园数字化为数字校园,数字校园智慧化为智慧校园,智慧校园是智慧学习环境的组成部分。现实校园、数字校园、智慧校园之间是“耦合”的关系,耦合程度越高,越有利于数字校园的建设与发展。数字校园和智慧校园是现实校园的补充,不是取代现实校园,智慧校园是数字校园智慧化到一定阶段的产物。

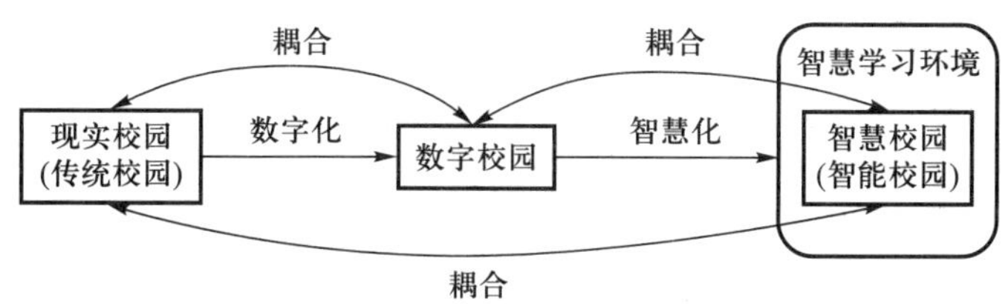

图 4-7 智慧学习环境、现实校园、数字校园、智慧校园的关系

(二) 智慧校园的内涵

2008 年 11 月,IBM 公司正式提出“智慧地球”的概念,“智慧地球”的概念一经提出,便受到美国各界的高度关注,甚至有分析认为 IBM 公司的这一构想极有可能上升至美国的国家战略,并在世界范围内引起轰动。在“智慧地球”的概念提出后,无论是理论研究还是实践研究,都引起不少的学者对智慧校园的内涵进行解读(表 4-1)。

表 4-1 智慧校园的内涵

	学者/高校	研究重点	智慧校园的内涵
理论研究	严大虎等① (2011)	强调物联网技术在智慧校园建设中的作用	智慧校园是通过利用物联网技术来改变师生和校园资源相互交互的方式,以便提高交互的明确性、灵活性和响应速度,从而实现智慧化服务和管理的校园模式
	宓詠② (2011)	强调智慧校园的应用和服务	智慧校园的建设不仅仅是物联网技术的应用,而应更多考虑技术的特点,突出应用和服务

① 严大虎,陈明选.物联网在智慧校园中的应用[J].现代教育技术,2011(6).

② 宓詠.智慧校园离不开资源与应用[J].中国教育网络,2011(11).

续表

	学者/高校	研究重点	智慧校园的内涵
理论研究	陈翠珠等①(2012)	强调智慧校园是各种技术的综合应用	智慧校园是充分利用信息化相关技术,通过监测、分析、融合、智能响应的方式,综合学校各职能部门,融合优化现有资源,提供质量更高的教学、更好的服务,构建绿色的环境、和谐的校园,以保证学校教育的可持续发展
	祝智庭等②(2012)	强调智慧校园作为智能感知环境和新型校园形态	智慧校园是智慧教育的理解图式的学习空间,发展学习者的智慧是智慧环境、智慧教学和智慧学习的出发点和归宿
实践研究	浙江大学③	从学校自身建设出发	智慧校园支持无处不在的网络学习、融合创新的网络科研、透明高效的校务治理、丰富多彩的校园文化、方便周到的校园生活
	南京邮电大学④		智慧校园从建设内容来说,共包括网络融合、数据融合和服务融合与门户服务三个层次

(三)智慧校园的特征

关于智慧校园,黄荣怀等认为应具有以下五点特征:⑤

一是环境全面感知。智慧校园中的全面感知包括两个方面:一是传感器可以随时随地感知、捕获和传递有关人、设备、资源的信息;二是对学习者个体特征(学习偏好、认知特征、注意状态、学习风格等)和学习情境(学习时间、学习空间、学习伙伴、学习活动等)的感知、捕获和传递。

二是网络无缝互通。基于网络和通信技术,特别是移动互联网技术,智慧校园支持所有软件系统和硬件设备的连接,信息感知后可迅速、实时的传递,这是所有用户按照全新的方式协作学习、协同工作的基础。

三是海量数据支撑。依据数据挖掘和建模技术,智慧校园可以在"海量"校园数据的基础上构建模型,建立预测方法,对新到的信息进行趋势分析、展

① 陈翠珠,黄宇星.基于网络的智慧校园及其系统构建探究[J].福建教育学院学报,2012(1).

② 祝智庭,贺斌.智慧教育:教育信息化的新境界[J].电化教育研究,2012(12).

③ 吴颖骏.浙江大学:基于"云"的智慧校园[J].中国教育网络,2010(11).

④ 朱洪波,张登银,杨龙祥,等.南京邮电大学基于物联技术的"智慧校园"建设与规划[J].中国教育网络,2011(11).

⑤ 黄荣怀,张进宝,胡永斌,等.智慧校园:数字校园发展的必然趋势[J].开放教育研究,2012(4).

望和预测；同时智慧校园可综合各方面的数据、信息、规则等内容，通过智能推理，做出快速反应、主动应对，更多地体现智能、聪慧的特点。

四是开放学习环境。教育的核心理念是创新能力的培养，校园面临从“封闭”走向“开放”的诉求。智慧校园支持拓展资源环境，让学生冲破教科书的限制；支持拓展时间环境，让学习从课上拓展到课下；支持拓展空间环境，让有效学习在真实情境和虚拟情境能得以发生。

五是师生个性服务。智慧校园环境及其功能均以个性服务为理念，各种关键技术的应用均以有效解决师生在校园生活、学习、工作中的诸多实际需求为目的，并成为现实中不可或缺的组成部分。

（四）智慧校园的构成要素

智慧校园是一个完整的系统，涵盖现实的校园和虚拟的校园两个方面，是虚实结合的新的智慧型校园形态。智慧性设计的构成要素包括以下内容：智慧服务理念、智慧环境、智慧应用和服务（智慧教学、智慧管理、智慧科研等）、智慧文化和体验等。①

1. 智慧服务理念

智慧服务理念包含两层含义，一是“站在促进高校教学、管理整体水平的高度定位学校的信息化建设，将学校发展规划的‘顶层设计’与信息化建设的‘顶层设计’衔接合一，使信息化观念深入高校每一个管理者心中，促进信息化与决策管理的深度融合”②；二是智慧校园的设计应以人为本，采取用户中心主义——以用户为中心，以用户体验为中心——从生活、学习的外部环境到教学内部需求，所有应用与服务的实施都首先征求用户的需求，然后再平衡技术和管理的需求。

2. 智慧环境

智慧环境是物理和虚拟校园的有机融合（也是智慧校园智慧表现的一个方面），包括智能感知（如温湿度感应、车辆识别、节能监控、安全监控的人像识别和预警、信息系统安全预警等）、无缝网络（如无处不在的互联网和内联网接入，物联网、电信网、移动互联网等）、泛在学习与工作（如数据资源获取、信息传输与处理、协作学习、存储空间、资源制作、移动办公）、便捷生活（如便捷消费、校内外互通）等，这些都是智慧设计的实现。

3. 智慧应用和服务

智慧应用体现在以大数据采集和挖掘为特征的一体化综合信息平台，采

---

① 于长虹，王运武，马武.智慧校园的智慧性设计研究[J].中国电化教育，2014(9).

② 任友群.以智慧校园支撑大学治理[N].中国教育报，2014-3-26(11).

用统一数据库和统一存储，提供主动信息服务，记录智慧环境中发生的一切，并利用大数据技术对数据进行处理，获得对教学的洞察和预测。

4. 智慧文化和体验

智慧文化和体验则是在智慧校园中提供信息素养和信息文化的感受与体验平台和环境，体现了人与智慧环境的互动及相互促进：用户的使用体验促进智慧校园始于理念终于体验全过程的改进，这种改进能够更好地促进人的智慧的形成，最终智慧校园将会成为一种文化。

（五）智慧校园的“智慧”表现

智慧校园的“智慧”主要表现在智慧环境、智慧管理、智慧教学、智慧学习、智慧科研、智慧生活等方面①，具体表现如表 4-2 所示。

表 4-2　智慧校园的“智慧”表现

	智慧校园的“智慧”表现
智慧环境	教室、图书馆、实验室等学习场所的温度、湿度自动感知、自动调整，灯光亮度自动调节；空气污染、噪音自动检测，自动通风，自动降低噪音；恶劣气候环境的智能提醒；细菌超标自动提醒
智慧管理	校园安全自动监控；师生心理问题动态化智能干预；智能考勤；智能门禁；水、电、暖气等能源的自动节能监控；办公文件的智能流转；重要事情智能提醒；图书智能借阅，仪器设备的智能借阅；财务智能转账（如校园卡内余额低于 100 元时，自动从银行转账）；网络故障、服务器故障的自动报警（如有故障时，立即给管理员发信息）；网络流量智能管理；教室、会议室等智能管理
智慧教学	教学内容的智慧聚合；教学方法、模式的智能推荐；依据学生水平，智能组卷；网络协同备课；教师教学能力的智能训练
智慧学习	学习情景自动识别；学习资料的个性化推送；学习过程的自动分析；学习结果的自动分析；人生成长的数字化记录；职业生涯的智慧咨询；相同兴趣学习伙伴的智能聚合；无处不在的个性化移动学习；学习内容难度的自适应
智慧科研	科研资料，尤其是最新研究进展、学术会议信息的自动推送；科研团队的网络化聚合；科研数据资料的自动分析处理；科研论文的网络协同协作；科研创新的智能发现

① 王运武.“数字校园”向“智慧校园”的转型发展研究——基于系统思维的分析思辨视角[J].远程教育杂志，2013(2).

续表

	智慧校园的“智慧”表现
智慧生活	旅游路线的智能设计；购物、就餐智能推荐；血压、血糖等自动监控；用药智能提醒；基于共同兴趣、个性化需求的智能交友；团体活动、娱乐信息智能推送

二、智慧校园的建设

（一）智慧校园的建设目标和意义

智慧校园建设的总体目标是构建一个智能、灵活、运转高效的校园系统。[①]智慧校园的建设目标包括以下三个方面：其一，将人、设备、自然和社会各因素之间互通互联，并且它们之间互动的方式更智能化，它们之间的任何互动都有助于促进人、信息系统、设施环境之间的数据的完美融合，使校园的运转能够更透彻地感应、衡量和调度；其二，实现快速、准确地获取校园中人、财、物和学、研、管业务过程中的信息，通过综合数据分析为管理改进和业务流程再造提供数据支持，推动学校进行制度创新、管理创新，实现决策科学化和管理规范化；其三，通过应用服务的集成与融合实现校园的信息获取、信息共享和信息服务，从而推进智慧化的教学、智慧化的科研、智慧化的管理、智慧化的生活，以及智慧化的服务的实现进程。而其最终目标就是实现教育信息化和智能化。要深刻认识建设智慧校园的重大意义。智慧校园的建设和发展是教育领域发展变革的趋势，智慧校园的建设和发展有利于推动教育信息化的发展，有利于形成灵活多样的教学和学习方式，有利于培养高素质人才，有利于提高办学水平和优化学校管理，智慧校园的建设和发展能够适应新时期网络技术的发展、社会的需要，以及学校管理、教学改革等方面的需要。

（二）智慧校园的发展策略

1. 智慧校园的相关问题

由于物联网、云计算等技术正处在发展的初级阶段，无论是国内还是国外，工业体系还不够完善，技术标准还不够完善，配套的法律法规还没有出台，因此在建设智慧校园的过程中需要慎重处理的几个方面问题[②]，如表 4-3 所示。

---

① 沈洁，黄宇星.智慧校园及其构建初探［J］.福建教育学院学报，2011(6).

② 光峰，张新华，姚程宽.智慧校园发展研究［J］.普洱学院学报，2014(3).

表 4-3 智慧校园的相关问题

	智慧校园的相关问题
数据格式的标准	不同厂家生产的传感器各不相同,感知信息的格式也截然不同,这就给信息的后期处理带来很大的困难。要在智慧校园建设的初期就制定统一的数据格式,并且这一点要贯穿于校园建设的全部环节。只有统一格式的数据源,才能对数据进行高效的分析、管理和控制。统一的数据格式不仅减少了数据转换要付出的代价,也为后期的系统整合提供了良好的兼容接口
系统整合	智慧校园是在数字校园的基础上发展而来,对校内已有的其他信息系统,要合理利用,避免重复开发。所以在智慧校园的设计阶段就应考虑与原有的信息系统的兼容性和可衔接性。整合的同时,要注重整体,强调优化,在最终的系统中,能够形成整体大于部分之和的态势
成本控制	这里所说的成本控制不是简单的投入资金的数量多少,而是由于规划阶段设计不合理,从而造成的后期的成本控制难以有效实施。所以在各个环节的设计阶段,要反复论证,进行多方案比较,减少技术上的冗余,降低信息处理的复杂度,即满足现有的需求,又考虑长远规划,从成本投入角度尽可能达到最优的产出比
对智慧校园的认识和理解	一方面由于技术和标准不成熟,且各运营商急于抢占学校的市场,给学校非常“诱人”的承诺,导致过于乐观地估计了应用前景,浪费大量的人力、物力和财力。要根据自身的特点和需求,充分利用现有的设备,先试点后推广,先局部后全局,积累经验,逐步展开,为建设适合自己的智慧校园进行必要的技术储备
信息安全保密	智慧校园的建设,信息是主导因素。信息安全保密贯穿于信息资源收集、传输、处理和运用的全过程。智慧校园的一大功能是感知和定位,从感知到传输、再到处理,会经过多个环节,这些环节大多要经过无线通信,使得信息泄露的概率大为增加,应在信息处理的各个环节加以安全和保密处理,确保信息安全。因此,在智慧校园建设过程中,要始终把安全保密工作放在重要位置。要根据智慧校园建设发展情况,制定切合实际的安全策略,并逐步建成完善的安全保密体系,确保智慧校园安全可靠,健康运行

2. 智慧校园的发展策略

发展智慧校园,必然要有一个全面、正确的策略,在数字校园的基础上引领教育信息化继续向前发展。当前,发展智慧校园要重点考虑五个要素。①

(1) 把智慧校园纳入学校发展战略中,加强信息化的凝聚力与协同力

目前,部分学校对信息化工作的认识和定位仍不到位,信息化部门仍处于辅助甚至边缘的地位。发展智慧校园,必须进一步提高信息化部门的管理、监督与统筹能力,加强顶层设计,把智慧校园纳入学校发展战略。同时,学校要充分整合信息化发展资源,加强凝聚力与协同力,彻底改变"多头建设、各自为战"的问题。

(2) 智慧校园建设要与学科、科研发展相结合

智慧校园中云计算、移动计算、大数据和智慧课堂等主要技术是当前信息技术的研究热点,许多学校在学科建设和科研项目中均积累了不同程度的研究成果。学校要注重学科、科研发展与智慧校园建设的相互促进、相互转化,这对形成学校自身的智慧校园发展优势与特色是大有裨益的。

(3) 提高教育教学质量是智慧校园应用的中心和基本点

对比高校的智慧校园与智慧城市、智慧社区等概念,最根本的区别就是智慧校园的教育特色,因此,教育教学模式的创新与变革是智慧校园应用的基本点。数字校园注重对校务系统应用的整合,对教育教学模式发展的推动是有限的。智慧校园要形成其持久的生命力和影响力,必须牢牢抓住教育应用这个中心。

(4) 提高师生在智慧校园中的参与能力、反馈能力与创新能力

智慧校园的内涵与特征要求师生转变传统的信息化思维与应用模式。从智慧校园服务的角度看,用户要从被管理向主动参与、主动应用、主动反馈转变,从而保持信息化服务的生命力和可持续发展能力。从智慧校园教学模式的角度看,教师要进一步提升自身信息素养,掌握新的教学模式和方式方法、组织能力和创新能力;也要激发学生兴趣,帮助学生掌握参与式、互动式的学习方法。

(5) 坚持用户驱动、应用驱动发展智慧校园,注重应用与技术的相互融合

学校应以解决用户的实际应用需求为出发点,以信息化技术为工具和手段,坚持"以人为本"的智慧校园发展理念,建立规范准确的用户模型和反馈机制。智慧校园对用户的个性化支持是建立在对用户的理解和准确描述的基础上的,良好的用户模型是提供个性化支持的核心与关键,决定了个性化服务的

---

① 胡钦太,郑凯,林南晖.教育信息化的发展转型:从"数字校园"到"智慧校园"[J].中国电化教育,2014(1).

效率和质量。此外,智慧校园建设要注重应用之间、技术之间、应用与技术之间的融会贯通,避免形成新的应用和技术孤岛。

第三节　智慧课室

一、智慧课室的内涵与特征

(一) 智慧课室的内涵

智慧课室,又名智慧课堂、未来教室、未来课堂等。外文文献常使用 smart classroom、intelligent classroom、classroom of future、class of tomorrow 等词汇来表述。智慧课室由智慧教育衍生而来。智慧课堂创建的学习环境以其灵活性、实用性和交互性等特点使教学资源充分融入学习环境,记录学习过程。在智慧课堂中,教师能更好地因材施教、推送教学内容、评价教学双方;学习者能更好地共享资源、互动交流和个性化学习。

早期关于智慧课室的研究较为关注智慧课室的技术、装备效能,如斯基普顿(Skipton)等认为"智慧教室就是基于电子或技术增强的教室"。[①] 近期研究更多关注智慧教室的功能需求,如荷西·雅瓦(Akshey Jawa)等认为智慧教室应具备生成性信息的便捷存储,及时的教学反馈,自动化的设备控制和功能识别,快速、个性化的信息检索等功能。[②] 陈卫东等提出智慧教室是"一个能够方便对教室所装备的视听、计算机、投影、交互白板等声、光、电设备进行控制和操作,有利于师生无缝地接入资源及从事教与学活动,并能适应包括远程教学在内的多种学习方式,以自然的人机交互为特征的,依靠智能空间技术实现的增强型教室"。[③] 黄荣怀等认为"在传感技术、网络技术、富媒体技术及人工智能技术充分发展的信息时代,教室环境应该是一种能优化教学内容呈现、便利学习资源获取、促进课堂交互开展,具有情境感知和环境管理功能的新型教室,这种教室被称为智慧教室。智慧教室是一种典型的智慧学习环境"。[④]

---

① Skipton C, Matulich E, Papp R, et al. Moving from "Dumb" to "Smart" Classroom: Technology Options and Implementation Issues[J].Journal of College Teaching & Learning, 2006 (6).

② Jawa A, Datta S, Nanda S, et al .Smeo: A Platform for Smart Classrooms with Enhanced Information Access and Operations Automation[M].Berlin: Springer Press, 2010.

③ 陈卫东,叶新东,张际平.智能教室研究现状与未来展望[J].远程教育杂志,2011(4).

④ 黄荣怀,胡永斌,杨俊锋,等.智慧教室的概念及特征[J].开放教育研究,2012(2).

（二）智慧课堂的技术特征分析

智慧课堂应用资源分层共享、实时内容推送、学习情境采集、智能学习分析、即时反馈评价、协作互动交流和移动通信互联等技术，促进了学习模式变革。

（1）资源分层共享

教师可根据教学目的和对象将资源分层分类，师生上载及获取各类资源便利，不受时空限制；多种媒体资源有效融合，给学习者带来丰富视听体验；系统对课堂生成性资源自动捕获、关联存储，实现了资源的自适应性和个性化分配。

（2）实时内容推送

针对学习需求通过分组或单独的形式主动、实时、个性化向学生推送学习内容，将知识内容与学习需求紧密结合，将学习环境与学习时间关联，实现分布式资源的灵活共享、多维扩展和有效重用。学生无须关心推送功能的细节，从而使其注意力能集中放在讨论和信息理解的过程中，增强了学生对环境的适应性和情境体验，沉浸感强烈。

（3）学习情景采集

通过采集学生的学习偏好、认知特征和学习风格等个体特征数据，采集学生的认知水平、情感状态和注意力状态等学习状态数据，从而诊断每个学生可能存在的问题和需求，提出相应的教学决策，支持学生的自适应学习和全过程学习。

（4）智能学习分析

依托聚类、数据挖掘、机器学习等技术，综合管理学生学习过程全数据，记录教师和学生课堂活动、练习成绩，以及网络连接等全过程，并进行综合计算、比对、诊断，实现面向课堂学习全过程的大数据跟踪、分析，辅助教学决策。

（5）即时反馈评价

通过高效实时的双向交流，实现系统可视化反馈和师生间的即时评价，让学生实时了解当前自己的学习情况，及时调整学习状态，激发学习热情。也让教师了解学生状况，及时给予引导并调整教学内容。

（6）协作互动交流

通过使用智能终端设备，如平板电脑、笔记本电脑和电子白板，以及软件交流平台，如短信、微信、信息论坛等，动态实现交流时间、地点、对象和形式的多样化，如实现一对多或一对一的多维度、多因素分组协作学习，以增强学习互动性。

（7）移动通信互联

移动网络通信技术的发展使得智慧课堂终端轻便小巧、便于携带，其适配的学习系统为学习者提供了多种实时的沟通服务，信息发送后可迅速传递，使师生、生生将课前、课后分布式学习实时连通。

二、智慧课室的组成与类型

（一）智慧课室的组成

智慧课室以多媒体教室为点，校园一卡通和电子课表为线，校园网络为面，整合原有的独立功能系统，建立系统化的多媒体教室综合管理平台，达到教室内设备的网络化、远程化管理控制，从而真正实现智慧校园的全面整合。智慧课室上所有电子教学仪器设备通过接入无线网络实现远程统一控制和数据传输，能支持多种课堂互动活动，如讲授模式、随堂测试、分组辩论、投票问卷调查、限时抢答、打分评选、快速分组等。

乔沛昕、李红波[①]提出，智慧课室系统由以下十个子系统组成：智能教室教学系统、智能人员考勤系统、智能设备仪器管理系统、智能光线调节系统、智能温度湿度控制系统、视频监控系统、远程控制系统、智能门禁系统、多向视频会议系统、管理平台共享与接入系统，如图 4-8 所示。

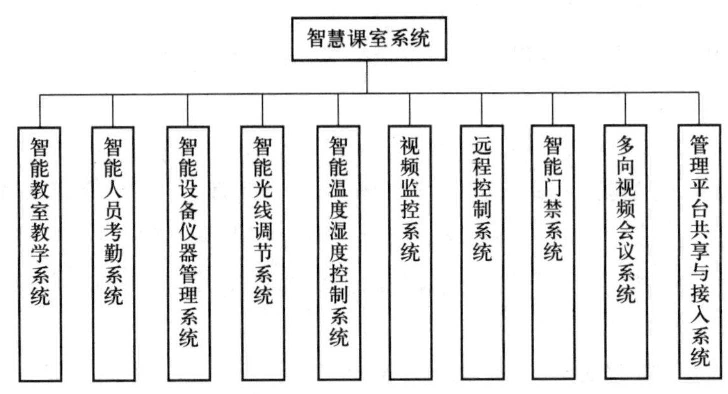

图 4-8　智慧课室系统组成

智能教室教学系统：设备包括交互式电子白板、投影机、组合黑板、多媒体讲台、电脑、无线麦克风、立体音响、大型 LED 显示器、Wi-Fi 设备服务器、Wi-Fi 摄像头、答题器、自动录像系统等。

---

① 乔沛昕，李红波.智能教室系统架构研究[J].亚太教育，2015(2).

智能人员考勤系统:设备包括一体式特高频读卡器、校园一卡通、LED 显示屏、Wi-Fi 设备服务器、Wi-Fi 摄像头一体机、自动考勤软件等。该系统根据电子课表提供的课程时间和人员信息,在有课程的时间段自动开启,进入工作状态,自动对进入教室的人员信息进行统计处理,

智能设备仪器管理系统:设备包括一体式特高频读卡器、特高频标签、Wi-Fi 设备服务器、Wi-Fi 摄像头、设备资产管理软件等。该系统能够对教室资产进行实时监控和自动盘点,将教室资产设备信息自动更新录入学校资产管理数据库,及时掌握设备的库存情况,提醒资产管理员做申购计划,对定期资产核查和维护人员设备维修保养、系统升级提供数据支持。

智能光线调节系统:设备包括光照传感器、Wi-Fi 设备服务器、智能窗帘控制系统、智能电源控制主机、灯光电源控制单元等。该系统可根据软件预设值,来控制教室内灯光的自动开启与关闭,调节灯光的亮度。

智能温度湿度控制系统:设备包括温度湿度传感器、Wi-Fi 设备服务器、智能空调控制器、立式空调、加湿器等。通过温度湿度传感器监测室内温度和湿度,分析数据并通过无线网络传输至管理平台,温度湿度控制软件根据预设值,自动控制室内温度和湿度。

视频监控系统:设备包括系统服务器、智能客户端设备、Wi-Fi 设备服务器、Wi-Fi 无线摄像头等。用于记录教室内人员出入和设备的出入库情况。课堂教学录像由教师自主录制完成,并上传到教学资源管理平台。如遇紧急事件或突发状况,学校可以及时进行通知和疏导学生。

远程控制系统:设备包括系统服务器、智能客户端设备、服务器端软件、客户端软件等。该系统平台实时观察各设备的使用情况,解决设备操作中遇到的问题,快速排查处理出现的机器故障;结合电子课表,保证有课程安排的教室能够正常使用教学设备,如果遇到问题可以进行远程操作处理。管理人员还可以根据实际情况,在指定时间、场景和条件对教室设备电路进行远程开启和关闭控制,减少人为因素造成的用电浪费和设备损耗。

智能门禁系统:设备包括门禁监控主机、磁力锁、Wi-Fi 设备服务器、门禁监控系统软件、Wi-Fi 摄像头等。管理员可通过有线或无线网络,授权登录服务器或通过视频监控系统察看教室状态、实施远程开关门窗控制。

多向视频会议系统:设备包括多点控制单元、视频会议终端、录播服务器、摄像机、投影仪等。可供多个会议场点同时进行相互间的通信;支持标准的多分屏,可在会议进行中任意选择和更改分屏显示模式,分屏中每个窗口的图像可以是指定的,也可以由用户进行视频窗口切换。

管理平台共享与接入系统：能够实现各类新设施和终端设备接入的高度兼容性。网络系统采用标准 TCP/IP 协议，方便升级、扩展，支持第三方设备无线接入，支持学生重新组网；并且提供开发者乃至教师和学生以管理系统为平台，不断开发新设备系统应用软件的实验开发模块。

（二）智慧课室的类型

随着探究学习、小组协作学习等多种教学方式的提出，原本以支持知识传授为主的教室环境已无法满足当前课堂教学的实际需求，教室在设计上亟待改善。孟延豹提出从内容呈现、资源获取和及时交互三个维度来增强教室的设计，将教室建成"高清晰"型、"深体验"型和"强交互"型三种典型的智慧教室[①]，其特征如表 4-4 所示。

表 4-4　三种类型的智慧教室比较表

维度 / 类型	教学方式	教室布局	内容呈现	资源获取	及时交互
"高清晰"型	传递—接受	"秧田式"为主	双屏显示 无线投影	支持讲授的资源和工具	以师生互动为主
"深体验"型	探究性	多种布局均可	学生终端	丰富的资源和教学工具；全面支持各种终端接入	以生机交互为主
"强交互"型	小组协作	"圆形"为主	小组终端	支持小组协作的资源和工具	以终端支持的生生交互为主

1. 支持讲授为主的"高清晰"型智慧教室

"高清晰"型智慧教室主要支持以讲授为主的课堂教学，学生座位布局以"秧苗式"固定座位为主，听课人数无明确限制。可采用无线投影技术呈现教学内容，屏幕尺寸及个数应根据教室空间大小来配置，一般至少配置两块显示屏幕来呈现教学内容，可支持手势识别的自然交互方式。"双屏配备"可有效加强多页画面的连接，是智慧教室的标准配置。学生可使用手持设备书写笔记或将其画面投射到大屏幕上。师生以无线网的方式获取课程计划、教学内容和相关教学资源。在教学过程中，学生可利用移动设备书写笔记并实现在

---

① 孟延豹．博雅智慧教室系统环境搭建初探［J］．中小学信息技术教育，2013(5)．

线储存。交互方式以师生交互为主,其他交互方式为辅。学生也可通过手持设备以电子投票、问题反馈的方式给予反馈。

2. 支持“个人探究”为主的“深体验”型智慧教室

这类智慧教室支持以“个人探究”为主的课堂教学,座位布局相对灵活,以“秧苗式”或“圆形”布局均可,理想的班级规模为 40 人左右。内容呈现多以学生的计算机终端或手持设备为主,以教室内的无线投影呈现为辅。学生可利用手持设备记录笔记或反馈信息,并可将其画面投射到大屏幕上,要求学生每人配备一台计算机终端或移动手持设备。由于教室中覆盖高速无线网络,支持丰富的资源和教学工具的获取,全面支持各种终端接入,能够保证基于互联网的虚拟实验、仿真教学等在线资源和学习分析工具的便利获取和应用。交互方式以生机交互为主,以师生交互、生生交互为辅,学生可通过计算机或手持设备以电子投票、问题反馈的方式给予反馈。

3. 支持“小组协作”为主的“强交互”型智慧教室

“强交互”型智慧教室支持以“小组协作”为主的课堂教学,理想的班级规模为 40 人左右,空间布局以“圆形”布局为主,学生无固定座位,每个小组应至少配备一台计算机终端或手持设备,支持小组讨论问题、绘制思维导图等,其内容呈现以小组终端为主。教室也可配备双屏或多屏显示,以呈现教学内容,其中至少装备一块具有触控功能的屏幕,供师生面对全班学生做展示;支持无线方式传输小组协作的资源和工具,网络传输速度以不影响小组协作为宜。这类教室特别强调以计算机为中介的生生交互,小组完成学习任务主要依赖小组讨论,讨论结果能够以无线投影的方式投射到大屏幕上。

三、智慧课室的设计

(一)智慧课堂的物理环境设计

1. 物理空间设计

智慧课室整体上分为教学区和观察区。为避免教师教学和同伴评价相互干扰,达到课堂教学的真实性,提高教学评价的自由度,教学区和观察区通过特定技术隔开,两个区域之间的信息只是单向流动,即观察区可以获得教学区的信息,而身处教学区的人并不能察觉到观察区的存在。

教学区是教师进行教学的场所,如图 4-9 所示,它是一间教师和学生非常熟悉的课室,配备有现代教学设备,比如实物展台,电子白板等,智能录播设备,以及配套的软件系统等。观察区与教学区紧密相连,如图 4-10 所示,供教师观课、实时评课。观察区配备有功放设备和闭路电视实时播放教学区录播视频，观课教师既可以透过玻璃实际观察教学区教学情况，还可以通过视频电视补充教学区实时教学信息。使得教师近距离近观感地接触教学情境，全面掌握教学信息，置身于课堂场域之中。观课教师对教学的评价不仅实时，还很真实，更切中实际。课堂实践的真实以及教研反馈的实时为后续研究提供保障性的支持。

图 4-9　智慧课堂教学区

图 4-10　智慧课堂实验室观察区

2. 多路摄像设备设计

摄像的空间布局，分别设置四路摄像头，记录教学区学生活动，教师的教学行为，教师的教学内容以及观察区教研共同体成员的讨论，并且这四个独立视频流构成一组记录节（图 4-11、图 4-12）。教学区摄像有自动和手动两种调控，自动是特写的电脑桌面，全景的教师及讲台，重点选择的是学生，优先级是电脑、学生、教师及讲台。此外，在输出设备的交互界面中全保留这四个视频内容的同时可以实现四个视频画面的任意切换。全面捕捉教师教学过程中所表现的行为，学生的课堂状态和反馈行为。通过对课堂各种行为的捕捉，可以间接地获得关于授课教师智慧的信息和评价。通过全程录像，细节捕捉，形成一个可供全面反思的资源性“材料”。弥补实际教学中，教师反思实践时材料不足、依据不强的缺点。

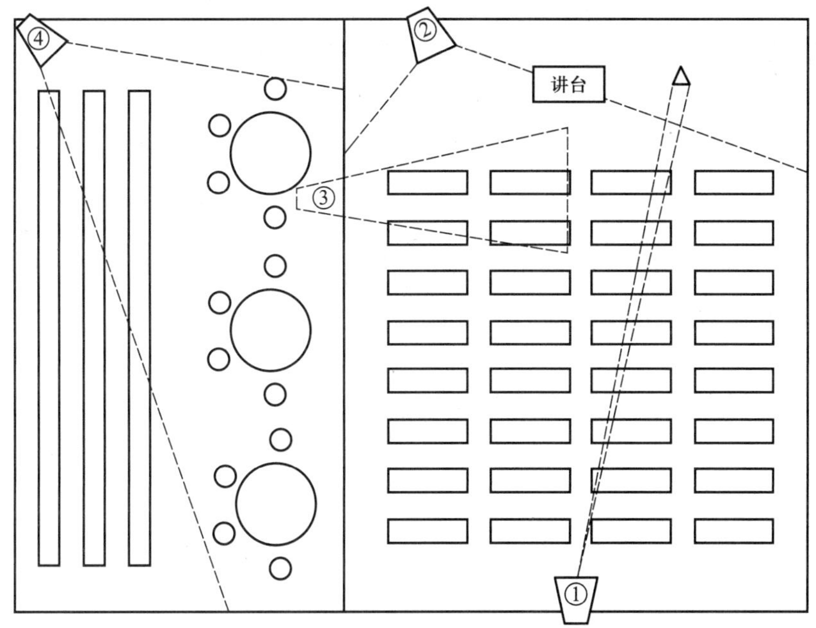

图 4-11　多路摄像头分布图

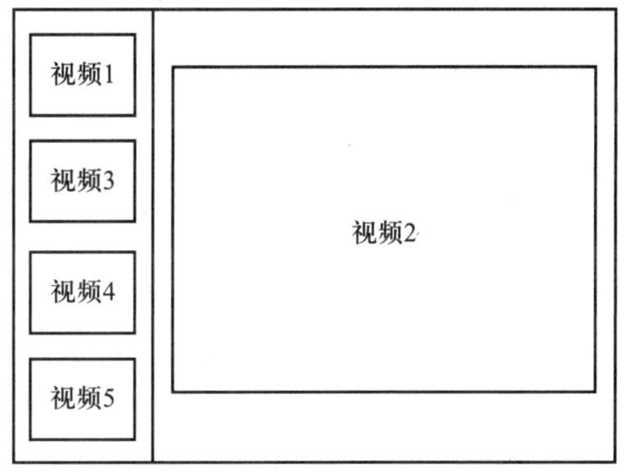

图 4-12　视频切换显示图

（二）智慧课堂的资源设计

1. 教学视频切片资源和评价记录资源设计

在教研过程中，根据需要对教师教学视频进行切片，可以按照视频逐帧流向的线性切片和依据不同内容的非线性切片，建立切片库。为达到目标视频的快速且准确定位，我们可以通过技术手段对切片进行逐一的详细标记，然后依据标记实现快捷检索。同时将教研共同体成员的评价实时记录，与相应的教学行为视频相匹配。教学视频切片资源实现对课堂的精细化聚焦，教师可细致地分析具体的教学行为和进行全面的反思，成员互评的记录有助于教师对教学有针对性的反思。此外，教研共同体成员在对教师教学进行实时评价时，大脑亦出现类似情境的连续性反思，引起原有认识的冲突，产生新的认识，丰富自己关于该类问题的认知，促进自身反思和提高。

2. 优质课例资源设计

通过智慧课堂实验室中课例研究的不断开展，丰富且富有特色的课例研究不仅直接产生有意义的结论，还会为实践性智慧课题的研究走向纵深提供资源的支持，筛选优质课例资源，建立优质资源库。就个体教师发展而言，不断进行课例研究，可以形成内部互动机制，在优质课例资源的开发中促进教师提高，在教师提高的过程中促成优质课例资源的产生，双向促进形成研究与教师发展良性互动。教师之间的交流，通过优质的课例资源将教师的智慧具体化、客观化、可视化，以知识的形式在不同对象教师之间流动。教师借助优质课例资源实现知识的学习，反思自身课堂教学，发展自身教学认识，尝试在实践情境下的知识的智慧化。

四、智慧课室的开发

智慧课室可分为教学与观察两个结构区，如图 4-13 所示。教学区中，在教师授课时对教室内所有课堂发生的场景做全程录像，全面记录教师教学与学生情景调动及教学过程中教师使用的任何课件及板书内容等场景元素，对教师、学生、板书及全景视频信号进行采集，并进行音视频切换，同时要求分教室和网络上教研人员能同时以流媒体的方式在网络中观看课堂直播，并能存储在服务器上供课后点播、进行在线学习。在教学区后部，使用单向透光玻璃隔离出观察区，录播信号实时传入，提供教研场所。提供对应的系统平台以支持资源的生成与扩展。在软硬件配套方面，需要相应的录播管理系统，图像跟踪系统以及资源管理系统。

（一）录播管理系统

1. 全智能导播系统

作为视音频采集处理与切换控制的核心，全智能导播平台起到了至关重要的作用。它负责多路视频之间的切换和自动返回控制，授课教师只需要适时触发遥控感应装置，导播机根据多路信号之间的切换和自动返回控制策略，迅速发出相应的指令，指挥对应的摄像球机来捕获相应的视频。当教师走到学生中间面向讲台讲课时，导播系统会智能地将画面自动切换到教师正面，不

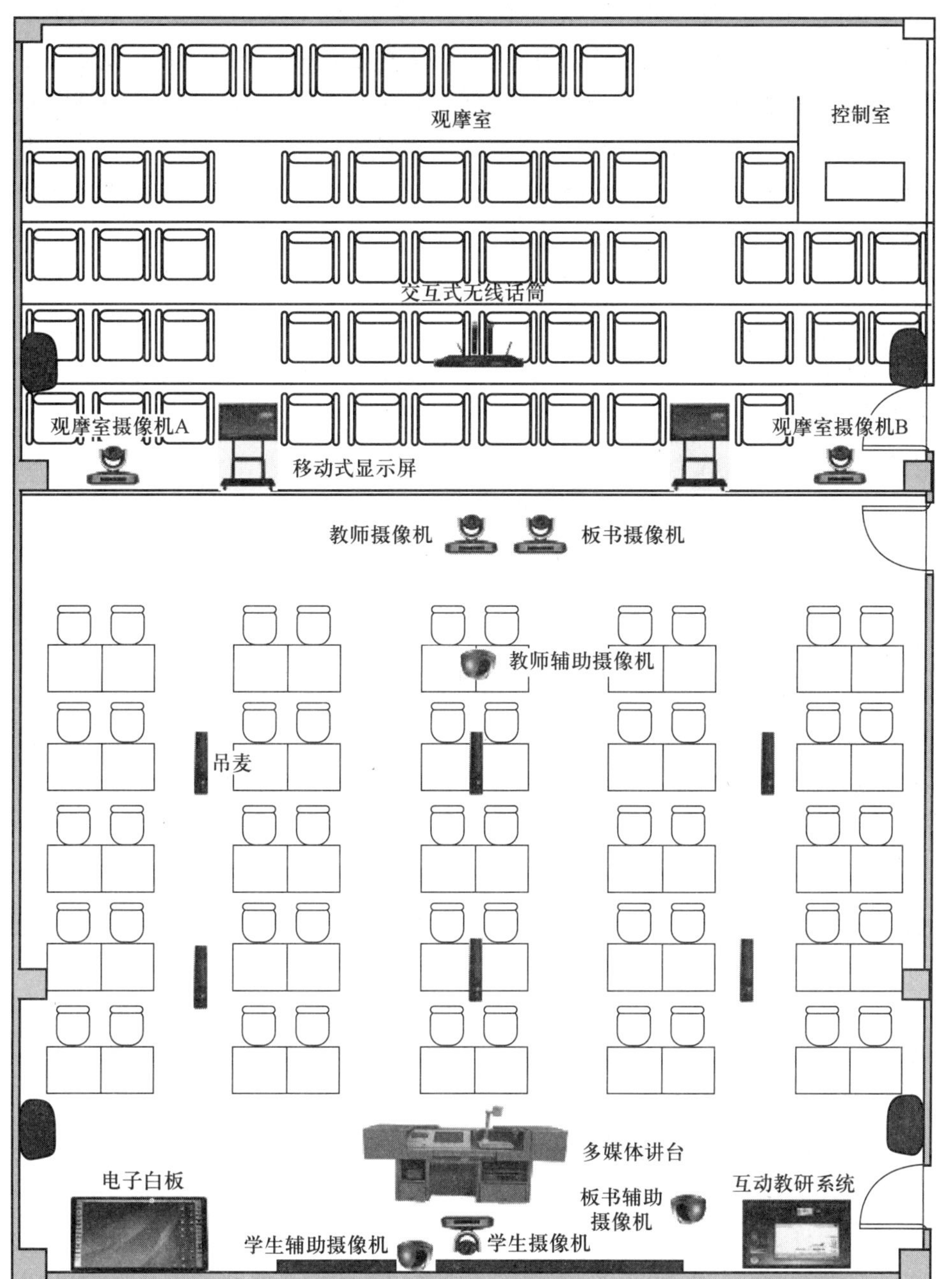

图 4-13　智慧课室结构图

会拍摄教师背部等坏画面；当教师走回讲台时又自动切回教师主画面；而当教师走到讲台一侧时，画面会适时切到整个讲台；当学生发言时导播平台可以实现预置位之间的切换摄像，可以进行学生全景、分区特写、个别学生特写位之间的高速切换，把课堂上每个学生的画面清晰地拍摄下来，平台具有抢答功能，真实和完整地显现发言情景，展示师生课堂交流的内容。在录制过程中，可以适时将教师的计算机动态屏幕切到视频画面，可以自由设定所需切换的时长。当摄像主画面由教师切换到学生或者整个讲台全景后，系统能够通过三种方式返回教师画面：教师主动切回；教师操作电脑时自动切回；在设定的时间内自动切回。有了全智能导播系统，录制生成的教学录像才更加生动形象、场景切换灵活、画面配合流畅，而且不会产生喧宾夺主之感。

实时导播平台内嵌于录播系统中，无须管理者的计算机安装任何插件，只需使用 IE 浏览器登录录播系统导播平台，就能够实现实时导播功能。导播平台将多路视频、VGA 信号输入及输出监视画面集中在一个 IE 浏览器显示。导播平台集视频监视，视频切换、云台控制，音频调整，直播/录制、暂停等控制、直播监视等功能，在一个 IE 界面中显示及操作；每一路视频支持六个预置位。整合了全自动技术的控制，如跟踪、智能切换等控制功能；启动录制/暂停录制、音频调整功能；直接使用鼠标点击相应的输入视频源窗口就能够把该路视频输出。输出图像流畅平滑，无抖动、花屏等现象，切换过程无缝，衔接自然，支持画中画特效。

2. 课程录制系统

前面所述的摄像系统及导播系统是智能录播系统非常重要的一部分，这部分考虑得是否周到细致，决定最终拍摄出来的教学录像效果好坏。但实际上，从功能上来讲，整个精品课程制作过程，真正核心的部分还是精品课程录制。如果采集视音频的部分已经非常完美，但没有一个好的录制系统来配合，最终做出的录像和课件还是不能令人满意的，甚至是失败的。专业课件实时录制系统是作为制作精品课程最核心的系统，广泛应用于全国不少于 300 家的大中专院校，是一款非常成熟的、可作为单独模块使用的优秀的软件系统。它可以运行在任何一台微软平台的计算机或服务器上，负责实时接收前端摄像系统采集来的音视频信号和 VGA 信号，并最终合成图文并茂的符合标准的流媒体课件。

作为教学视频资源建设的核心部分（前端教学视频采集录制），课件实时录制系统采用当今国际上最先进的网络流媒体核心技术，充分发挥现有网络带宽条件，能够轻松地将课堂教学过程以最方便快捷的手段录制生成适合在网络上传送的网络多媒体课件，从而构成整个系统中最重要的共享资源部分。

课件实时录制系统主要用于在授课过程中对老师、学生、多媒体课件（视频图像、Flash 文件等动态内容)、教师计算机操作过程、视频展台、DVD 图像等教学素材信息的实时采集和录制、同步录制和网络实时直播,可以满足资料存档、课堂的完整回放,其他学生远程观摩和领导在线评估的需求。

3. 课堂直播点播系统

课程建设的最终目的是建设精品资源库,让更多的人来共享这些精品资源并从中获益。而共享这些资源的最好的办法就是建立一个精品课堂资源播放中心,具体有三种方式:第一种是现场直播,即授课教师在讲课的同时,网络上的参与者可以方便地登录到 PROPRE 系列录播主机上,观看授课教师的直播课堂内容,这种方式授课结束,则网络上的观摩者也无条件结束观看;第二种是实时直播转发,即采用 AMP600 实时直播转发,可减少校与校之间的带宽的损耗,减少录播主机对外直播的负担,并保证视频实时性直播转发的稳定可靠,达到多点同时收看视频的效果;第三种是点播,即在授课教师授课的同时,通过上述摄像采集、课件录制系统把课堂内容录制成图文并茂的精品课件,录制完的视频放在录播主机上供网络上的参与人员随时随地进行点播观看或者由录播主机上传至视频资源管理服务器中。

录播系统支持以下功能:

一是单播功能。每一个观看终端直接与录播系统连接,网络流媒体数据全部由录播系统提供,通用性强,不需要涉及网络的设置或修改,适用于 INTERNET 环境,见图 4-14。

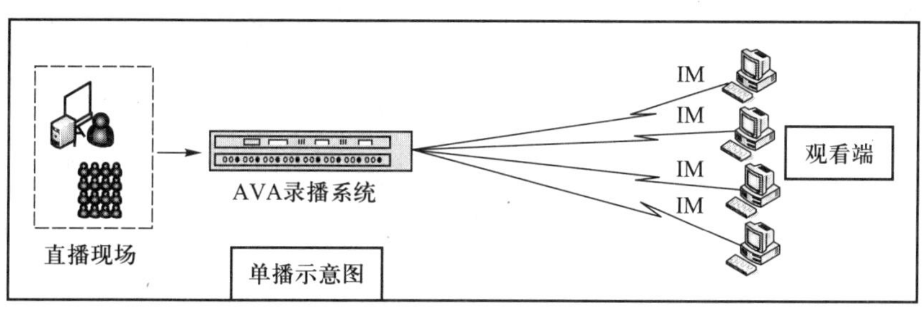

图 4-14 单播示意图

二是组播功能(图 4-15、图 4-16)。可以把直播发给更多的观看终端;录播系统只提供一路的网络流媒体数据给网络设备,再由网络设备复制网络流媒体数据给其他的连接终端。组播功能可以大大扩展直播的数量;组播只占用一路带宽,对有大量收看端的场合特别适用。但是组播需要网络设备支持组播代理等功能,不适合在 INTERNET 等公共网络中使用。

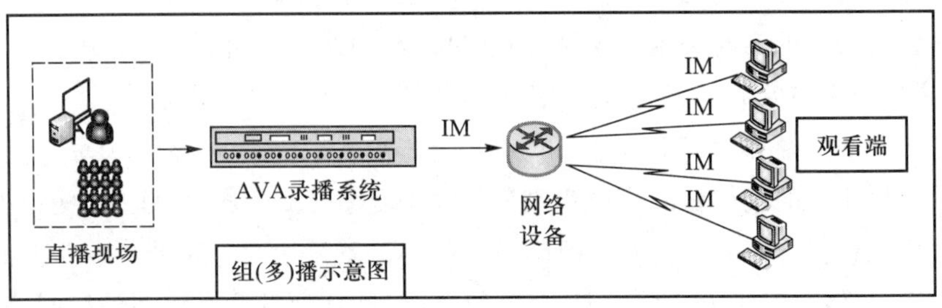

图 4-15　组播示意图

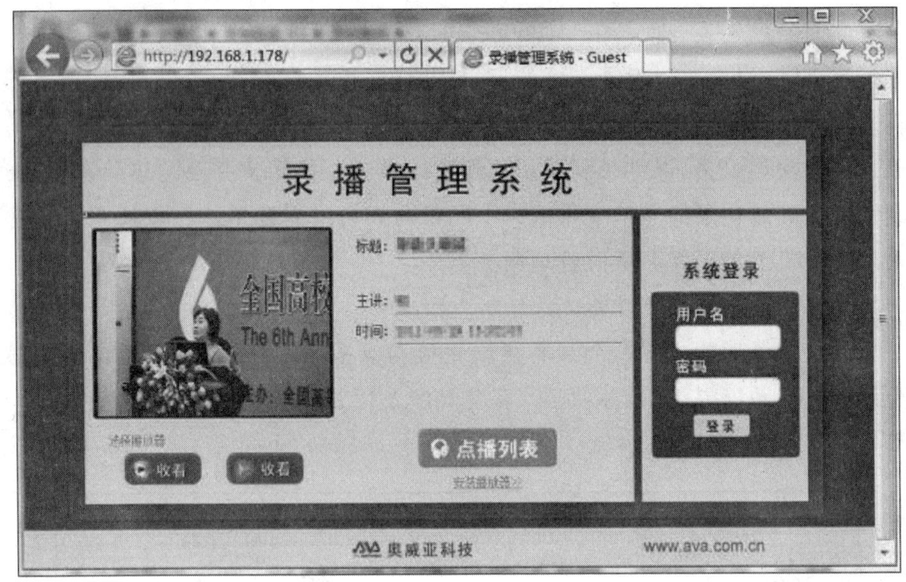

图 4-16　首页直播预览示意图

(二) 图像识别智能跟踪摄像系统

图像识别智能跟踪摄像系统可自动追踪地探测、跟踪运动目标,实现对运动目标的自动跟踪,便于对教师教学活动进行实时转播、录像,改变录像画面不连贯等问题。跟踪范围不止局限于摄像机固有的视野范围内,而是在整个教师活动的范围内,无论教师在活动范围内做任何动作都能自动跟踪,并且始终保持教师在图像中的位置,不会出现半边身的情况。当系统探测到多个人活动时,跟踪效果不会受其他活动目标的影响,系统自动会给予一个多人交互的全景画面,使录制下来的视频更加贴近实际的教学过程,重现教学实况。

1. 教师智能跟踪摄像

教师智能跟踪摄像主要采用一体化云台摄像球机、跟踪辅助摄像机、后台的图像跟踪系统 AVAITS-1000 主机等组件共同完成，而 PROPRE4(集成教师图像跟踪模块)的跟踪原理与此相同。其主要工作原理如图 4-17 所示。

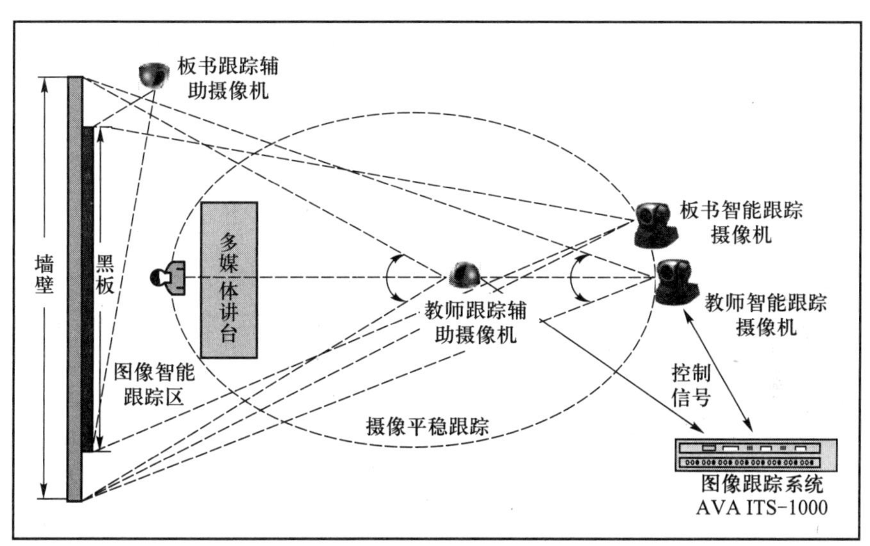

图 4-17　教师智能跟踪摄像示意图

图像识别自动跟踪技术，可以搜寻并跟踪移动目标，完全脱离人工操作，跟踪过程不受外界干扰，摄像机云台运动非常平稳，不会出现剧烈的晃动，能够将目标牢牢锁定在图像的中央。根据实际的情况，授课教师在讲台区域走动时，系统始终以教师为图像的中心位置，进行防抖平滑跟踪，当授课教师背对摄像机书写板书时，图像识别跟踪系统会立即自动地将主输出信号切换至专用的板书摄像机，给出黑板特写位，清楚地将老师的板书拍摄下来，从而达到高清晰板书录制效果。

板书跟踪摄像机可根据实际应用将其改为全景摄像机，如为使录像画面内容与现场场景的配合更加出色完美，全景拍摄与导播系统相配合，当老师走到讲台一侧或板书时，导播系统会智能地将画面自动切换到教室全景或者黑板特写，不会出现整堂课只拍摄教师、学生特写画面。

2. 学生场景高速定位摄像

学生摄像与教师摄像采用的设备相同，它部署的位置则安装在黑板上方，通过学生辅助摄像机对学生的活动进行图像识别跟踪，在图像识别跟踪系统 ITS-1000 的指挥下进行预置位之间的快速切换，可以进行学生全景、分区特写、个别学生特写位之间的平稳切换(图 4-18)。

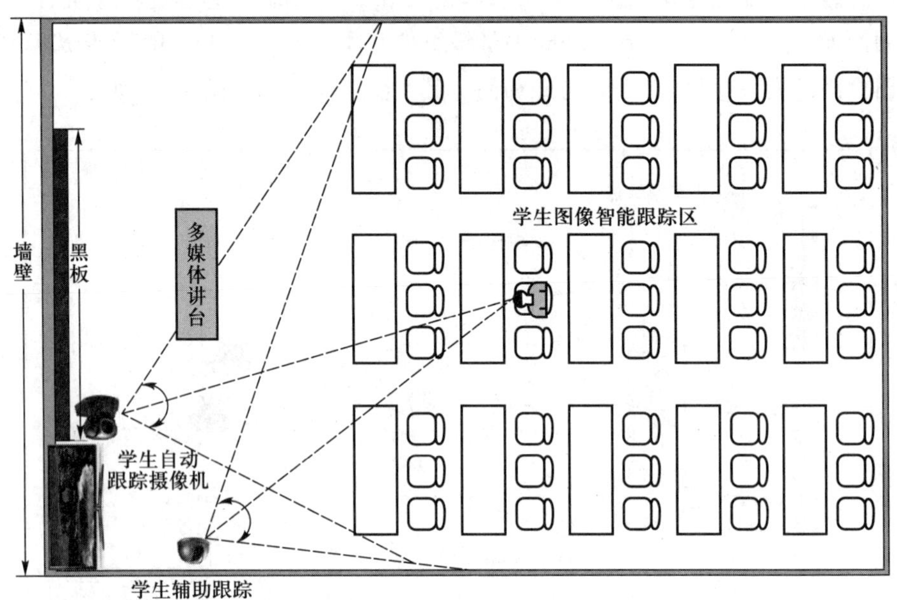

图 4-18　学生自动跟踪示意图

录制生成的教学录像因为有了学生的课堂参与而丰富生动,也进而满足了教育部对师生交互场景在精品课程教学录像中的要求,更重要的是,切换过程的灵活控制完全由图像识别跟踪系统 ITS-1000 与 PROPRE 录播系统完美配合指挥完成,解放了专业录像人员,使录像过程变得自动化、智能化,而且授课老师的课堂表演更加流畅和衔接自如。对教师授课而言,授课教师站在讲台上本身就是课堂现场的导演,课堂是否生动完全由教师根据现场情况适时调动学生来达到目的。加入新的导演元素,因为授课老师对课堂进程、学生反应和授课内容的适时把握,会使录像画面内容与现场场景的配合更加出色完美,避免了一些精品课程录像中常出现“为了切换而切换”的生硬感。

(三)教学视频资源管理系统

系统采用功能模块化的架构设计,可根据不同需求添加和删减功能模块;实现文件自动远程传输、编目,支持多路直播、联播和点播。实现全网录播系统视频资源的生产管理、存储管理、使用管理等资源生命周期的功能,可进行网络互动教学、网络教研、网络培训、基础网络互动会议等活动。

1. 立体资源点播

平台支持“立体式”资源整合,围绕课堂视频,教师可上传相应文档,如教案、课件、课程设计、案例文档、辅助图片等，格式支持PDF、PPT、jpg等，实现课堂资源包的共享方式，相关文档亦可如课堂视频一样，实现在线查看，通过立体式的资源包共享方式，解决教师全方位理解以及学习课程的需要。

2. 教研互动

平台支持教研活动召开、课堂观摩以及同课异构等多种视频互动的活动开展，通过简单的活动发起、活动通知，活动参与，可实现实时的“桌面式”教研。教研窗口可支持超过100个课堂的录播音视频实时互动，并可支持来自计算机网络摄像头的视频，从而将各个课堂的实况直播画面，以及参与教研讨论的教师和专家的视音频信号，整合在一个界面，各个交互点可实现实时的教研讨论，或者课堂交流，还提供了文字交流的功能。

跨校区多点远程互动教学可实现任意100个以上接入学校之间的互动授课与互动交流，支持跨网段、跨区域互动。多个学校互动教室可以同时开展多个互动课程，直播、点播同时进行，互不影响。

3. 在线课堂点评

本着多元评价的理念，平台支持专家与教师对课堂视频的点播资源、直播课堂（微课教学教研功能）的评价评分，评分可以以专业具体的分值体现，亦可用简约的积分评定，评价支持打点，支持聊天室的模式。即教师或专家可通过个人的账号实时对课程进行评估并自动记录到资源管理平台中，自动生成评估报表，完成教学技能评测。

4. 教学课堂发布功能

在线课堂实况直播观摩：各联网学校有收看权限的参与人员通过该功能应用，既能够自主收看本地教学画面，也可以收看其他任一联网学校的授课情况，以达到远程听课学习，互相观摩教学的需要，收看过程中，不影响各地教室的正常授课。各点直播内容可通过发布功能，实时转播到校园网、城域网和互联网上，提供教学观摩和展示比赛。

5. 虚拟切片检索

通过虚拟切片技术，实现知识点打点信息与视频进度关联的效果，教师可通过搜索，实现“所搜即所得”，可以很方便地将课堂视频的各个知识点随意搜看，而无须为了某个知识点，而一堂课一堂课查找，虚拟切片技术，也解决了物理切片费时费力的传统问题，充分满足移动学习者的需求（图4-19）。

6. 课堂行为分析

录播管理系统已经具有S-T分析功能，通过相应的设置，即可智能获取教师教学的S-T数据，自动生成课堂S-T行为分析，如图4-20所示。

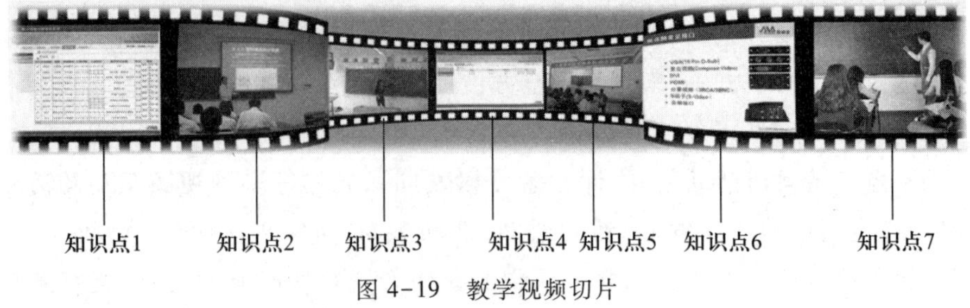

图 4-19　教学视频切片

录播管理系统

节目管理 | 录制管理 | 用户管理 | 软件下载 | 系统设置 | 退出 »

5	转播端口	9019	必须大于1024,且不能为保留端口(9001-9050),默认为9019	确定
6	转播MMS端口	9030	必须大于1024,且不能为保留端口(9001-9050),默认为9030	确定
7	智能切换	5	秒。教师多少秒没移动鼠标则从电脑画面切换回来教师视频	确定
		画中画	在智能切换画面中设置	
8	组播端口	9018	必须大于1024,且不能为保留端口(9001-9050),默认为9018	确定
9	组播地址	224.1.2.3	组播IP地上范围必须为224.1.2.2~224.1.2.254	确定
10	播放方式	⊙ 弹出单独窗口播放　○ 嵌入IE中播放		确定
11	流授权类型:	单流系统		确定
12	自动切换模式	四机位模式	三机位模式只有下面机型才有:PROPRE-8	确定
		学生拍摄,双镜头(P8HD)	只在四机位模式有效	
13	学生定期切换	60	(秒)定期切换到学生的时间间隔,至少20秒	确定
14	跟踪技术	图像识别(网络版)		确定
15	打点功能	⊙ 开启　○ 禁用		确定
16	课堂行为分析	⊙ 记录　○ 禁用		确定
17	录制格式	⊙ WMV/ASF　○ MP4　(单流模式有效)		确定

<<返回　重启设备

图 4-20　教师教学 S-T 分析设置

五、智慧课堂案例

(一) 国外智慧课堂案例

1. 戴尔智能教室

戴尔智能教室解决方案提供了一套比较完整的技术解决方案,能够提高教师和学生的能力并帮助他们学习,如图 4-21 所示,其具体功能包括以下三个方面:

一是方便师生、生生实时互动。台式电脑和手提电脑用于增强学生、教师和同伴间的联系,使他们能够更加主动地参与学习过程;学生可以即时响应问题,以此支持交互式、动态的教学。

二是提供可视化演示。投影机、屏幕和相关的电缆及安装设备用于可视化演示;无线手写板可以让教师控制演示并随时书写注释;文档摄像机和投影仪能为全班快速显示文本或讲义;音频/视频控制系统易于操作,鼓励

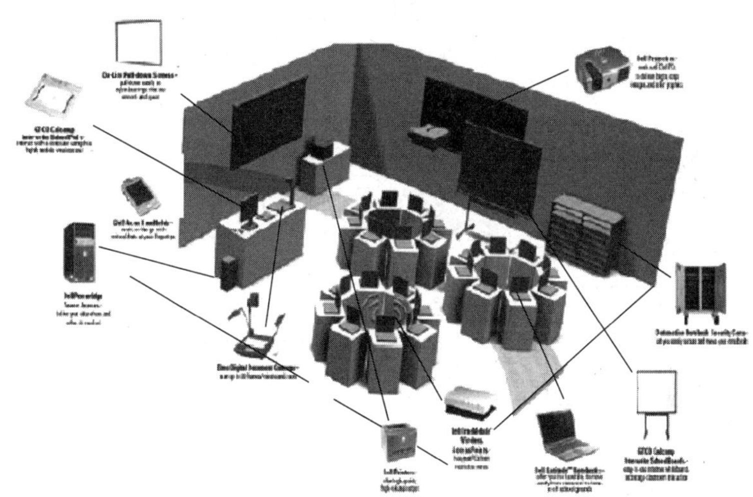

图 4-21　戴尔智能教室示意图(Mike Merrill 2006)

教师使用;音频和扩音系统,支持在教室内扩音,可以确保内容被所有人听到看到。

三是实现信息保存与共享。多媒体设备,比如 DVD、录像机和电视,使教师与整个班级可以共享媒体;交互式白板,使文件可以电子方式保存,并通过电子邮件发送或存储在网络服务器上;个人和工作组打印机,允许学生和教师对一个课程进行拷贝。

2. 加拿大麦吉尔大学①

麦吉尔大学的智慧教室项目由麦吉尔大学、皇家银行改善教与学基金、加拿大石油公司青年发明家奖、加拿大自然科学和工程研究理事会资助。麦吉尔大学在 13 个教室安装了投影显示设备并配有增强的传感器及计算机处理控制系统。智慧教室可以针对教师的互动激活和配置室内适当的设备,无须手动控制。例如,当教师进入智慧教室的计算机时,智慧教室系统推断出是一个基于计算机的讲座,将自动关闭室内照明,放下投影屏幕,打开投影机,并将计算机信号输入投影机。教师只需简单地在视频展示台上放置一个文档即可进行幻灯片投影显示,教室的照明强度也将调整到一个适当的水平。同样,若笔记本电脑输出视听资料时,投影显示将自动激活响应。

① Cooperstock J R.The Classroom of the Future: Enhancing Education Through Augmented Reality [J]. *Usability Evaluation and Interface Design: Cognitive Engineering, Intelligent Agents and Virtual Reality*, 2001.

麦吉尔大学智慧教室项目的目标是用技术努力提高教学和学习效果。教室内安装了必要的硬件和软件，学生在课后可以自由地访问视音频资源及教师上课所用的幻灯片，甚至可以获取教师在幻灯片上所做的注释（图4-22）。

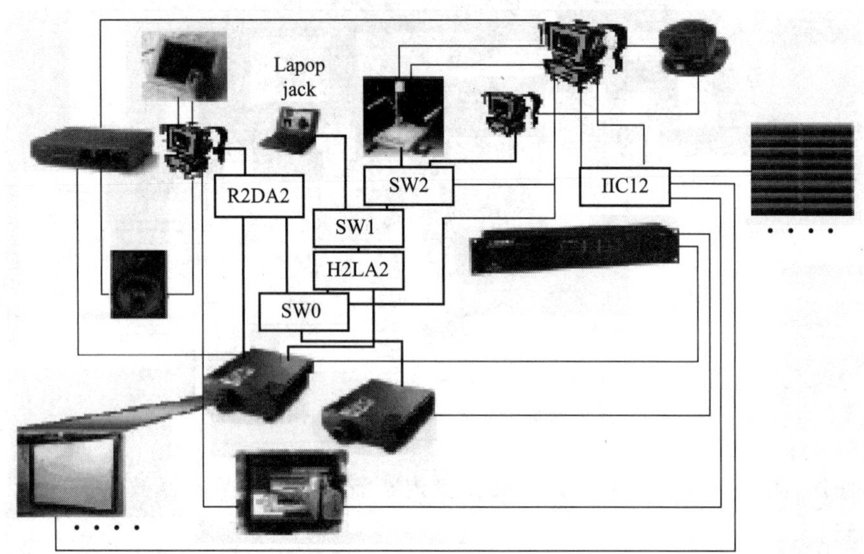

图4-22　加拿大麦吉尔大学智慧教室结构连接图（J R.Cooperstockk2011）

（二）中国智慧课堂案例

1. 佛山市君兰中学智慧教室

佛山市君兰中学是全国教育信息化创新应用先锋学校，也是广东省现代教育技术实验学校。自2012年以来，学校积极推广“TEAM Model”智慧教室技术，利用新的教育技术来活跃教学课堂。“TEAM Model”智慧教室的主要硬件设备有Haboard互动电子白板、ezVision实物提示机、IRS实时反馈系统等，软件系统采用Hi Teach互动教学系统，这套系统能自动整合前述三种硬件，让上课教师可以轻松操控这三种教学科技设备。

智慧教室作为一种新型的教育形式和现代化教学手段，改变了传统课堂存在的诸多问题。如在传统课堂上，存在教师无法给予每个举手发言的学生公平的抢答机会；教师无法根据学生的课堂答题获得准确的统计数据，只能依据大体情况来判断是否继续进行教学；教师无法将不同学生的答题答案直观地呈现在学生面前并做对比解析等问题。但借助智慧教室，教师可轻松解决上述问题，实现高效课堂。该校智慧教室具有便捷、智慧、高效、实用等特点，集中体现以下三大特色。

（1）特有实时反馈功能，及时评价教学效果

利用智慧教室提供的即时反馈系统（IRS），给予每个学生公平表达的机会。系统能够瞬间自动完成对学生作答结果的统计，将每个选项的选择率、正确率或错误率等直观呈现给教师，科学地评价教学效果，为教师根据全班学生的学习情况，随时调整授课节奏，进而提升教学的质量与效能提供科学化的数据支持。

（2）借助多样展示方式，激励学生主动学习

借助智慧教室的实物提示机将课文内容、教学模型、学生作品等即时展示在电子白板上，一屏多张，对比分析，方便针对一题多解或典型的错误解法归纳出最便捷的解题方法或纠正错误的解题思路。多样化的展示方式促使学生在课堂教学活动中随时保持专注，激励学生主动学习，并能够让学生学以致用，进一步分享学习成果，交流心得。

（3）构造智慧教室环境，变革课堂教学方式

学校的智慧教室将电子白板、提示机、即时反馈等多个系统整合，提供多样的学科教学平台实用工具，实现课堂上所有设备一键操作，操作简单方便，师生使用得心应手。

借力智慧教室，实现高效课堂。在“TEAM Model”智慧教室技术环境下，学校学生逐渐养成了倾听、记录、互学、展示、思考的好习惯；学会了自学、表达、合作、质疑，并逐步形成创新意识，自信心、责任心、表达能力，团结协作精神乃至学科成绩都得到全面提升。

2. 卓越智能教室①

上海卓越电子科技有限公司推出的智慧教室的常规教学功能有身份识别、集成控制面板、多元接口、课程录播系统等（图 4-23）。

（1）身份识别

教师用配备的身份识别卡开启系统，系统识别用户身份合法后，将依次为设备加电。设备出现故障或遭遇不可测问题时可向控制室求助。拔出身份识别卡时，系统将执行关闭动作，收起所有设备，延迟至设定时间将为投影机断电。

（2）集成控制面板

教师可以操作控制面板按键，实现对多媒体外部设备、音量等控制。教师

---

① 新加坡卓越教育集团.卓越电子智能教室[EB/OL].[2016-09-08].http://www.able-elec.com/SmartClassroom.aspx.

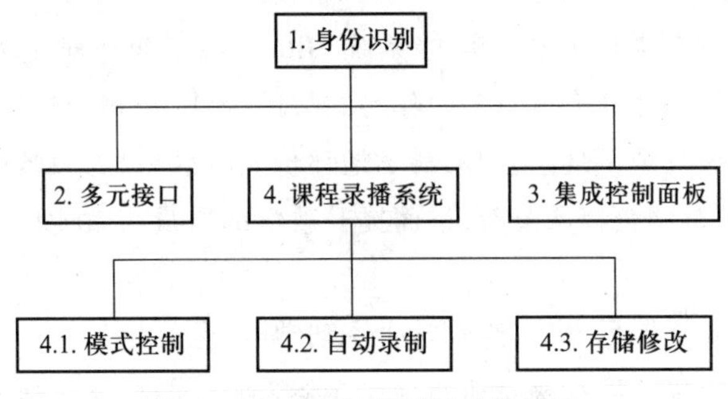

图 4-23　卓越智能教室功能框图

可使用领夹式无线麦克、桌面式麦克风进行扩音。

（3）多元接口，方便外设接入

在授课过程中，教师可以利用系统提供的扩展接口、接驳笔记本等随身携带设备，这些接口包括 VGA 输出、网络、USB 接口、电源、音频输入、视频输入。

（4）课程录播系统

课程录播系统能实现模式控制、自动录制以及对录制的文件进行存储和修改。系统提供两种课程录制与直播模式，即自动模式与手工模式。教师通过“自动/手工”按键在两种方式间进行实时切换。在自动录制模式中。系统根据课堂实际情况判断场景切换条件，如果达到切换条件则自动切换场景，摄像跟踪系统将根据追踪的位置坐标，调整摄像机平滑地跟踪拍摄。课程的录制以文件的方式实时存储在指定位置（含网络位置）可直接与卓越课程中心连接。系统支持“多画面模式”。当课后点播以该模式录制课程时，可以根据 PPT 的索引直接观看需要观看的内容。教师可以在录制前指定或添加片头、片尾。在录制中，系统可自动添加教师姓名、岗位信息、录制日期、标志等内容。

3. 佛山市禅城区智慧教室①

佛山市禅城区的建设思路是采取政、产、学、研合作共建模式，政府出资，一线学校出需求，研究机构出方案，产业部门出设备。加强学术介入力度，统一规划，统一设计，从教与学的需求出发，确定教室环境布局、对软硬件设备进行公开招标，定制开发，并基于技术和设备的特点分析，设计开发满足教学需求的，能最大化发挥环境、技术、工具、资源效益的应用软件系统。最后通过科学的教学活动设计，达到对环境、技术、工具、资源的优化整合，实现人与技术、环境、工具、资源的融合互动。

---

① 王玉龙，蒋家傅.以需求为导向的智慧教室系统构建[J].现代教育技术，2014(6).

(1) 基础架构

佛山市禅城区智慧教室的基础硬件架构包括上述智慧教室模型的内容呈现、智能录播、智能控制三个模块,其他功能模块由软件实现。

内容呈现模块含教师端和学生端,如图 4-24 所示。教师端由教师电脑、交互式电子白板、短焦投影、实物展台组成。学生端是项目组自主研发的电子书包。教师端和学生端设备通过部署于教室的 Wi-Fi 网络实现互联,并借助互动课堂软件系统实现教学互动、内容发送及学习分析。学生也可以基于电子书包进行交流、协作,开展个性化、多样化的自主学习。同时,互动课堂软件与禅城区教育云资源平台无缝整合,教师和学生在讲课和学习界面即可随时调用海量学习资源,并将教学过程中的点评、批注、笔记等生成性信息实时入库。

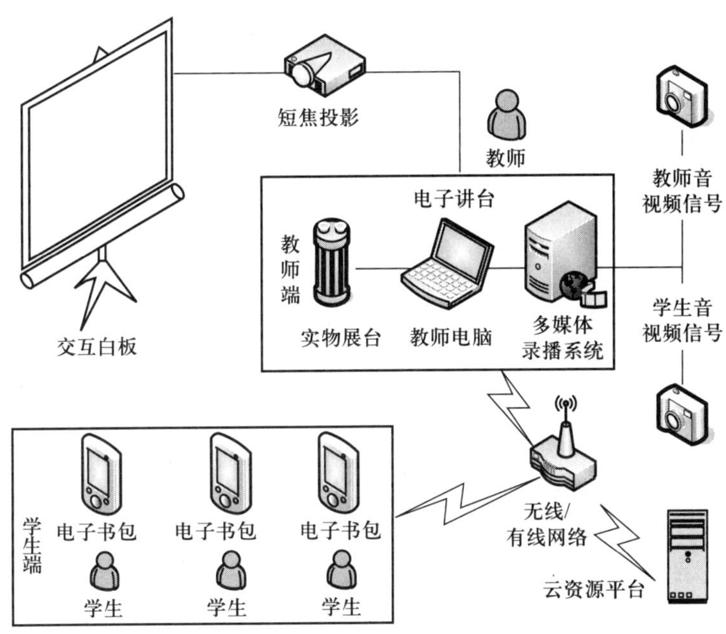

图 4-24　佛山市禅城区智慧教室基础架构

智能录播系统采用先进的图像识别技术实现教师、学生的精确定位、跟踪,实现智能录播、导播、直播。该系统可在自然状态下将授课过程高清录制,生成标准的流媒体格式文件,并可通过 IP 网络向其他场室、校区进行同步直播。同时,智能录播系统与禅城区教育云资源平台采取一体化的设计方案,通过标准化接口,视频文件在录制的同时可实时存入资源平台。学生可在课后登录资源平台点播观看进行巩固复习,开展自主学习,教师可借助该视频进行教学观摩,反思并优化教学。

智能控制模块包括中控系统、传感网系统、无线网络。中控系统部署于多功能电子讲台,实现了对室内各类硬件设备的集中控制。传感网系统实现对室内温度、照度、湿度等物理信息进行实时感知,并按照预设的标准参数进行智能调节。此外,还对设备的位置、状态信息进行感知、捕捉,并通过无线网络实现远程控制,同时可将设备位置信息实时发至校园安防系统,实现对重要设备的安全监控。

(2) 软件功能设计

一是智能备课系统。

佛山市智慧教室开发了基于流程的智能备课系统,且与佛山市禅城区教育云资源平台无缝整合,实现了教学资源智能汇聚。借此,教师可将主要精力集中于备课的核心环节——教学流程的设计。从而快速建构个性化的授课逻辑,并以流程节点为粒度组织教学资源,形成松散耦合的教学内容体系。在授课过程中可根据需要对各节点进行重组以适应动态变化的教学需求。

二是智能讲课系统。

智能讲课系统采用了与智能备课、教育云资源平台一体化的设计模式,除了实现基本的教学功能外,还实现了以下主要功能。

第一,基于授课流程的开放式、简约化授课。进入智能讲课系统,教师即可根据先前设计的教学流程进行授课。教师通过点选、拖拽等简单操作即可展示、播放相应流程节点下所绑定的教学资源。在授课过程中教师可根据需要重组授课流程、编辑流程节点、调整资源内容。系统将实时捕获教师所作的更改与批注,并作为生成性资源即时存入资源平台的教师个人档案模块。同时系统提供大量虚拟教具及特效工具,大幅提高教师授课效率,增强学习的情境性和体验性。

第二,高效的师生课堂互动。智能讲课系统实现了教师端和学生端的多屏互动,教师可借此开展互动教学,进行教学内容分发和作业、作品的展示、点评,学生可借此开展多屏协作学习及作业练习的作答、提交。

第三,智能化的学习反馈信息的跟踪、分析、诊断。系统将对课堂教学中的练习、问答、作业等教学反馈信息进行汇集、统计、分析、评价,并将评价结果以图形化的方式在电子白板直观呈现。老师和学生可据此了解教学效果,并采取有针对性的干预策略。

第四,基于学习诊断的智能化分组。系统基于大量的教学反馈信息的统计分析,科学诊断学生学习情况,并依据诊断结果,进行智能化的学生分组。

教师可根据不同组别学生的具体情况,有针对性地发送不同层次的学习内容进行辅导,开展个性化、差异化教学。

第五,基于云平台的海量资源的在线实时调用。智能讲课系统与教育云资源平台无缝整合。一方面教师对课件所作的批注、修改,学生的练习作答等生成性信息将实时存入教育资源平台。同时,教师可实时调用海量资源,实现课堂教学的动态扩展。

三是电子书包系统。

电子书包是未来智能教室中数字化教与学系统的一部分,在教学中的应用一般须与电子白板、投影仪、无线接入通道、教师机和资源伺服系统来共同构建。电子书包是学生的课堂学习、移动学习及互动终端。

数字内容阅读是电子书包的基本功能。电子书包作为学生学习终端,整合了各类媒体阅读工具和视频播放工具,支持各类数字化内容的阅读与呈现。其核心功能包括电子教材阅读及同步课堂点播。学习服务体系是针对学习需要进行定制的拓展学习服务,基于无线网络及教育云资源平台的支持,实现课内、课外的自主学习、高效互动。同时,开放性的系统设计,允许学生自主下载第三方应用,极大地提高了服务的灵活性与便捷性。虚拟学具为学生学习提供了大量的虚拟化、数字化的辅助工具。虚拟学具包括两大部分:一部分是将传统物理性的学习工具以数字化、虚拟化的形式呈现,比如电子词典、虚拟直尺等;另一部分则是结合认知科学和学习理论的研究成果而设计的用以支持学习活动优化的新兴工具,比如概念图工具、群件工具等。同时,学生还可自主获取第三方应用和服务。

电子书包除作为课堂教学的学习终端外,还实现了学生个体的按需学习及随时随地泛在学习的目标。每位学生均可根据自己的实际情况自主选择学习内容,获得自身发展;借助泛在网络、泛在资源及泛在的学习服务,学习可随时发生、随地进行并可实时获得帮助;借助大量的虚拟学具和学习服务软件,使学生的学习更加高效,学习诊断更为准确,学习评价更为科学、学习反馈更为及时。

4. 成都市泡桐树小学智慧教室

成都市青羊区教育局于2012年年底引进了Hiteach智慧教室系统,成都市泡桐树小学是最先开始进行实践的试点校之一。利用这套系统,学生可以进行投票、选择、抢答等互动活动。

(1) 软硬件基础设施配备介绍

HiteachPro是Hiteach智慧教室系统的升级版。在硬件的配备上,需要一台配置较高的计算机,该校通常使用 Seewoo 的互动式一体机,每个学生需要一台平板电脑。课室须有一个功率较大的无线路由器。软件上需要一个无线局域网络环境,教师端装上 HiteachPro 软件,学生的平板电脑需要 Hilearning 软件。利用这套设备,教师便可在课堂上实现与学生实时互动:教师可以发送课件到每个学生的平板电脑上,学生也可以将自己的作品回传给教师。

(2) 应用模式

一是练习模式。

练习模式指的是使用 Hiteach 软件来做课件,针对性很强,在数学学科上,针对概念类型的课和知识点的复习都可以用到 Hiteach 软件。教师把问题出成选择题的样式,可以在课堂上对知识点进行考查,其也能及时收到学生的反馈,了解学生的掌握情况。

如图 4-25 就是用 Hiteach 软件做的一堂练习课,学生在学习了倍数与因数后,教师出题检查他们掌握及运用这些知识的情况。这样的练习方式,能有效吸引学生的注意力,也减轻了教师的负担。

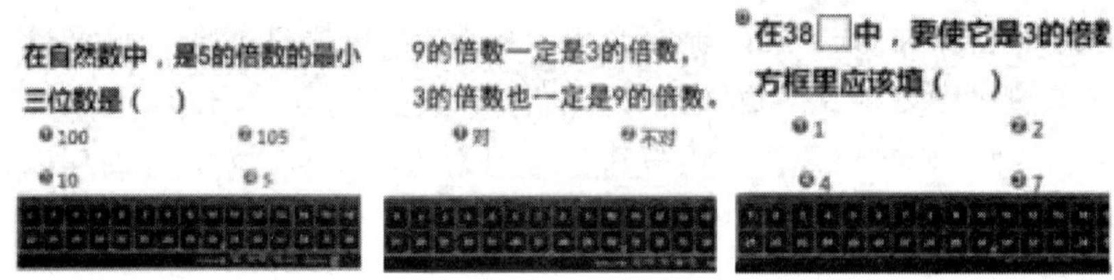

图 4-25 通过 Hiteach 软件做的一堂练习课

二是 PPT 融合模式。

众所周知,PPT 是为商业展示而开发的,其展示功能固然强大,各种动画能做得相当精美,但缺点是不能互动。学生在课堂上临时生成的东西,如果老师没提前预设,便无法呈现。而 Hiteach 软件在使用上则缺少动画,没有 PPT 美观,而且我们现存的课件资源,几乎全部是 PPT。

PPT 融合模式指的是将 PPT 与 Hiteach 两者的优点充分结合起来。用 Hiteach 软件打开 PPT 课件,并最小化到桌角。遇到课件上需要互动的环节,点击最小化图标上的笔,PPT 页面便瞬间被抓进了 Hiteach,然后就可以与学生进行互动。如图 4-26 就是一个 PPT 课件的页面,圆圈处就是最小化以后的 Hiteach 软件的图标。而图 4-27 就是将 PPT 页面抓进去以后的样子。教师把该页面发送到学生的平板电脑上,学生可以做实时笔记,便于互动。

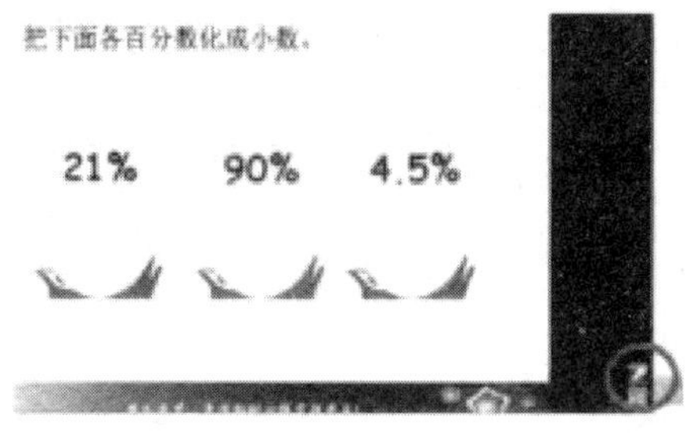

图 4-26 PPT 课件

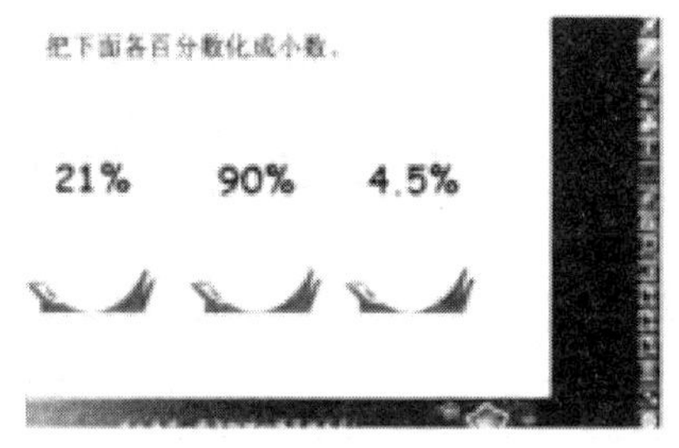

图 4-27 PPT 课件界面

(3) 课件生成模式

其实这种模式就是上述价值体现中所采用的模式,教师上课只用开一个空白的 Hiteach 页面,和学生边讨论边板书,课后便能形成一个过程性的课件。这种模式能够适用于数学课程。

第五章
智慧环境支持的教与学

成功的关键,不在于是否整合,在于找到技术如何整合于新型教学法实践的切入点。①

——斯托曼、林肯

第一节 基于电子书包的教学

一、电子书包结构功能及特性

(一) 电子书包结构功能分析

1. 电子书包结构

2010年,美国发布了改进中小学数字学习的2010年计划草案《改革美国教育:技术助力学习》(*Transforming American Education*:*Learning Powered by Technology*),该草案提出一个"技术支持的学习模型",在该模型中,学习者位于中央,能够灵活采用多种途径进行学习,包括学习社区、知识建构工具、个人学习网络、信息沟通与交流工具、专业权威资源。旨在使学习者在掌握普通、基本的知识能力上,可以实现依据学习者的兴趣、需求灵活选择知识与资源。这既是对未来学习的描述,也是对电子书包结构的表达。

较多学者从泛在学习的角度,对电子书包系统构成进行阐述。常其云(Chih-YungChang)等认为电子书包具有整合笔记本、教科书、教学材料、电子书籍、数字学习资源、学习评估报告、教学应用模式、信息集、学习工具集、课堂练习等方面的功能②。图5-1表现了电子书里的系统结构。克里斯蒂娜·布罗德森(Christina Brodersen)等认为依托相关学习工具与学习材料,电子书包

① Strommen E F, Lincoln B. Constructivism, Technology, and the Future of Classroom Learning[J]. *Education and Urban Society*, 1992(4).

② Chang C Y, Sheu J P. Design and Implementation of ad hoc Classroom and Eschoolbag Systems for Ubiquitous Learning[C]. Växjö, Sweden: Wireless and Mobile Technologies in Education, 2002. Proceedings. IEEE International Workshop on. IEEE, 2002: 8-14.

可以实现移动学习、基于项目的学习以及计算机支持协作学习。同时,通过整合移动超媒体及基于情境感知的超媒体,可以实现对课外学习资源的整合以及超媒体数据的共享。① 基于该视角,学生通过电子书包终端设备,可以实现随时随地对电子书包系统访问,获取电子书籍、学习材料,完成课堂作业,进行多方互动等,实现个性化、泛在学习(图 5-1)。

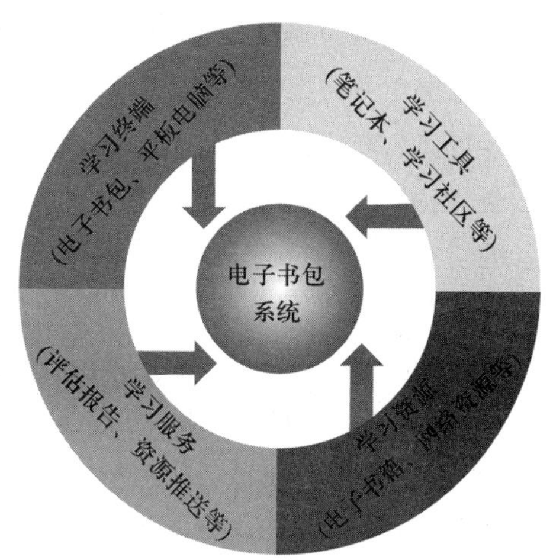

图 5-1 电子书包系统结构图

由此可见,电子书包系统是终端、资源、工具、服务四方面有机融合的整体,终端是基础,是电子书包硬件;电子书包强大的资源库涵盖数字化教材、多样化的学习材料以及丰富的网络拓展资源等;多样化的教与学工具将实现教学高效化;完善的服务则能够保证教学资源、教学支持工具在教与学过程中有效发挥作用,这已成为今后电子书包的发展趋势。

2. 电子书包教学功能

(1) 整合海量信息,提供丰富的教学资源

电子书包是一种整合了数字阅读和上网通信功能的未来型的教育产品。② 借助网络,可以方便快捷地获取海量信息。另外,可以将电子书包看成若干电子书按科学结构整合而成的数字化教学资源包,包含学生学习需要的教材、教辅、工具书等③,为学习者提供丰富的教育数字化产品。

(2) 完善的师生交互平台,开展多种形式教学

在教学过程中交互主要体现为学生与教师、学生与学生之间、师生与教学

① 胡小勇,朱龙.数字聚合视野下的电子书包教学应用模式研究[J].中国电化教育,2013(5).

② 高志丽.电子书包将成为学习的主要工具[J].出版参考,2010(7).

③ 祝智庭,郁晓华.电子书包系统及其功能建模[J].电化教育研究,2011(4).

资源的双向交流。[①] 电子书包平台整合多种社会性软件,实现多种形式交流。同时,通过与资源的互动,教师与学生可以定制个性化的学习资源。在此基础上,依托互动性强的社会性网络工具,能够开展多种形式的学习活动,极大地丰富课堂教学形式。

(3) 提供个性化学习指导,依托学案实现分层教学

在基于电子书包的教学中,通过师生互动,教师可以掌握学生的学习水平和学习特点,并据此制定分层学习方案,为学生的个性化学习提供指导。

(4) 记录学生的学习过程,丰富学习效果评价方式

评价具有激励、诊断、促进的功能。[②] 电子书包可以实现对学习过程的跟踪记录,形成对学习者的过程性评价。同时,通过测试模块,教师可以对学生学习情况进行诊断,及时调整教学。

(二) 电子书包媒体特性分析

电子书包是一种教学资源系统,从本质上说其是一种教学媒体。教学媒体是指以传递教学信息为最终目的的媒体,用于教学信息从信息源到学习者之间的传递,具有明确的教学目的、教学内容和教学对象。[③] 作为连接教与学过程的载体,教学媒体具有呈现力、重现力、传送能力、可控性、参与性五个方面的特性[④],通过对教学媒体特性的分析,有助于在教学过程中充分发挥媒体的优势,促进教学。表 5-1 是传统教育技术、视听媒体教育技术和信息化教育技术三个发展阶段中具有代表性的教学媒体与电子书包的对比分析。

表 5-1 电子书包等媒体特性的对比分析

媒体 / 特性	呈现力	重现力	传送能力	可控性	参与性
第一代:黑板、模型等	能较好呈现事物空间、时间特征	重现力强,具有即时重现力与事后重现力	传送能力有限,局限于教室与教学场所	易于控制	参与性弱,能够实现一定的行为参与

① 温树美.信息技术教学功能初探[J].中国教育信息化,2008(6).

② 中华人民共和国教育部制订.普通高中技术课程标准:实验[M].北京:人民教育出版社,2003.

③ 何克抗,林君芬,张文兰编著.教学系统设计[M].北京:高等教育出版社,2006.

④ 李运林,徐福荫编著.教学媒体的理论与实践[M].北京:北京师范大学出版社,2010.

续表

<table>
<tr><th colspan="2">媒体
特性</th><th>呈现力</th><th>重现力</th><th>传送能力</th><th>可控性</th><th>参与性</th></tr>
<tr><td colspan="2">第二代：
广播、电视</td><td>能呈现事物空间、时间、运动特征</td><td>即时重现力弱，须进行存储，可实现事后重现</td><td>具有极强的传送能力，传送范围广</td><td>难操控</td><td>参与性弱，能够实现一定的情感参与</td></tr>
<tr><td rowspan="2">第三代</td><td>计算机（第一次数字化聚合）</td><td>能呈现事物时间特征、运动特征</td><td>具有一定的即时重现与事后重现能力</td><td>具有极强的传送能力，传送范围广</td><td>易操控，能实现一定程度的个性化学习</td><td>参与性较强，能够实现一定的情感参与和行为参与</td></tr>
<tr><td>电子书包（第二次数字化聚合）</td><td>能综合呈现事物空间、时间、运动特征</td><td>具有较强的即时重现与事后重现能力，个性化强</td><td>传送能力强，能实现随时随地传送</td><td>易操控，适用于个性化学习</td><td>参与性强，能够实现情感参与和行为参与</td></tr>
</table>

从表 5-1 中可以看出，作为第二次数字化聚合的电子书包，融合了第一、第二代教学媒体的特性，并在一定程度上延伸了计算机的媒体特性。通过对比发现，电子书包具有呈现力、重现力强，传送能力出众，易于操控，学习参与性高等特点，在实际教学中能够有效提升教与学的效果。需要指出的是，这里并不是否认其他媒体的作用，片面强调电子书包，毕竟教学过程是一个媒体组合使用的过程，充分发挥媒体的特性，提升教学效果，才是选择教学媒体的根本目标。

二、基于电子书包的教学应用模式①

电子书包的教学应用应当充分发挥电子书包教学功能及媒体特性，实现自主、协作、探究性等多种形式的学习，关注学习者知识与技能、过程与方

① 胡小勇，朱龙.数字聚合视野下的电子书包教学应用模式研究[J].中国电化教育，2013(5).

法、情感态度及价值观。胡小勇等从课堂师生活动、三维能力培养、电子书包教学环境出发,构建了三种基于电子书包教学应用模式,这三种应用模式分别是基于电子书包的授导互动型教学、学案导学型教学、主题探究型教学。

(一) 基于电子书包的授导互动型教学

传统授导互动教学亦称“传递—接受”教学。所谓“传递—接受”是指在教学过程中教师通过口授、板书、演示的方式,学生则通过耳听、眼看、手记的方式来完成知识与技能传授,从而达到教学目标要求的一种教学模式。[①] 传统授导互动教学的特点是教师易于组织、监控整个教学活动,便于师生之间的情感交流;利于系统科学知识的传授,并能充分考虑情感因素在学习过程中的重要作用。[②] 其不足之处在于,教师主宰课堂,忽视学生认知主体作用,不利于创新思维与创新能力的发展。尽管存在上述不足,但目前“传递—接受”教学模式仍然是我国基础教育常见的教学模式。基于电子书包授导互动教学应用模式是电子书包在基础教育课堂的应用过程中逐步发展形成的,它实现了“传递—接受”式教学与电子书包功能的融合,具有较强的实用推广价值。

基于电子书包授导互动教学是指在电子书包平台支撑下,教师以讲授、引导、互动为主要手段,以知识学习为导向,向学生叙述事实、解释概念、论证原理和阐明规律,同时在教学过程中展开动态测评,并及时调整教学的一种教学应用模式。本研究分别从理论基础、教学目标、实现条件、操作程序及教学评价这五方面对上述两种教学模式进行对比,如表 5-2 所示。

表 5-2 “传递—接受”教学与基于电子书包授导互动型教学对比

	“传递—接受”教学	基于电子书包的授导互动型教学
理论基础	有意义接受学习理论	建构主义学习理论与教学理论
教学目标	知识、技能学习	以知识技能学习为导向,兼顾三维目标
实现条件	教学内容计划性强、缺乏变化	教学内容安排以计划为基础,教学中依据测评,动态生成灵活调整教学内容
	黑板、投影等	电子书包、多媒体教学环境

① 何克抗,吴娟.信息技术与课程整合的教学模式研究之二——“传递—接受”教学模式[J].现代教育技术,2008(8).

② 何克抗,李克东,谢幼如,等.“主导—主体”教学模式的理论基础[J].电化教育研究,2000(2).

续表

	“传递—接受”教学	基于电子书包的授导互动型教学
操作程序	呈现先行组织者→呈现学习内容→正确运用教学内容组织策略→迁移运用新知识①	回顾旧知→创设情境→授导互动→归纳练习→反思评价
教学评价	评价角度、方法单一	动态测评,多维度评价教与学

从表 5-2 可以看出,基于电子书包的授导互动型教学在充分发挥传统“传递—接受”教学特征的基础上,融合了电子书包教学优势与特点。该教学应用模式的具体教学流程如图 5-2 所示。

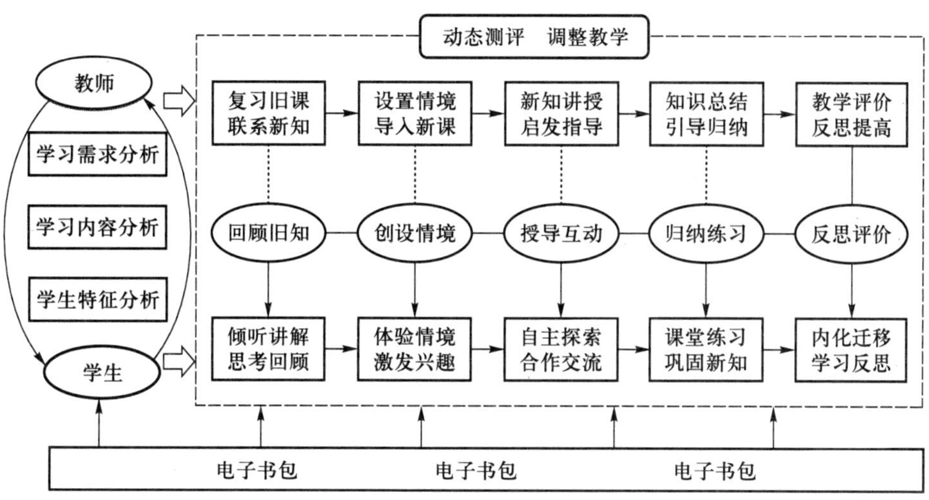

图 5-2 基于电子书包的授导互动型教学

学习者是学习活动的主体,其具有的认知、情感、社会等特征,都将对学习的信息加工过程产生影响。② 因此,对学习者的分析在教学过程中显得尤为重要。在该模式下,依托电子书包平台,课前教师能够通过互动了解学生学习需求、知识能力基础、认知结构特点等,据此对教学内容进行调整,为开展课程奠定基础。基于电子书包的授导互动型教学具体流程如下所述。

回顾旧知:在课前互动的基础上,教师通过回顾旧知,建立新旧知识之间

---

① 何克抗,吴娟.信息技术与课程整合的教学模式研究之二——“传递—接受”教学模式[J].现代教育技术,2008(8).

② 何克抗,林君芬,张文兰编著.教学系统设计[M].北京:高等教育出版社,2006.

的联系，学习者倾听讲解，回顾所学知识，唤醒对已有知识、经验的记忆，为即将开展的学习做准备。

创设情境：教师充分发挥电子书包平台的多媒体特性，创设与当前学习主题相关、真实的情境。通过情境的创设，有效激发学生的学习兴趣，引导学生参与课程学习。

授导互动：这一阶段包括教师授导、学生自主学习与协作学习。教师借助信息化的手段呈现学习内容，并对内容进行详细讲解与说明。同时在学习过程中，学生借助电子书包平台实现师生互动交流，围绕学习任务进行自主与协作学习。

归纳练习：依托电子书包实时测评功能，教师及时发现学生学习中存在的问题，对教学过程中的内容及侧重点进行及时的调整，并动态生成新的教学内容。

反思评价：借助电子书包平台，教师可以实现对课堂教学效果以及学生表现的评价，促进学生对知识的内化迁移与学习反思。

基于电子书包授导互动型教学是以教师为主导，学生为主体的学习，电子书包平台能够发挥师生互动、资源呈现、评价测试的作用。在该模式下教师需要有目的性、选择性地使用电子书包平台，充分发挥其功能，从而避免电子书包对教学的干扰，分散学生注意力。

（二）基于电子书包的学案导学型教学

联合国教科文组织在《学习：内在的宝藏》（Learning：The Treasure Within）一文中指出，教学应当尊重每一个人的多样性和特性，这一原则应导致摈弃任何标准化的教学形式。[①] 关注学生差异，促进学生个性化学习的关键在于以学习的过程代替教学过程。而学案则是实现这一转变的有力工具。所谓学案，是指在教师广泛调研学生的学习情况下，集思广益、精心编写的指导学生自主学习的教学辅助材料。对学生来说，它是学生课前预习、课堂自学、课后复习所使用的工具与方案，是学生主动学习所依靠的材料。对教师而言，它是教师启发讲解的工具与方案。[②] 学案具有基础性、差异性、开放性以及主体性的特

---

① Delors J. The Treasure Within: Learning to Know, Learning to Do, Learning to Live Together and Learning to Be. What is the Value of that Treasure 15 Years after its Publication? [J]. *International Review of Education*, 2013, 59(3): 319-330.

② 赵华峰.新课改背景下初中英语学案导学教学模式探讨[D].济南：山东师范大学硕士学位论文，2012.

点[①],学案导学关注学生之间的差异,其目标不仅在于知识传授,更在于引导学生去学会学习、学会创新,充分体现了教育部《基础教育课程改革纲要(试行)》中“以学生为本”[②]的理念。

基于电子书包学案导学型教学应用模式是指在电子书包教学环境下,以学案为载体,以学生自学、教师导学为手段,以培养学习者学习能力为导向,实现分层教学以及课前、课中与课后有机融合的教学模式。在教学中,充分发挥学案特点,依据学生差异性,制定分层学案,实现分层教学,满足不同学习需求。同时,提供丰富的学习支架,支持学生学习,注重学习者解决问题能力、协作学习能力等的培养,具体教学流程如图 5-3 所示。

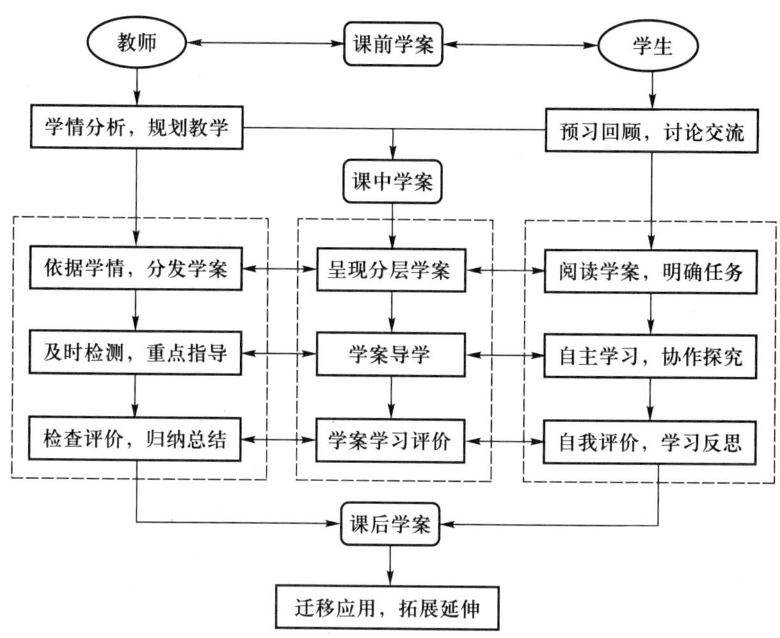

图 5-3 基于电子书包的学案导学型教学

基于电子书包学案导学型教学应用模式是围绕课前学案、课中学案、课后学案展开的。具体内容如下所述。

课前:教师编制课前学案,学生通过学案进行知识回顾与预习。教师根据学生反馈进行学情分析,制定分层课中学案,调整教学重难点,并规划课堂教学。

---

① 吴科岭.“学案导学”课堂模式的实践与思考[J].科学大众(科学教育),2012(5).

② 教育部基础教育课程改革纲要(试行)[DB/OL].[2015-09-08].http://www.moe.edu.cn/publicfiles/business/htmlfiles/moe/moe_309/200412/4672.html.

课中:(1) 呈现分层学案。依据学情分析,教师分发分层课中学案,学生获得学案后,阅读学案内容,明确学习任务。(2) 学案导学。学生围绕学习任务,开展自主或协作探究学习,教师及时监控学生学习过程,并对学习提供指导,做到重点问题及时突破;普遍存在问题及时讲解;涉及下节课内容,鼓励课下思考。(3) 学案学习评价。学生学习完成后,教师进行归纳提升,并借助评价测试模块,对学习情况进行评估与诊断。

课后:教师发布课后学案,其目的在于帮助学生对所学知识进行巩固强化。需要指出的是,课后学案并非是一个教学流程的结束,相反,它可以成为下一堂课的开端,成为另一个“课前学案”。

基于电子书包的学案导学教学充分尊重学生之间的差异,确保学习过程中不同层次的学生都能够“吃饱”。同时,依托电子书包平台,实现“课前、课中、课后”的有效融合,大大拓展课堂所覆盖的范围。教学过程中内嵌“自主学习、协作探究”环节,有助于学生能力的培养。

(三) 基于电子书包的主题探究型教学

2000 年,美国国家科学院颁布的《探究与国家科学教育标准》(*Inquiry and the National Science Education Standards*)指出,探究式教学必须具备以下五个关键特征:探究主题必须是基于科学的问题;探究过程中必须重视证据与事实;探究结果必须是基于证据与事实;评估探究结果;成果交流,证明所形成结果的正确性。[①] 由此可见,主题探究型教学是围绕主题展开,强调通过对信息、材料的整合,形成学习成果,并通过交流对成果进行展示与论证,是一种将做与学有效融合的教学方式。《国家中长期教育改革和发展规划纲要(2010—2020 年)》指出:教学要注重学思结合倡导启发式、探究式、讨论式、参与式教学,帮助学生学会学习。[②] 探究式教学,符合当前课程改革中倡导的以学生为中心,提升学生探究能力这一要求,能够有效促进学习者知识与技能、过程与方法、情感态度与价值观的全面发展。

基于电子书包的主题探究型教学,是指学习者围绕学习主题,运用电子书包进行自主和协作学习,并最终实现问题的解决,达成学习目标。其目的是培养学习者解决问题、进行探究等方面的能力,从而提升学习者信息素养与学科素养。在学习过程中学生成为主动的学习者,教师成为支持者和辅助者,学习

---

① National Research Council. *Inquiry and the National Science Education Standards: A Guide for Teaching and Learning*[M].Washington D.C.:National Academics Press, 2000.

② 教育部.国家中长期教育改革和发展规划纲要(2010—2020 年)[EB/OL].[2016-09-08]. http://www.moe.edu.cn/srcsite/A01/s7048/201007/t20100729_171904.html.

的结果被弱化，学习过程与合作得到强化。基于电子书包主题探究型教学围绕教师与学生两大主线展开，流程如图 5-4 所示。

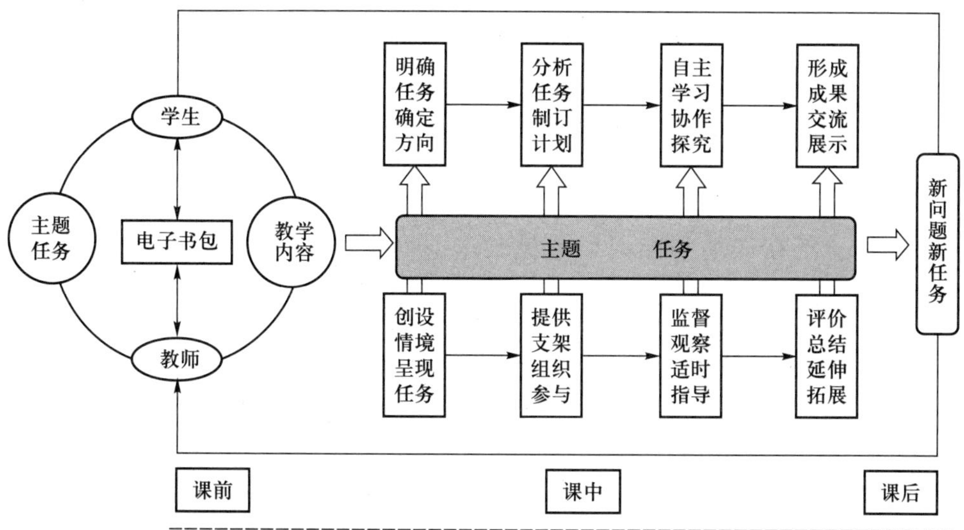

图 5-4　基于电子书包的主题探究型教学

借助电子书包平台强大的交互功能，教师与学生围绕学习内容与主题任务进行互动，通过互动，教师了解学习需求；学生对要学习的主题有一定的了解，做到心中有数。基于电子书包的主题探究型教学的具体流程如下所述。

创设情境，呈现任务。教师围绕探究主题，构建真实的问题情境，并呈现学习主题。学生对学习主题进行讨论交流，明确学习任务以及学习方向。

组织参与，提供支架。教师组织学生分组，引导学生参与主题探究，并提供学习支架辅助探究。学生以小组为单位对主题进行分析，制订探究的计划与组内分工。

监督观察，适时指导。学生以小组为单位，借助电子书包具有的资源丰富、互动良好等优势，展开探究学习。在探究过程中教师发挥指导监督作用，保证学生探究方向正确性，并针对难题适当指导。

评价总结，延伸拓展。任务完成后，以小组为单位形成学习成果，借助电子书包平台，进行成果的交流与展示，师生对学习成果进行评价。教师进行总结归纳，对知识进行提升。由于时间等方面的限制，在课堂探究学习的过程中会产生一些新的问题或任务，而这些问题或任务则可以成为下一次探究学习的起点。

第二节 泛在环境下微课支持的学习

泛在学习环境是基于智慧技术的基础建构的学习环境。微课作为一种新型的数字化学习资源,具有短小精悍、主题突出的特点,特别适合手机、平板电脑等移动设备的应用,能为泛在学习提供有效的资源支持。在泛在学习环境下应用微课开展教学将有力地促进教与学的变革。

一、泛在环境与微课学习模式

在泛在学习环境中,移动通信技术、增强现实技术等的应用使虚拟环境与物理环境无缝融合,在学习中强调以学习者为中心,对学习者进行学习过程记录、个性评估、效果评价和内容推送,并根据学习者模型,对其自主学习能力的培养起到计划、监控和评价作用。

微课,即"微型教学视频课",是指时长为几分钟至十几分钟的微型课。它是围绕学科知识点、例题习题、疑难问题、实验操作等进行的教学过程及相关资源的有机结合。它具有短小精悍、主题突出、资源多样、交互性强、半结构化的特征,特别适合手机、平板电脑等移动设备,为学习者提供泛在学习体验。T.P.Kee[①]、焦建利[②]、黎加厚[③]、胡铁生[④]、梁乐明[⑤]、李玉平[⑥]等都对微课开展了研究。

泛在学习环境下的微课学习能更好地满足学生对不同学科知识点的个性化学习、按需选择学习,既可查缺补漏又能强化巩固知识,是传统课堂学习的一种重要补充和资源拓展。同时,泛在学习将革新传统的教学与教研方式,突破教师传统的听评课模式,教师的电子备课、课堂教学和课后反思的资源应用将更具有针对性和实效性。因此,开展泛在学习环境下微课的学习模式研究,对泛在学习时代的学校教育乃至社会教育具有极为重要的理论意义和应用价值。

---

① Kee T P.The One Minute Lecture[J].*Eduction in Chemistry*,1995(32).

② 焦建利.微课及其应用与影响[J].中小学信息技术教育,2013(4).

③ 黎加厚.微课的含义与发展[J].中小学信息技术教育,2013(4).

④ 胡铁生."微课":区域教育信息资源发展的新趋势[J].电化教育研究,2011(10).

⑤ 梁乐明,曹俏俏,张宝辉.微课程设计模式研究——基于国内外微课程的对比分析[J].开放教育研究,2013(2).

⑥ 李玉平.微课程——走向简单的学习[J].中国信息技术教育,2012(11).

二、国外研究现状述评

通过对国外相关研究的分析，可以看出国外对泛在学习环境下微课的学习模式的研究主要有两个方面。

1. 以项目实践依托开展泛在学习环境下微课的学习模式的研究

日本德岛大学的宏明（Hiroaki）等人针对留日学生学习日语和日本学生学习英语而开发的计算机支持的泛在学习系统（Computer Supposed Ubiquitous Learning），是一种开放协作学习的系统模型，它不仅能够在需要的时间和地点为学生提供适合的信息，还可以供学习者选择学习协作交流伙伴。[①] 西班牙巴塞罗那大学开发的U-语言学习系统，墨西哥圣弗兰西斯克博物馆的电子指南，通过准备访问互动型博物馆体验、博物馆网页信息检索等活动过程，体现了"以头脑来思维，用身体体验的典型的非形式学习空间博物馆"的特点。[②] 美国哈佛大学的"促进泛在学习的无线手持设备"项目，MIT手持式增强现实模拟项目，开发了泛在学习环境下的视频游戏学习模式[③]。

2. 以移动学习模型为基础对泛在学习环境下微课的学习模式的研究

莎洛姆（Salomaa）总结了10年的移动学习的研究与实践，基于从正式学习到非正式学习、从个性化学习到社会学习、从"情境认知"到"知识传递"等几个方面的演变，提出了一个泛在学习模式[④]。也有研究者提出，在进行移动学习时，有必要考虑以下几个方面：一个新的学习机会；改变个体学习风格的潜在影响；对社会交互的潜在影响；如何改变或增强移动技术。此外，教学设计者还应考虑两个要素，即人们是如何学习的，学习任务是如何进行的。据此，提出了一个泛在学习模式[⑤]。

三、国内研究现状述评

通过对国内相关研究的分析，可以看出国内对泛在学习环境下微课的学

---

① 余胜泉，程罡，董京峰.e-Learning新解：网络教学范式的转换[J].远程教育杂志，2009(3).

② Palace of Fine Arts.Exploratorium[DB/OL].[2016-09-08].http://www.exploratorium.edu/guidebook.

③ MIT.Hand held Augmented Reality Simulations[EB/OL].[2016-09-08].http://education.mit.edu/mitstep/ar/index.html.

④ Huang R H, Salomaa J.Mobile learning: Theories, Current Status, and Tuture Trends[J].Science Publishing, 2008.

⑤ Shih E.Setting the New Standard with Mobile Computing in Online Learning[J].International Review of Research in Open and Distance Learning, 2007(2).

习模式的研究主要有四个方面。

一是以微课资源设计为主要角度,研究泛在学习环境下微课的学习模式。如刘小晶、张剑平在“翻转课堂”的教学理念指导下,依据建构主义学习理论、微型学习理论及视频微型化编辑与播放系统的功能特性,设计了基于视频微型化编辑与播放系统的教学模式①。

二是以泛在学习平台、环境建构为主要角度,研究泛在学习环境下微课的学习模式。如郑军等基于微型学习与泛在学习相关理论,分析了学习视频的突出优势,然后着重论述微型学习视频在移动学习中的应用潜力,并分析构建微型学习视频系统模式②。

三是以学习方式为主要角度,研究泛在学习环境下微课的学习模式。肖君等提出了面向终身教育的泛在学习模式。这种学习模式将正式学习和非正式学习结合起来,从而最大限度地促进学习。学习模式在正式与非正式、个体与协作的交叉维度中构成③。

四是以学习活动设计为主要角度,研究泛在学习环境下微课的学习模式。吴军其等研究了以手持终端设备为平台的微学习形式,以活动理论和情境学习理论为指导,提出了微课件学习活动设计的步骤:确定活动的学习目标;设计活动的具体任务;确定学习活动的流程;制定学习活动的规则。在此基础上,提出了微课件中的学习活动系统④。

综上所述,本书整合国内外泛在学习环境下微课的学习情境设计、资源设计、平台设计、学习方式设计和学习活动设计等方面的研究成果,以教学设计理论、全球学习联盟的学习设计规范、学习共同体理论和学习活动理论为指导,设计泛在学习环境下微课的学习共同体、学习活动、微课学习资源、学习过程与个性化学习等要素。

四、泛在学习环境下微课支持的学习设计

(一) 学习共同体设计

全球学习联盟学习设计规范(IMS-LD)定义的基本角色有两种:学习者和教师。学习共同体理论中的角色包括:学习者及其助学者(包括教师、专家、辅

---

① 刘小晶,张剑平.教学视频微型化改造与应用的新探索[J].中国电化教育,2013(3).

② 郑军,王以宁,王凯玲,白昱.微型学习视频的设计研究[J].中国电化教育,2012(4).

③ 肖君,朱晓晓,陈村,陈一华.面向终身教育的 U-learning 技术环境的构建及应用[J].开放教育研究,2009(3).

④ 吴军其,齐利利,胡文鹏,袁永波.微课件的学习活动设计[J].中国电化教育,2012(9).

导者等)。本书将角色定义为学生、教师和通讯员。本书提出泛在学习环境下微课的学习共同体的设计策略如下:

(1) 成员协调,组建学习共同体

泛在学习环境下微课学习共同体由学生、教师和通讯员组成。在组建时考虑学生的讨论习惯、意愿和学生成员的异质性。同时适当兼顾学习成绩、性别、个性特征等,保证他们的多元互动。

(2) 定制规则,保证运作

作为共同体,共同活动是凝聚共同体成员的过程体验,把共同体从“资源集散地”向“交互参与场所”转变的关键因素。泛在学习环境下微课学习共同体可以开展下列活动:共同体庆典,如门户网站开通仪式和纪念日;组织不同的小组尽可能地进行定期交流与成果展示;适时组织一些可以增强共同体学习氛围的活动、竞赛或专题讨论;通过调查收集共同体观点和反馈来调整共同体实施。

(3) 鼓励参与,共同成长

泛在学习环境或许会让个别学习者产生孤立感,为促进学习者的学习,促使学习共同体的成长,通讯员应充分发挥情感因素的作用,积极在泛在学习环境中营造充满人性化的氛围。

(4) 创设情境,加强互动

通过泛在学习环境,可以提供多样化的资源,创设相应的真实学习情境,激发学习者的学习动机,在课程实施之时,通讯员应根据课程的具体情况,设置专题进行研讨,如开展专题讨论,促进学习者之间的交互,提高学习效果。

(5) 加强管理,保持凝聚力

作为教师和通讯员应及时对学习者的言论进行反馈,如有学习者对其他学习者的言论嗤之以鼻时,助学者应及时引导,避免学习者间进一步的人身攻击,有效地保持凝聚力。

(二) 学习活动设计

学习活动理论指出,学习活动是一个完整的系统,包含三个核心成分:主体、客体和共同体;三个次要成分:工具、规则和分工。本书中学习活动组成界定如下:主体是指学习共同体中的学生,是学习活动设计的执行者;客体是指学习的对象,客体的分析与设计方向根据主体的需求和水平因人而异,要设置不同层次的目标以满足学习者;共同体指与学习者共同完成学习过程的参与者,主要包含学生、教师、通讯员;工具是指学习者在学习过程中使用的硬件与软件工具,硬件指的是智能手机、掌上电脑、电子词典等手持终端,软件工具指的是微课件学习软件、信息发布工具、信息查询与检索工具等;规则是指能够协调主体与客体学习活动的一种约定,包括学习活动参与规则、任务完成规则、评价规则、活动交流规则等;学习分工是指微课件学习活动过程中不同参与者在学习过程中的任务分工,教师需要做指导和设计工作,学生需要积极主动参与学习活动,通讯员确保泛在学习通信环境正常。

(三)学习资源与工具设计

学习资源与工具设计包括微课主体资源的建设,微课中的情景创设,微课中学习工具的设计,微课中服务、管理和评价的设置。

(1)微课主体资源的建设

微课主体资源是微课及其相关资源。包括知识点、例题习题、疑难问题、实验操作等,根据学习主题的需要可以拓展。资源的主要形式是以视频呈现的微课。

(2)微课中情景的创设

情景是泛在学习中重要的要素之一。微课情景创设包括描述境脉、复杂问题分析、模块组织、模块排序。

(3)微课中学习工具的设计

微课中的学习工具主要帮助学习者在学习过程中建构知识。包括:终端工具、认知工具、会话工具、协作工具、创作工具和过程记录工具。

(4)微课中服务、管理和评价的设置

为了协调学习共同体之间的关系,提高学习效率、优化学习效果,在泛在学习环境下的微课中设置服务、管理和评价。

(四)学习过程设计

在教学设计理论中以“学”为中心的教学设计理论强调:以学生为中心;“情境”对意义建构的重要作用;“协作学习”对意义建构的关键作用;利用各种信息资源来支持“学”;强调学习过程的最终目的是完成意义建构。IMS-LD理论指出,为了使学习者在具体情境中达到学习目标,需要对各种角色、活动和环境进行设计,从而得出一组教学方案和使用方案。① 针对泛在学习环境下微课学习的特点,可以设计自主学习过程、协作学习过程、探究性学习过程和情境感知学习过程等。

(五)个性化学习设计

微课中服务、管理和评价的设置,能够为泛在学习环境下微课学习活动中

---

① IMS Global Learning Consortium.IMS Learning Design Best Practice and Implementation Guide[EB/OL].[2013-11-02].http://www.imsglobal.org/learningdesign/ldv1p0/imsld_bestv1p0.html.

的学习者设计个性化学习,同时 IMS-LD 定义的条件、属性和通知也是学习个性化设计的要素。在平台中提供学习支持服务,为学生推荐所学的相关资源、解答学习问题;在平台中提供学生管理,帮助学生构建学习共同体、管理学习过程;在平台中提供学习评价,帮助学生开展学习反思;在平台中设置学习内容的相关链接条件,帮助学生调整学习进度;在平台中生成学习者和学习资源的属性,对学习者进行监督和学习提示。

第三节 基于翻转课堂的教学

一、翻转课堂与智慧终端概述

(一) 翻转课堂:颠倒课堂结构的革命

1. 翻转课堂概念

翻转课堂的说法最早源于美国林地公园高中,该校的两名科学教师乔纳森·伯尔曼和亚伦·萨姆斯为帮学生补课而制作教学视频让学生课后观看。之后以此为基础,让学生课后观看他们录制的教学视频,而留出课堂的时间来帮助与指导学生解决课前遇到的难题。简单来说,翻转课堂就是让学生在课前学习课程材料而将原本课后完成作业的环节放到了课堂上进行(Alvarez,2011;Moravec,2010)①,而课堂的时间用于开展实践活动、有针对性地辅导其他旨在促进高级思维能力的活动。② 张金磊等人认为③:翻转课堂主要由知识传授和知识内化两个阶段组成,前者通过信息技术辅助在课后完成,后者则在课堂中经老师的帮助与同学的协助完成。本书认为,翻转课堂是在信息技术的支持下,课前学生通过学习教师准备好的教学视频等学习资源完成知识的传授,课堂上学生在教师的指导下进行协作探究活动从而实现知识的内化的学习过程。

2. 翻转课堂翻转了课堂结构

第一,翻转课堂翻转了传统“以教师为中心”到“以学生为中心”的教学理

---

① Alvarez B.Flipping the Classroom:Homework in Class,Lessons at Home[J].*The Education Digest*,2012(8).Moravec M,Williams A,Aguilar-Roca N,et al.Learn Before Lecture:A Strategy that Improves Learning Outcomes in a Large Introductory Biology Class[J].*CBE Life Sciences Education*,2010(4).

② 未来的课堂:颠倒的教[EB/OL].[2016-09-08].http://www.zhixing123.cn/ziyuan/19913_15.html.

③ 张金磊,王颖,张宝辉.翻转课堂教学模式研究[J].远程教育杂志,2012(4).

念。传统课堂中教师往往根据经验判断学生所需的知识与内容,根据经验设计教学、进行教学,学生只是跟着教师的思路走,自主性难以体现。而翻转教学中,课堂上所有的活动都是围绕学生课前自主学习的情况设计与开展,强调课上学生协作学习以及教师针对性的指导,所以为“以学生为中心”提供了可实施的途径,真正实现了“因材施教”。①

第二,翻转课堂翻转了传统“先教后学”为“先学后教”的教学流程。教学通常包括两个阶段:教师的教和学生的学。传统的教学流程是“先教后学”:课堂上教师讲授知识,学生在听讲过程中接受与理解知识;课后学生则通过完成作业、练习,强化对知识的理解。翻转课堂的教学流程则是“先学后教”:课前学生通过学习教学视频等学习资源、完成练习的过程学习知识,完成知识的传授;课堂上学生在教师的指导下开展协作探究活动,解决课前遇到的难题,完成对知识的深入理解。

第三,翻转课堂翻转了师生角色。在传统教学中教师是知识的拥有者和传授者,学生是被动的接受者。在翻转课堂中,教师不再是站在“讲台上的圣人”,不再需要站在讲台上连续讲几十分钟知识,而变成了学生身边的指导者,是学生遇到困难随时可以寻求帮助的“教练”。在这种情境下,学生的角色也随之变化,学生拥有较大的学习自主权,能够通过技术工具和教师指导进行探究性学习。② 在翻转课堂中,学生肩负着更多的学习责任,成为主动的学习者、探究者,主体性得以充分发挥。

(二)智慧终端的兴起与应用

智慧终端(Smart Terminal-Easy)的概念源于智慧教育(Smart Education),祝智庭、贺斌认为③智慧教育是通过构建智慧学习环境(Smart Learning Environments),运用智慧教学法(Smart Pedagogy)来促进学习者实现智慧学习(Smart Learning),以提高成才期望。黄荣怀等认为,智慧学习环境应具备记录学习过程、识别学习情景、感知学习物理环境、连接学习社群四方面的技术特征,目的是促进学习者能够轻松、投入、有效地学习。④ 贺斌认为,smart 用来表示“物质设备”和“环境”“属性”时,可翻译为“灵巧”“智能”(如智能/灵巧终

---

① 陈怡,赵呈领.基于翻转课堂模式的教学设计及应用研究[J].现代教育技术,2014(2).

② 张金磊.“翻转课堂”教学模式的关键因素探析[J].中国远程教育,2013(10).

③ 祝智庭,贺斌.智慧教育:教育信息化的新境界[J].电化教育研究,2012(12).

④ 黄荣怀,杨俊锋,胡永斌.从数字学习环境到智慧学习环境——学习环境的变革与趋势[J].开放教育研究,2012(1).

端、智能手机、智能学习环境等)。[①] 杨现民认为,智慧教育的核心技术包括情感认知、无缝连接、全向交互、智能管控、按需推送和可视化。[②] 结合智慧终端的特征,本书将智慧终端定义为一种信息化、数字化、网络化环境的移动终端设备,它能够及时推送教学资源、监控学习情况、提供个性化学习与协作学习工具与交流平台,并无缝接入互联网,能够满足快捷提取知识信息的需要,如智能手机、平板电脑、电子书包等移动设备。智慧终端的运用能够让学生无缝接入访问互联网络,快速高效提取所需知识信息,将有限的注意力和心理资源投入更复杂和高价值负载的学习任务中,发展学生高级思维能力。

(三)基于智慧终端的翻转课堂:变革学习方式的新途径

信息技术在翻转课堂教学中发挥着重要作用。教师可以给学生提供网络教学视频,并利用在线评估系统减轻教师负担(Friedman & Friedman,2001;Woolf,2010)。[③] 而随着平板电脑、智能手机、电子书包等智慧终端的发展,其在翻转课堂中的运用也逐渐引起专家学者和一线教师的注意,开始走进翻转课堂,促进翻转课堂的有效实施。目前国内外针对智慧终端在翻转课堂的作用研究主要包括以下几方面。

智慧终端为翻转课堂创建了个性化与协作化的学习环境。美国的高地村小学[④]、明尼苏达州石桥小学、科罗拉多州丹佛阿拉巴霍高中[⑤]等多所学校在翻转课堂运用电脑终端、Moodle 平台等智慧终端为学生创造了个性化与协作化的学习环境。学校甚至为学生创建了由圆桌、舒适的沙发和软垫椅子,以及一排电脑终端形成的“星巴克教室”。研究表明,学生更喜欢在这种宽松的环境中学习,他们的表现也越来越好。

智慧终端为翻转课堂提供了丰富的教学资源。加州河畔联合学区[⑥]采用了基于 iPad 的数字化互动教材开展翻转课堂,互动教材的使用为教师节省了很多时间,教师可以把精力更多放在与学生互动和解决问题上。iPad 还可以为学生和教师提供沟通的平台。实践结果显示:使用互动教材的学生有 78%获得了“优秀”或“良好”的排名,高于传统教材使用者中 55%的相似排名。相

---

① 贺斌.智慧学习:内涵、演进与趋向——学习者的视角[J].电化教育研究,2013(11).

② 杨现民.信息时代智慧教育的内涵与特征[J].中国电化教育,2014(1).

③ Friedman H, Friedman L W. Crises in Education: Online Learning as a Solution[J]. *Creative Education*,2011,2(3):156-163;Woolf B P.A Roadmap for Education Technology[J].*User Modeling*,2010.

④ Jonathan B,Aaron S.How to Implement the Flipped Classroom[EB/OL].[2016-09-08].http://www.eschoolnews.com/2012/05/21/how-to-implement-the-flipped-classroom/.

⑤ 张金磊.“翻转课堂”教学模式的关键因素探析[J].中国远程教育,2013(10).

⑥ 杨刚,杨文正,陈立.十大“翻转课堂”精彩案例[J].中小学信息技术教育,2012(3).

比于传统纸质教材,互动教材的使用更能提高学生的学习成绩。

智慧终端为翻转课堂提供了个性化学习与协作学习的工具。加拿大大不列颠哥伦比亚内部高中以数学课开展了翻转课堂的学习。其主要的过程为:学生课前通过视频、测验、资源包、Moodle 平台进行自主学习,教师课中利用投影仪、交互式白板和 iPad 等工具进行问题解决,布置拓展性问题,并给予解决与评价。①

智慧终端为翻转课堂提供了问题解决的工具。印第安纳州波利斯市圣托马斯阿奎那天主教学校的英语老师为给学生讲解正确语法写作的方法,将讲课内容录制成视频播放给学生课前观看。课堂上,学生利用 Google Docs 进行写作,而教师帮助学生进行段落格式的编辑,同时帮助学生解决协作过程中遇到的相关问题。②

智慧终端为翻转课堂提供反馈评价工具。密歇根州的东大急流城高中的詹尼斯老师布置学生在家里观看教学视频,并在谷歌调查表上回答相关知识的问题。教师据此掌握学生学情,为翻转课堂的教学活动的设计与实施做好准备。③

二、基于智慧终端的翻转课堂实现途径

在信息技术的支持下,国内不少翻转课堂的实践开始逐步面向各类智慧终端。通过文献调研后发现,目前国内基于智慧终端的翻转课堂教学研究主要集中在以下几方面。

(一)基于智能手机的翻转课堂

袁村探讨移动学习在翻转课堂教学模式中的应用④,发现目前移动学习的方式主要是将资源下载到当地,利用手机软件进行互动学习,并通过短信或网络进行补充,也就是"在线更新,离线学习"。移动学习为翻转课堂教学模式提供了技术支持和有力补充,并与翻转课堂有机融合,促进教学质量提升。

赵呈领等在综合相关研究的基础上提出了基于微视频资源的翻转课堂教学模式⑤,见图 5-5,将其应用于高中信息技术课程中。学生通过智能手机等

---

① Johnson G B.Student Perceptions of the Flipped Classroom[D].University of British Columbia,2013.

② 杨刚,杨文正,陈立.十大"翻转课堂"精彩案例[J].中小学信息技术教育,2012(3).

③ 杨刚,杨文正,陈立.十大"翻转课堂"精彩案例[J].中小学信息技术教育,2012(3).

④ 袁村.移动学习在翻转课堂教学模式中的应用及启示[J].中国科技投资,2013(20).

⑤ 赵呈领,徐晶晶,刘清堂.基于微视频资源的翻转课堂教学模式设计与应用探究[J].现代教育技术,2014(12).

智慧终端观看教学视频、实现自主学习和协作学习。研究结果表明,该教学模式能有效帮助学生内化知识、促进自主学习与协作学习能力的提高。

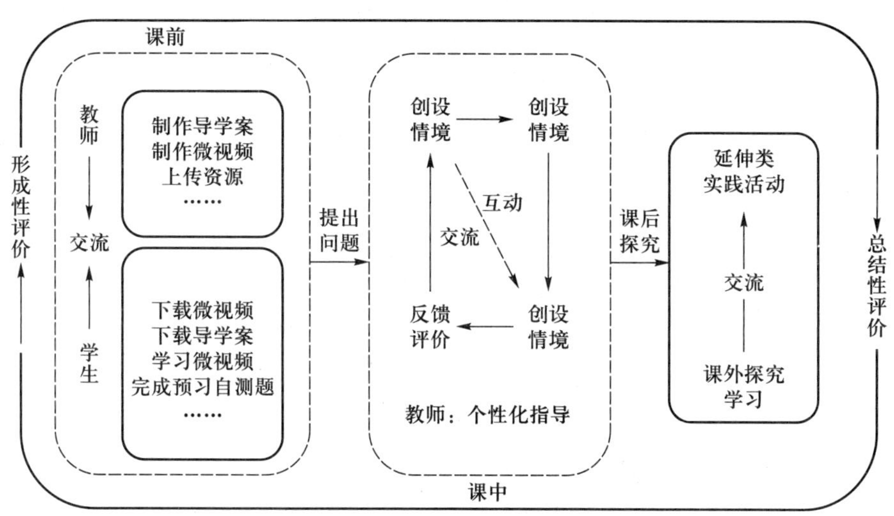

图 5-5　基于微视频资源的翻转课堂教学模式结构图

(二) 基于平板电脑与云平台的翻转课堂

随着智慧计算、多点触控、无线互联等技术的发展,作为智能移动终端典型代表的平板电脑正深刻影响人们的生活方式、沟通方式和学习方式。一般的平板电脑都具有视频录制与播放、文档阅读与编辑、无线上网等功能,能够为翻转课堂的实施提供硬件与技术支持。而信息网络平台提供的及时通信、沟通功能帮助翻转课堂实现自主学习、小组协作、资源共享等教学过程。二者结合能为师生提供海量思维工具和学习工具,为翻转课堂的顺利实施提供保障。

张新明等基于云平台、QQ 群和平板电脑,在罗伯特·塔尔伯特所提出的翻转课堂教学模型基础上,构建了基于 QQ 群+平板电脑的翻转课堂教学模式,见图 5-6。该模式由课程开发、课前知识传授与课堂知识内化三部分组成。张新明等在课程开发阶段,教师利用平板电脑下载或录制教学视频,并将其发布至网上供学生自主学习。① 课前知识传授阶段,教师将教学视频和练习共享至 QQ 群,学生借助平板电脑观看视频,并通过课前测试检测学习情况,遇到问题时可借助 QQ 讨论组与其他同学讨论交流。课堂知识内化阶段,教师针

① 张新明,何文涛,李振云.基于 QQ 群+TabletPC 的翻转课堂[J].电化教育研究,2013(8).

对学生课前学习情况，设计活动主题，学生利用平板电脑进行自主探究，遇到问题时可利用 QQ 与其他同学组成小组，合作探究。在此过程，教师针对学生的个别问题进行个性化辅导，及时解决学生困惑与疑问。学习完成后，教师鼓励学生利用 QQ 群反思，从而加深对知识的理解。

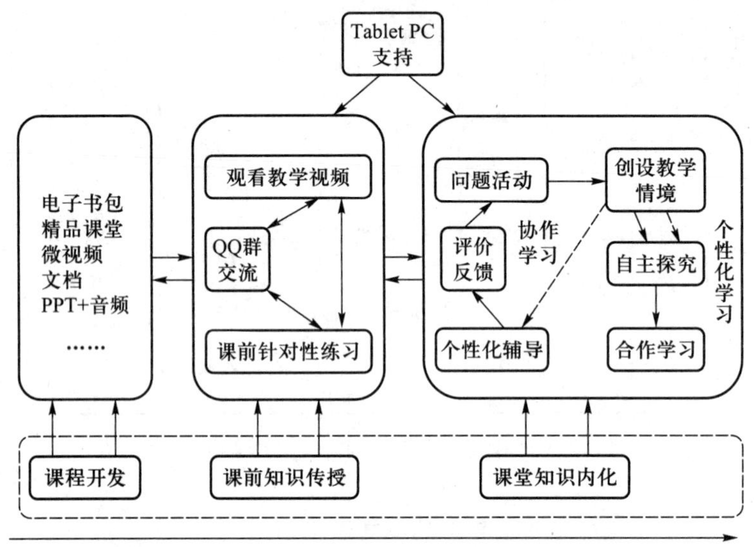

图 5-6 基于 QQ 群+平板电脑的翻转课堂教学模式

（三）基于电子书包的翻转课堂

电子书包（E-Schoolbag）是一种个人便携式学习终端，它能提供高互动课堂应用、学习记录、进度管理和评价，电子课本、虚拟学具的管理与应用，智能学伴等服务功能。电子书包的应用让高互动的课堂成为可能，个性化的普适设计支持学生自定步调学习；教师、家长、学校、社会通过电子书包形成的紧密关联圈为学生提供了丰富的学习资源，营造了和谐的协作学习环境。电子书包进入校园成为必然的趋势。① 电子书包与翻转课堂的结合能够推进教育变革。

沈书生等在分析翻转课堂中使用视频的外在与内在特征的基础上，研习了相关教学模式，探讨了基于电子书包的翻转课堂教学模式②，见图 5-7。该模式以课内、课外划分时间来说明师生活动。课外，教师设计与制作教学视频

① 祝智庭，郁晓华.电子书包系统及其功能建模[J].电化教育研究，2011(4).

② 沈书生，刘强，谢同祥.一种基于电子书包的翻转课堂教学模式[J].中国电化教育，2013(12).

供学生自主学习，有需要时可利用网络求助教师或其他同学。课内，学生根据自己的进度学习教学视频，教师可开展个别化辅导或进行评价反馈。电子书包主要提供视频观看、寻找资源工具、开展协作等功能。

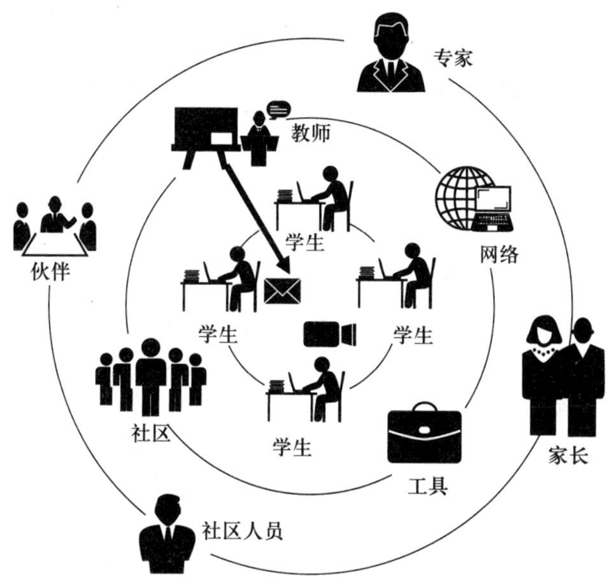

图 5-7　基于电子书包的翻转课堂教学模式

三、基于智慧终端的翻转课堂教学策略

（一）鼓励学生为翻转课堂做好准备[①]

教师每单元课前为学生提供结构化的纲领，列出教学目标、教学视频，需要阅读的教材及课堂活动。教师在每次课前给学生提供设计好的课程框架，包括教学目标及为完成教学目标所准备的资源与活动。教师应提供学习指导说明书，并开展相应培训。[②] 学习开始前，教师应向学生说明翻转课堂的学习流程，指导学生使用相应的平台工具，教会学生观看教学视频。翻转课堂课外观看视频是要实现知识的传授[③]，学生不能以看小说或者其他娱乐节目的方式对待，而要专心，学会在需要之处按下“暂停键（pause）”，利用智慧终端记笔记

① The Inverted Classroom [EB/OL]. [2016-09-08]. https://cst.usc.edu/teach/strategies/the-inverted-classroom/.

② Bergmann J, Sams A. Flip Your Classroom: Reach Every Student in Every Class Every Day [M]. Washington D.C: International Society for Technology in Education, 2012.

③ 张金磊.“翻转课堂”教学模式的关键因素探析[J].中国远程教育,2013(10).

和问题。

（二）依托于智慧终端，运用微视频实现学生个性化学习

微视频是翻转课堂的重要学习资源之一，智慧终端的使用让学生拥有灵活自由的学习环境，可以随时随地进行自主学习。微视频要短小，语言要生动，要适时添加标注与注释。[①] 每个视频围绕一个主题或知识点展开，最好能保持在 8 分钟至 10 分钟。语言要生动，这样才能更好吸引学生注意力。适时在屏幕上添加相关标注与注释，需要重点突出的地方可放大显示，这样有助于学生更好掌握教学内容。学生观看视频后需要提出一个问题，教师可以利用智慧终端收集学生问题，并根据学生提问情况设计课堂活动。

微视频的制作方式多种多样，目前用得较多的主要有摄录式、PPT 直接式、录屏式、flash 动画式、混合式五种。目前许多智慧终端已自带摄像头，也可以安装相应的微课制作软件，教师可以利用智慧终端方便快速制作微课。当然，教师应该依据教学内容与特点选择适合的微视频类型与制作方法。如物理化学的实验操作可用摄录式真实记录，让学生可以看清楚每一步操作；一些知识点的讲解可直接用 PPT 直接式录制加上后期编辑完成；数学几何画板演示或信息技术操作演示内容则可以用录屏式录制。

（三）利用学习任务单指导学生自主学习与协作学习

学习任务单是翻转课堂中对学生有效指导的书面载体，是学生自主学习与探究的行动指南；学习任务单能帮助学习者了解学习的目标、方法、要求和内容，促进学生和同伴互动，帮助学习者有效利用学习资源，提高自主学习效果。作为翻转课堂中学生学习的重要支架，学习任务单不仅要指导学生自主学习，还要为学生开展协作学习提供指引；不仅只用于课前，还要用于课中与课后。课前着重指导学生自主学习，需为学生提供学习指南，如学习主题、达成目标、学习方法、课堂学习形式预告等内容，告知学生学习任务，包括自主任务以及需要完成的学习活动等，自我测试与反思建议，还要提供相应的微视频、测试等学习资源。而课中使用的学习任务单，则是重在为学生课堂开展协作探究学习提供指引，包括提供活动流程、阶段性测试题和学法指导。课后相对来说任务单的内容较少，但也是不可或缺的，在课后学习任务单中，教师需要根据学生学习掌握程度提供巩固或延伸提高的材料，并给予方

---

① Cynthia J B.Flipping the Classroom[EB/OL].[2016-09-08].http://cft.vanderbilt.edu/guides-sub-pages/flipping-the-classroom/.

法指导。

(四) 立足学习任务单,以微视频为载体,及时测试

翻转课堂中的学生自主学习需要在学习任务单的指导下进行,学生在课前任务单指导下,观看教师准备好的微视频,通过观看微视频自主学习。若将智慧终端接入无线网络,学生可以在线观看视频,还能及时做笔记。同时学生尝试完成相应的测试题,并提出疑问。学生利用智慧终端观看视频学习。学习过程中可以做笔记,遇到困难时可以向老师或同学提问,相互交流。测试题存放于智慧终端的教学平台,通过学生在线测试,及时把握学生学习程度。设计测试题的时候注意题目难度和数量要适中。课前学生自主学习任务主要是掌握较为基础的目标,而不是完全掌握教学内容,所以测试题不宜过难,适中即可。数量也不宜过多,每个知识点对应一两道题即可,题海战术无疑会加重学生负担,徒增学生负面情绪。

(五) 课堂活动要注重培养学生的高级认知能力

学生在课前已经掌握基本知识,因此上课时间要用来促进学生更加深入的学习。因此要给学生足够的时间[①],让他们可以在课堂上参与讨论,数据分析,开展面向过程的指导性研究学习[②]或综合活动。利用课堂时间来加深他们对知识的理解,提高他们的技能并帮助他们使用新知识。利用智慧终端各种平台功能展开小组协商、讨论或协作完成文档,还可以链接入视频。[③]

(六) 提供评估学生理解情况的机制[④]

评价是翻转课堂举足轻重的一环。学生观看视频时,教师要布置一些练习,学生完成作业的同时教师也可以掌握学生对知识的理解情况。目前许多智慧终端已提供调查与评价功能,如问卷星支持学生在智慧终端填写问卷,教师可以实时掌握学生学习的难点,从而能在课堂上组织更丰富的讨论。此外,课堂上的活动或讨论可以作为教师评价的内容。

---

① The Inverted Classroom [EB/OL]. [2016-09-09]. https://cst.usc.edu/teach/strategies/the-inverted-classroom/.

② Cold S J. Partially Flipped Experiences Using POGIL [J]. Proceedings of the 14th Annual ACM SIGITE Conference on Information Technology Education, 2013.

③ Cynthia J B. Flipping the Classroom [EB/OL]. [2016-09-08]. http://cft.vanderbilt.edu/guides-sub-pages/flipping-the-classroom/.

④ 郑晓丹,张华阳,胡小勇.基于智慧终端的翻转课堂教学策略研究[J].教育信息技术,2015(7).

第四节 基于 TPACK 的教学

一、TPACK 整合模式的内涵与特征

美国密歇根州立大学的马修 · J. 科勒(Matthew J. Koehler)和庞雅 · 米什尔(Punya Mishra)认为:技术教学和内容知识[(Technological Pedagogical And Content Knowledge),TPACK]①是一种"整合技术的学科教学知识"的框架,该框架建立在舒尔曼(Schulman)的学科教学知识(PCK)基础上②,并加入了技术知识;它是"学科内容、教学法和技术"这三种知识要素之间的复杂互动,是整合了这三种知识以后形成的一种新知识形式。三种知识要素之间的互动如图 5-8 所示。

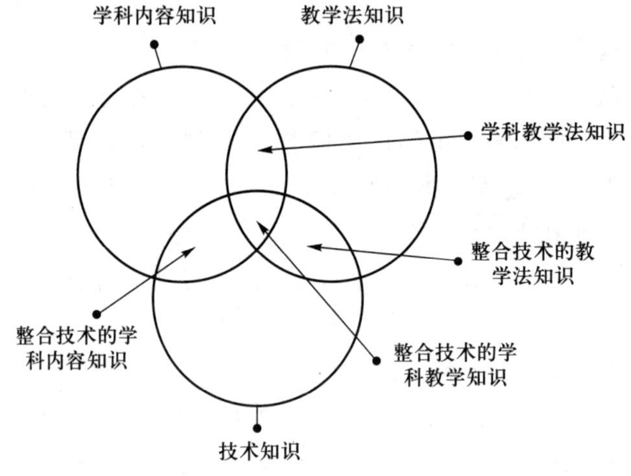

图 5-8 TPACK 框架及其知识要素

科勒和米什尔强调,教学过程中不仅要同时关注学科内容、教学法和技术这三个知识要素,更要关注这三者之间的交互——这种交互将形成四种新知识,即学科教学知识(PCK)、整合技术的学科内容知识(TCK)、整合技术的教学法知识(TPK)和整合技术的学科教学知识(TPACK)。其中 TPACK 的内涵

① [美]全美教师教育学院协会创新与技术委员会主编.整合技术的学科教学知识:教育者手册[M].任友群,詹艺,主译,北京:教育科学出版社,2011.

② Shulman L S. Those Who Understand: Knowledge Growth in Teaching[J]. *Educational Researcher*, 1986(2). Shulman L. Knowledge and Teaching: Foundations of the New Reform[J]. *Harvard Educational Review*, 1987(1).

已如上述,另外三种知识的内涵则可简要说明如下:

学科教学知识(PCK)是指适用于具体学科内容教学的教学法知识。

整合技术的学科内容知识(TCK),按照科勒和米什尔的解释,这种知识涉及"在技术和学科内容之间彼此相互限制的方式"。

整合技术的教学法知识(TPK)是指当有具体技术应用于"教与学"过程的条件下,"教与学"应如何有效开展(包括对相关技术工具可提供哪些教学功能以及对这些功能的适用性及局限性的了解)。

由前面的 TPACK 定义可以看出其内涵具有以下三方面的特征。

第一,TPACK 是教师应当具备且必须具备的全新知识,它的贯彻、实施离不开教师,所以在推广、应用 TPACK 的过程中,必须强调教师是教学改革的积极参与者,课堂教学的设计者、实施者;在教学过程中教师应起引导和监控作用。这种观点对教师教育和教师专业发展具有重要指导意义。

第二,TPACK 涉及学科内容、教学法和技术等知识要素,但并非这三种知识的简单组合或叠加,而是要将技术融入具体学科内容教学的教学法知识当中。这就意味着:对 TPACK 的学习、应用,不能只是单纯地强调技术,而是应当更多地关注信息技术环境下的"教与学"理论及方法(即信息化"教与学"理论及方法)。

第三,TPACK 是整合了三种知识要素以后形成的新知识,由于涉及的条件、因素较多,且彼此交互作用,因此科勒和米什尔认为这是一种"结构不良"(Ill-structured)知识;这种知识将要解决的问题(即信息技术整合于学科教学过程所遇到的问题),都属于"劣性问题"(Wicked Problem)——这种问题不存在一种适用于每一位教师、每一门课程或每一种教学观念的解决方案(即确定的解决方案),相反,这种解决方案只能依赖每位教师的认知灵活性在三种知识的结合与交叉中去寻找。[①]

二、TPACK 整合模式的教学流程

TPACK 整合模式的实施,和其他"信息技术与课程整合"模式的实施相比,在许多方面都存在较大的区别,其中最重要的有两点:一是这种整合模式在贯彻、实施过程中特别强调要关注"境脉"(Contexts);二是这种整合模式在贯彻、实施过程中特别强调教师应具备 TPACK 知识,并充分发挥教师在整合

---

① 何克抗.TPACK——美国"信息技术与课程整合"途径与方法研究的新发展(下)[J].电化教育研究,2012(6).

过程中的重要作用。

按照安东尼·克里(Mario Antonio Kelly)给出的定义,TPACK 的境脉是指,“学生和教师组成的一个具体班级中,由包括课堂的物理环境(软硬件基础设施)、学生的家庭背景、认知特点、心理素质和班级的精神面貌等诸多因素结合在一起的协同作用”①。可见,境脉涉及“生理、心理、认知、语言、社会、文化”等方方面面。

TPACK 是教师应当具备且必须具备的全新知识,它的贯彻、实施离不开教师,所以,在通过 TPACK 将信息技术整合于学科教学的过程中,必须强调教师是课堂教学的设计者、实施者;教学过程的引导者、监控者——即教师必须在整合过程中起主导作用。换句话说,在通过 TPACK 模式实现信息技术与课程整合的过程中,教师除必须认真学习、掌握 TPACK 这种全新知识以外,最重要的是要在头脑中确立教师在信息技术整合于学科教学的过程中应当起“主导作用”的教育意识。

三、TPACK 整合模式实施案例②

该案例是兰德尔老师所教的小学五年级一个班的“读、写教学”课。她通过“数字化说故事”形式来完成有关的教学要求。数字化说故事是“讲故事”这种古老方式的现代表达,它要求学生具有一定的词汇、阅读、写作、口头表达等方面的学科内容知识。

(一) 教学环节

兰德尔女士将这一教学内容的实施分成三个环节:由教师仔细地为该班学生选择适合他们阅读水平的若干历史小说,例如《风儿不要来》《莉莉的十字路口》《数星星》和《我听说过一片土地》等;将全班学生分成 5 个学习小组(每组 4 名至 6 名学生);用 4 个星期让各学习小组(每个小组相当于一个“文学圈”)针对教师选定的小说,一起阅读、讨论和探究。

(二) 教学步骤

在传统教学中,每天都是由教师讲授一节课的内容,并复习、巩固这些教学内容。现在兰德尔通过“数字化说故事”形式将教学内容进行很大的拓展。

---

① Kelly M.Technological Pedagogical Content Knowledge:A Content Analysis of 2006-2009 Print Journal Articles[C]//San Diego:Society for Information Technology & Teacher Education International Conference. Association for the Advancement of Computing in Education,2010:3880-3888.

② [美]全美教师教育学院协会创新与技术委员会主编.整合技术的学科教学知识:教育者手册[M].任友群,詹艺,主译,北京:教育科学出版社,2011.

为此,她在上述第三个环节中,运用 TPACK 模式按五个步骤加以实施:

步骤 1:由教师先通过 PPT 电子文稿做一个“如何进行数字化说故事”的演示(主要阐明其要点)。

步骤 2:由教师向各学习小组提出数字化说故事的“主题”要求(例如,希望各组应围绕“某个人的经历或某群人的历史事件”这类主题来创编)。

步骤 3:再由教师向学生用多媒体形式展示一个有关“美国印第安族裔学生在学校寄宿时,因有特殊生活习俗而产生的故事”(即由教师给出“数字化说故事”的案例);该故事展示结束后,教师还将基于网络的、对本教学单元学习效果的在线评价标准及细则,明确告诉学生。

步骤 4:学生分组进入“文学圈”,开始持续 4 个星期的阅读、讨论和探究活动;在经过一段时间的阅读、讨论后,即可围绕教师提出的“主题”要求开始创编故事,这包括:先设计故事框架,然后搜集素材,再用软件工具(如 iMovie、Windows、Movie Maker 等软件工具)写出故事情节等活动。

步骤 5:在本教学单元的最后阶段(大致在第 4 个星期前后),各个“文学圈”(即各学习小组)应在组内讨论、探究的基础上,要求学生通过多媒体演示用“口头表述”方式,交流各组创编的故事(即用数字化方式“讲述”用数字化方式“创编”的故事)。

在这个案例中,实施 TPACK 模式的“境脉”涉及下列多种因素:教学内容是小学五年级的“读、写教学”,教师通过“数字化说故事”形式将教学内容作了拓展;全班学生被分成 5 个学习小组(每个小组相当于一个“文学圈”)对教师选定的小说,一起阅读、讨论和探究;学生已具有相应的词汇、阅读、写作、口头表达等方面的学科内容知识;课堂有多媒体和网络设施的支持等。

在 4 个星期的教学过程中,绝大部分时间是学生在“文学圈”内进行阅读、讨论和探究(即以学生的自主学习、自主探究为主),不过,教师的主导作用并未被忽视,而是发挥得相当充分。如上所述,该案例的教学内容实施共分三个环节,其中第一、第二环节皆由教师完成;第三环节虽以学生的自主学习、自主探究为主,但在实施这一环节的五个步骤中,前三个步骤都是教师在进行指导、点拨和做示范,而没有这三个步骤所起的指导和示范作用,后面两个步骤将很难实施,即便实施也难以达到预期的效果。这表明,在该案例中,教师对只强调学生自主学习、自主探究而忽视(甚至排斥)教师主导作用的、建构主义的“以学生为中心”的教育思想有较深刻的认识——事实上,教师是否具有这种思想认识,对 TPACK 模式能否有效实施起着关键性的指导作用。

（三）TPACK 知识应用的体现

案例中，TPACK 知识的应用，主要体现在上述教学过程第三环节的五个步骤当中。不仅在教师起主导作用的前三个步骤中有体现，在学生自主学习、自主探究为主的后面两个步骤中也一样有体现。步骤 1 和步骤 3 是教师直接运用信息技术（PPT 或多媒体）讲解或展示教学内容，步骤 2 则是由教师提出数字化说故事的“主题”（即要求学生围绕某个主题，如何用数字化方式去“讲述”用数字化方式“创编”），显然，这三个教学步骤都涉及学科内容、教学法和技术这三个知识要素的“整合”，也就是 TPACK 知识的体现与应用。

再看以学生自主学习、自主探究为主的步骤 4 和步骤 5。在这两个步骤中，学生先设计故事框架，搜集素材，再用软件工具编出故事情节，然后在各组内或各组之间用数字化方式进行交流，这些活动显然都离不开信息技术的支持，但又是与当前要教的学科内容以及任课教师为当前教学内容所选定的、通过“文学圈”来开展“数字化说故事”的教学法直接相关，即仍然要涉及学科内容、教学法和技术这三个知识要素的“整合”。

第五节　基于学习分析技术的教学

一、基于学习分析的教学内涵分析

（一）大数据内涵分析

2011 年年初，高德纳公司（Gartner Group），又译顾能公司的梅尔夫·阿德里安（Merv Adrian）在刊登在天睿（Teradata）杂志上的一篇文章中指出，大数据是指“超出了常用硬件环境和软件工具在可接受的时间内为其用户收集、管理和处理数据的能力”。①

2011 年 5 月，麦肯锡全球研究所（MGI）发布的《大数据：创新、竞争和生产力的下一个前沿》（Big data：The next frontier for innovation，competition，and productivity）报告中首次提出了“大数据”这个词。MGI 认为，“大数据”是指其大小超出了典型数据库软件的采集、储存、管理和分析等能力的数据集，同时报告中还讲解了处理这些数据能够释放出的潜在价值②。

---

① MERV Adrian.Big Data［EB/OL］.［2018－09－08］.www. Teradatamagazine. com/vllnol/Featares/Big-Data/.

② Manyika J.Big data：The Next Frontier for Innovation，Competition，and Productivity［EB/OL］.［2016-09-08］.http://www.mckinsey.com/insights/business_technology/big_data_the_next_frontier_for_innovation.

维基百科对“大数据”的定义是：巨量资料（big data），对传统数据处理应用软件不足以处理它们的大或复杂的数据集的术语。挑战包括捕获、存储、分析、数据整理、搜索、共享、传输、可视化、查询、更新和信息隐私。①

迄今为止，学术界对“大数据”还没有统一的定义，“大数据”这一术语只是被学者用于描述难以用目前已有的软件技术和方法分析的巨型复杂数据。

目前，学术界主要从容量（Volume）、速度（Velocity）、多样性（Variety）以及真实性（Veracity）四个维度对大数据进行定量描述，即“4Vs”。② 其中，容量指数据信息量不断增长、积累到百万兆字节甚至跃升到千万兆字节；速度是指每秒产生并处理数以十万计的数据记录③，在教育中对数据的及时高速的处理有利于学习者及时了解自己的学习情况，有助于教师高效做出教学调整；多样性是指数据类型多种多样，没有基准定义，例如文本、图像、音频、视频等；真实性是指大数据提供信息的可信度，以及据此做出的教育教学策略的可靠程度。④

目前，学术界将“大数据”分为非结构化数据、半结构化数据和结构化数据三种。非结构化数据是指没有固定格式的数据，如电子邮件、文档等。⑤ 半结构化数据是指有一定加工处理的数据，如 XML 和 HTML 等。⑥ 结构化数据是指具有特定格式，便于存储、使用，并从中提取信息的数据，例如传统的各种事务型数据库中的数据。⑦

（二）学习分析概念界定

2011 年 2 月，在加拿大举行了首届学习分析技术与知识国际会议（1st International Conference on Learning Analytics and Knowledge），与会者一致认为：学习分析是测量、收集、分析和报告有关学生的学习行为以及学习环境的数据，用以理解和优化学习及其所产生的环境技术的总称（Siemens，2011）。⑧

---

① Big data［EB/OL］.［2016-09-08］. https://en.wikipedia.org/wiki/Big_data.

② 祝智庭，沈德梅.基于大数据的教育技术研究新范式［J］.电化教育研究，2013(10).

③ Pah A R, Rasmussen-Torvik L J, Goel S, et al.Big Data: What is It and What does It Mean for Cardiovascular Research and Prevention Policy［J］.*Current Cardiovascular Risk Reports*, 2015(1).

④ 何克抗.大数据面面观［J］.电化教育研究，2014(10).

⑤ Purcell B.The Emergence of "Big Data" Technology and Analytics［DB/OL］.［2016-09-08］. http://www.aabri.com/manuscripts/121219.pdf.

⑥ Rob P, Coronel C.Database Systems: Implementation, and Management［J］.*Cengage Learning*, 2003(4).

⑦ Baltzan P. Business-driven Information Systems［M］. New York: McCraw-Hill Higher Education, 2008.

⑧ Siemens G.1st International Conference on Learning Analytics and Knowledge 2011［J］.*Technology Enhanced Knowledge Research Institute*, 2011.

2012年《NMC地平线报告(高教版)》也给出了近似的定义,即“学习分析技术是对学生生成的海量数据的解释和分析,以评估学生的学术进展,预测未来的表现,并发现潜在的问题”[①]。李青等认为学习分析技术是“运用先进的分析方法和工具预测学习结果、诊断学习中发生的问题、优化学习效果的一类教学技术的集合”[②]。

从以上定义可以看出,学习分析技术是以海量数据为基础,以学生及其学习环境为研究对象,目的是评估学生的学术进展,发现潜在问题,理解并优化学习。

二、国内外研究现状

(一)国外研究起步较早、应用性研究较为深入成熟

大数据在教育领域的应用主要集中在教育数据挖掘和学习分析。[③]《2013地平线报告(高等教育版)》[④]指出未来的主流技术将是“大数据和学习分析”。目前,国外多所大学已经开展学习分析的实践,包括开发学习分析系统和工具,收集学习者数据,分析学习行为模式,对学习进行干预和预测等。[⑤] 如美国北亚利桑那大学的线上学生绩效评价系统(GPS)和由澳大利亚伍伦贡大学领导的、多个学校共同参与的学习网络可视化与评估工具(SNAPP)。

2004年,在高等教育中出现的“智能导师系统”和“人工智能系统”掀起了“教育数据挖掘”研究的热潮,促使学术分析技术这一关注学习者行为分析技术的诞生。[⑥] 随着在线学习和学习管理系统的不断普及,数据挖掘方法逐渐应用于学习管理系统,开启了使用网络分析技术对学习者行为进行分析的研究,这方面研究的典型代表是罗梅罗(Romero,C.)等人对Moodle学习平台的日志分析。[⑦] 另外,罗梅罗和文图拉(Romero & Ventura)以及贝克和亚瑟夫(Baker & Yacef)对十余年的教育数据挖掘研究进行分析,归纳出五类教育数据挖掘

---

① 魏顺平.学习分析技术:挖掘大数据时代下教育数据的价值[J].现代教育技术,2013(2).

② 李青,王涛.学习分析技术研究与应用现状述评[J].中国电化教育,2012(8).

③ Bienkowski M, Feng M, Means B.Enhancing Teaching and Learning Through Educational Data Mining and Learning Analytics:An Issue Brief[J].US Department of Education, Office of Educational Technology, 2012(1).

④ [美]NMC地平线项目.2013地平线报告高等教育版(上)[J].龚志武,吴迪,苏宏,等,编译.广州广播电视大学学报,2013(2).

⑤ 孙志梅.浅析大数据环境下的学习分析及应用[J].信息通信,2014(11).

⑥ Baepler P,Murdoch C J.Academic Analytics and Data Mining in Higher Education[J].*International Journal for the Scholarship of Teaching and Learning*,2010(2).

⑦ Romero C,Ventura S,García E.Data Mining in Course Management Systems:Moodle Case Study and Tutorial[J].*Computers & Education*,2008(1).

方法:统计分析与可视化;聚类(聚类、离群点分析);预测(决策树、回归分析、时序分析);关系挖掘(关联规则挖掘、序列模式挖掘、相关挖掘);文本挖掘①。

在英国和美国的高等教育中,已有学者研究证明采用大数据学习分析技术对学生阅读在线课程资料、提交作业、与同学交流及考试测验的各项数据或记录进行分析,了解导致学生学习成绩不理想的原因,给予改进建议,并进行必要的干预性指导②,能够确保学生以最高效的方式学习③,进而提高学生出勤率,降低辍学率④,提高学生学习绩效,改进教学⑤。美国哈佛和麻省理工大数据学习分析 EDX 课程平台信息,研究世界各国学习者的行为模式,增加了行为评价和学习诱导的成分,便于打造更好的在线平台,让更多的学习者在上面学习、使用。此外,国外的一些企业也探讨大数据在教育中的应用价值,例如美国的"梦盒学习"(DreamBox Learning)公司和"纽顿"(Knewton)公司,已经成功创造并发布利用大数据的适应性学习系统,向数百万名学生提供个性化的学习服务,向他们提供真实可信的学习数据,让学校通过这些数据提高学生的学习效果并降低教学成本。美国纽约的麦格劳-希尔(McGraw-Hill)公司、英国伦敦的培生(Pearson)集团共同开发的"课程精灵"系统,能够跟踪学生的学业进展,并显示学生的学习参与度和学习成绩等大量的数据信息。加拿大的"渴望学习"(Desire2Learn)企业面向高等教育领域的学生推出"学生成功系统",系统地分析每个学生的在线学习数据,及时诊断问题的所在,提出改进的建议,并预测学生的期末考试成绩⑥。

(二)我国研究重视并逐渐加深在教育教学中的应用

我国对大数据和学习分析应用于教育教学的实践研究起步较晚,而且数量不多,已有研究主要集中在高等教育和在线教育方面。清华大学张羽等做

---

① Baker R S J D, Yacef K. The State of Educational Data Mining in 2009: A Review and Future Visions [J]. *Journal of Educational Data Mining*, 2009(1).

② Marie B, Mingyu F, Barbara M. Enhancing Teaching and Learning Through Educational Data Mining and Learning Analytics: An Issue Brief[EB/OL]. [2016-09-08]. http://tech.ed.gov/wp-content/uploads/2014/03/edm-la-brief.pdf.

③ Picciano A G. The Evolution of Big Data and Learning Analytics in American Higher Education[J]. *Journal of Asynchronous Learning Networks*, 2012(3).

④ Duan Y, Cao G, Ong V K, et al. Big Data in Higher Education: An Action Research on Managing Student Engagement with Business Intelligence[EB/OL]. [2016-09-08]. http://uobrep.openrepository.com/uobrep/bitstream/10547/308798/1/ERPBS+-+Big+Data+in+Higher+Education+full+paper-revised.pdf.

⑤ Demetra K. The Potential of Learning Analytics and Big Data[EB/OL]. [2016-09-08]. http://www.ariadne.ac.uk/issue71/charlton-et-al.

⑥ 胡德维.大数据"革命"教育[N].光明日报,2013-10-19(05).

了基于慕课大数据的学习分析和教育测量介绍，文章以慕课为大数据源，介绍了大数据的分析方法，并提出以慕课的适应性学习系统来进行学习分析①；华东师范大学冯翔等研究了学习分析系统的构建，该文给出了学习分析系统和数据的时空与交互演化，着重分析了学习分析系统论域，并提出了学习分析对象数据模型、学习分析系统本体框架及学习分析系统标准组谱，以实现学习分析系统应用的互操作，最后，展示了一个基于开源学习管理系统 Sakai 的学习分析研究。②

国家开放大学魏顺平认为学习分析技术在网络高等教育领域大有可为，有助于监控学习过程，保障教育质量。魏顺平选取国家开放大学的学习管理系统，采用各类学习分析工具，运用学习分析技术，对大数据时代下教育数据的价值进行了研究。学习分析的开展有赖于系统化、结构化的海量数据，网络高等教育恰好由于其全面采用学习管理系统和教育管理信息系统的特点，已经积累大量的系统化、结构化数据。自 1998 年教育部开展现代远程教育试点工作以来，我国网络高等教育得到了迅猛发展。据教育部统计数据，2010 年网络高等教育本、专科招生数量达 166 万人，在校生数量达 453 万人，分别占当年全国高等教育招生数量和在校生数量的 16%和 14%，由此可见网络高等教育在我国高等教育中的重要地位。近年来出现的网络高等教育学生考试集体作弊事件让社会对网络高等教育质量提出质疑，因此，应将着力提高网络高等教育的质量放在更为突出的位置。应用学习分析技术，调查网络高等教育中学习者网络学习的现状，包括学习者的主要特征、网络学习行为特点、学习行为的影响因素及其带来的学业结果，有助于掌握成人网络学习规律，从而优化学习过程，改进学习效果，提升教育质量。

随着学习分析研究与实践的不断深入，除数据挖掘方法外，一些原本属于社会科学领域的方法如社会网络分析法、话语分析法、内容分析法等也得到成功应用并成为学习分析的关键技术，师生交互行为分析是这些方法的典型应用之一。

国内外多位研究者的研究实践证明，学习分析技术对学生、教师、管理人员、研究人员以及技术开发人员均具有重要价值。

对学生而言，学习分析技术可以从学习者行为角度了解学习过程的发生

---

① 张羽，李越.基于慕课大数据的学习分析和教育测量介绍[J].清华大学教育研究，2013(4).

② 冯翔，余明华，马晓玲，等.基于大数据技术的学习分析系统架构[J].华东师范大学学报(自然科学版)，2014(2).

机制,并用来优化学习,以基于学习行为数据的分析为学习者推荐学习轨迹,开展适应性学习、自我导向学习。[①]

对教师和管理人员而言,学习分析技术可用来评估课程和机构,以改善现有的学校考核方式,并提供更为深入的教学分析,以便教师在数据分析基础上为学生提供更有针对性的教学干预。[②]

对研究人员而言,学习分析技术可作为研究学生个性化学习的工具和研究网络学习过程和效用的工具。[③]

对技术开发人员而言,借助学习分析技术可以发现学习管理系统各模块的使用频次以及使用路径,优化学习管理系统界面设计,并且根据其他人员开展学习分析的需要优化学习管理系统日志功能。

三、基于学习分析技术的教学应用案例

(一)爱沙尼亚塔林大学的学习分析案例[④]

基于生态学方法的动态学习分析。纳温特(Narvamnt)认为学习是一个动态的过程。因此,掌握这个动态的过程不仅有助于学生了解自己的学习情况,而且有助于教师更新教学设计与教育计划。这里将 53 名学习者拟作一个群体,将学习环境拟作一个学习空间。

首先,塔林大学使用学习模型(Learning pattern)对学生的数学课设计进行跟踪分析,得出如图 5-9 所示的学习轨迹。图中说明的是学习者在学习空间要达到学习目标所积累的路径,包括学习模型轨迹(粗黑线)、教师指导的学习轨迹(细黑线),以及学生可能会走的其他的学习轨迹(虚线)。学生的初始位置 $L(a_0)$ 逐渐接近目标位置 $L(a_3)$ 的一个学习过程。$F(0)$ 表示的是学习目标区。d_1、d_2、d_3、d_4 分别代表学习目标在学习空间中的位置。使用学习模型来测定学习者的学习轨迹可以从初始位置开始,但是随后的轨迹将按学习模型进行。

其次,塔林大学对这 53 名学生在学习过程中的学习介质进行了分析。每个学习者都会选择一个他们认为可以作为个人或者协助他们完成学习目标的一个特定的工具。课程结束后,这些特定的工具会被收集到一个数据集中,作

---

① Johnson L, Adams S, Cummins M. The NMC Horizon Report: 2012 Higher Education Edition[J]. *New Media Consortium*, 2012(4).

② Chen E, Heritage M, Lee J, et al. Identifying and Monitoring Students' Learning Needs with Technology[J]. *Journal of Education for Students Placed at Risk*, 2010(3).

③ 顾小清,张进良,蔡慧英.学习分析:正在浮现中的数据技术[J].远程教育杂志,2012(1).

④ 高键,张海,王以宁.教育中的大数据如何改变学习?——极具潜力的学习分析技术领域新进展[J].中国信息技术教育,2013(7).

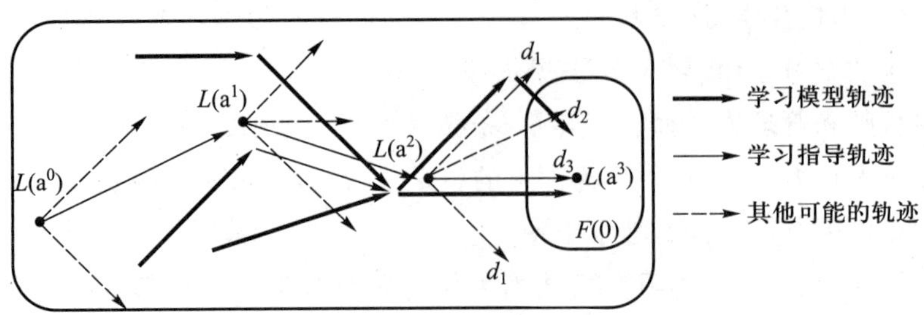

图 5-9　使用学习模型得出的学习轨迹

为学习空间中以后自主学习者使用社会性软件的一个案例库。该案例库按照类别将系统功能的复杂性最小化，最初分为 19 类，每一类的功能都代表学习空间的一个维度。在 PLEs 和协作学习环境中的工具共有 12 种类别的软件（博客、维基、聊天软件、社会书签、聚合器、电子邮件、搜索引擎、合作写作、论坛、合作绘画、网络相册以及 YouTube），我们使用 OSE（onto-space explorer）工具来分析最适合学生的学习工具。OSE 是应用多维定标来计算学习轨迹的。使用者控制“weight”滑块来决定每一个坐标是否通过。

在该案例中，先设定{管理=1，创造=1，其他=0}为固定。学习者通过改变滑块来确定选择结果的显示图。在 OSE 软件中生成的显示图中，最适合的学习工具是通过测量其在右上方的距离来确定的。我们发现在 S_1确定学习目标这一步中博客是最适合学习者来达到学习目标 L(a_2)的。在达到最终的学习目标即第二步 S_2时，我们计算出两种学习工具。此时设定{汇聚=1，管理=1，其他=0}为固定。经过 OSE 工具计算得出博客和聚合器是最适合的工具。最后，塔林大学根据学习模型分析出的学习轨迹以及 OSE 工具计算出的学习工具，得出了一个完整的学习规律路径（图 5-10）。

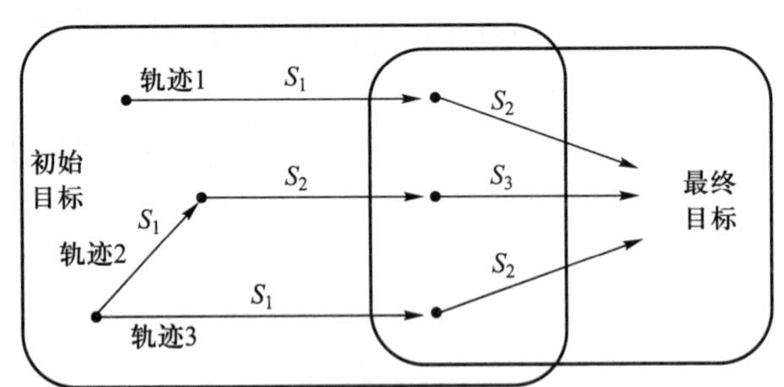

图 5-10　学习者的学习路径规律

由塔林大学的案例可以清晰地看出学习分析技术是对学习者的学习环境进行分析。即对学习者的学习资源以及学习者的学习行为进行数据收集，通过测量、挖掘、分析这些大量的数据，预测学习者的学习规律，并针对预测更新修改教学活动，再将活动结果反馈到整个学习过程中，以更好地支持教与学，进而改善和提升教与学的效能、效益和效率。

（二）应用于网络高等教育——基于用户视角的学习分析技术应用

国家开放大学现代远程教育研究所魏顺平选取国家开放大学的学习管理系统，采用各类学习分析工具，基于学习管理系统的日志数据以及教育管理信息系统有关学籍、课程、教师的数据，从管理者、辅导教师以及学习者等多种用户视角深入分析成人学习者网络学习现状及其影响因素，以优化成人学习者学习过程。

1. 管理者视角的学习分析技术应用

作为教学管理者，他们一般采用学习分析技术了解某个办学机构的整体教学情况，如师生数量、学生各类活动总量及平均情况、教师各类活动总量及平均情况，主要用到“统计分析与可视化”这一类方法。为了有效监控地方开放大学网上教学情况，对地方开放大学网上教学工作进行有针对性的指导和帮助，国家开放大学每年要组织对地方开放大学的日常网上教学进行跟踪检查。

通过“上网学生数”和“上网学生数/在校生数”两项指标反映办学单位组织、引导、督促学生上网学习的情况。这两项指标是对办学单位组织、引导、督促学生网上学习情况进行后续分析的前提。

通过“学生登录次数”和“学生登录次数/上网学生数”两项指标反映学生网上学习活动的频度。进一步对学生登录的时间段进行分析，可以反映学生网上学习的进度和网上学习的均衡性。“新登录学生数/总登录学生”以当月登录学生数和登录次数分别占全年登录学生数和登录次数的比例，来说明学生网上学习的持久性和稳定性。

通过“学生在线时间长度”反映学生参加网上学习的深度。通过“浏览资源次数”“生均浏览资源次数”“论坛发帖总数”“生均发帖数”等指标反映学生在网上点击资源和发帖交流的情况。该指标是评估办学单位组织和实施网上学习的重要指标。

2. 辅导教师视角的学习分析技术应用

对辅导教师而言，一般以其负责的某门课程为单位开展教学分析，分析内容包括学习者网络学习表现统计描述（从学习时间投入、学习活动频率、学习资源浏览、考试成绩等多个方面）、学习者自主学习路径分析、师生交互行为分析、影响成人学习者网络学习表现的各种因素等。所用的学习分析技术可以很丰富,如师生发帖的内容分析、师生交互的社会网络分析以及统计分析与可视化、聚类、关联规则、序列模式挖掘等一系列数据挖掘方法。

魏顺平选取国家开放大学开放教育专科和专科起点本科各专业学生的入学必修课程《开放教育学习指南》作为样本来分析辅导教师视角的学习分析技术应用特点。① 以《开放教育学习指南》网络课程的在线学习过程数据作为研究样本,这些数据包括学生在使用国家开放大学在线学习平台时产生的登录、资源浏览、学习体验等数据以及学生在使用形成性考试平台时产生的考试成绩数据。为了开展影响因素分析,魏顺平还从国家开放大学教务管理平台中采集了学生基本信息数据。最终,魏顺平获得了来自江苏开放大学参加 2010 年春季《开放教育学习指南》网络课程试点的 9 369 名学生的基本信息数据、登录数据、资源浏览数据和形成性考试数据四份数据。魏顺平即以这 9 369 名学生对应的基本信息、登录、资源浏览和考试成绩等四类数据作为分析对象,应用学习分析技术了解了该课程中课程模块浏览情况以及学生自主学习路径。

(1) 课程模块浏览情况分析

《开放教育学习指南》网络课程包含“课程各章节”“体验区”“视频资源库”“问题库”“资料库”和“常用工具库”等内容模块。

如表 5-3 所示,从模块的被使用程度和被学生关注的程度来看(观察“浏览频次”列和“学生参与率”列),由高到低依次是课程各章节、体验区、视频资源库、问题库、资料库、常用工具库,这恰好是这些模块在课程首页由上而下呈现的顺序。说明模块在首页的布局反映了学生的学习习惯,也可能是这种布局对模块的被使用程度产生了影响。网络课程界面设计的意义则在于,要想使某个模块得到学生关注,应该将其置于首页的显著位置。如表 5-3 所示,从学生对不同模块各个资源页面的学习程度来看(观察“单个资源人均浏览频次”),由高到低依次是体验区、问题库、课程各章节、视频资源库、常用工具库、资料库。学生对体验区、课程各章节各资源页面的学习程度高说明作业的设置产生了明显的导向作用。相比之下,体验区的学习程度更高一些,每个学生对体验区的每个页面的浏览次数平均为 2.54 次,而对课程各章节的单个资源,学生人均浏览频次则在 1 次以下。产生这一差异的原因可能是:体验区采用一种模拟环境,以互动的方式让学生掌握网上学习技能,更能引发学生的学习兴趣,吸引学生反复学习。对其他四个非作业要求的模块来说,学生对问题

① 魏顺平.学习分析技术:挖掘大数据时代下教育数据的价值[J].现代教育技术,2013(2).

库的学习程度要显著高于其他三个模块,这说明学生有较强的通过常见问题库来解答初入学的各种疑问的需求。今后应该进一步丰富问题库,并将问题库的检索框置于首页的显著位置,以便及时、方便地解答学生的各种疑惑,帮助学生尽快进入开放教育之门。

表 5-3 网络课程各模块浏览情况表

模块名称	被浏览的资源页面个数	浏览频次	单个页面浏览频次均值	浏览学生数	学生参与率	人均浏览频次	单个资源人均浏览频次
课程各章节	103	809 797	7 862. 11	9 230	0. 99	87. 74	0. 85
体验区	9	206 720	22 968.89	9 049	0. 97	22. 84	2. 54
视频资源库	37	36 978	999. 41	4 321	0. 46	8. 56	0. 23
问题库	6	34 889	5 814. 83	3 262	0. 35	10. 70	1. 78
资料库	49	15 843	323. 33	2 761	0. 29	5. 74	0. 12
常用工具库	11	634	57. 64	382	0. 04	1. 66	0. 15

(2) 自主学习路径分析

通过“课程模块浏览情况分析”,可以帮助辅导教师了解学生学习过程的静态信息,而进一步开展“自主学习路径分析”,则可以帮助辅导教师进一步了解学生学习过程的动态信息。魏顺平采用 Microsoft 顺序分析和聚类分析算法,从模块访问跳转的角度分析学生的学习路径。数据来源则是用户每天浏览课程页面产生的过程数据。

在构建挖掘模型时,以“浏览日期+学号”作为行键值,以“浏览顺序号”作为序列键值,以“浏览模块”作为预测值来构建挖掘结构,并应用 Microsoft 顺序分析和聚类分析算法,得到如表 5-4 和图 5-12 所示结果。表 5-4 是各模块直接的转换概率。在概率的计算方法上,以值“课程章节,课程章节”为例,它的概率通过“课程章节,课程章节”这一转换组合的频次除以所有转换组合的频次得来。从中可以了解到,学生在登录网络课程后,最有可能先浏览的是“课程章节”模块,其次是“体验区”模块,极少从其他模块开始浏览。图 5-11 是展示各模块间跳转情况的状态转换图。这里模块间的转换概率计算方法与表 5-4又有不同,这里给出的是条件概率。以“问题库-课程章节”这一转换组合为例,图中线条中标明的转换概率由“问题库,课程章节”转换组合的频次除以“问题库”这一模块出现的频次得来。所以大家会发现,在表 5-4 中,“问题库,课程章节"转换值的概率是 0.007;而在图 5-12 中,"问题库课程章节"的转换概率是 0.23。

表 5-4 各模块(PAGETYPE)之间的转换概率表

变量	值	概率
PAGETYPE.转换	[开始]->课程章节	68.525%
PAGETYPE.转换	课程章节,课程章节	67.734%
PAGETYPE.转换	[开始]->体验区	29.346%
PAGETYPE.转换	体验区,体验区	16.624%
PAGETYPE.转换	课程章节,视频资源库	2.406%
PAGETYPE.转换	视频资源库,课程章节	2.241%
PAGETYPE.转换	问题库,问题库	1.988%
PAGETYPE.转换	资料库,资料库	0.845%
PAGETYPE.转换	体验区,课程章节	0.832%
PAGETYPE.转换	视频资源库,视频资源库	0.822%
PAGETYPE.转换	[开始]->问题库	0.806%
PAGETYPE.转换	问题库,课程章节	0.731%
PAGETYPE.转换	[开始]->资料库	0.632%
PAGETYPE.转换	[开始]->视频资源库	0.532%

从图 5-11 中可知,学生一旦进入"课程章节"或"体验区"模块,则主要是在该模块活动,几乎不去访问其他模块直至离开。"问题库""资料库""常用工具库"等学习辅助模块在课程主体部分即"课程章节"学习过程中几乎没有用到(学生偶尔从这三个模块进入,然后转入"课程章节"模块,而不是反过来)。这反映了学生学习方法的重要特点,也反映出课程的链接设计还有改进的空间。

(3) 学习者视角的学习分析技术应用

对学习者而言,了解自己的行为表现及与他人的关系将是学习分析技术的主要用途。李青等选取国家开放大学主办的网络教育从业人员培训班作为研究对象①,该培训班依托 Moodle 平台开设(网址:http://etutor.crtvu.cn)。

① 李青,王涛.学习分析技术研究与应用现状述评[J].中国电化教育,2012(8).

问题库
0.63
资料库
0.59
0.30
0.23
0.69
0.92
课程各章节
常用工具库
0.31
0.18
0.29
0.89
0.04
0.67
0.03
体验区
0.25
视频资源库

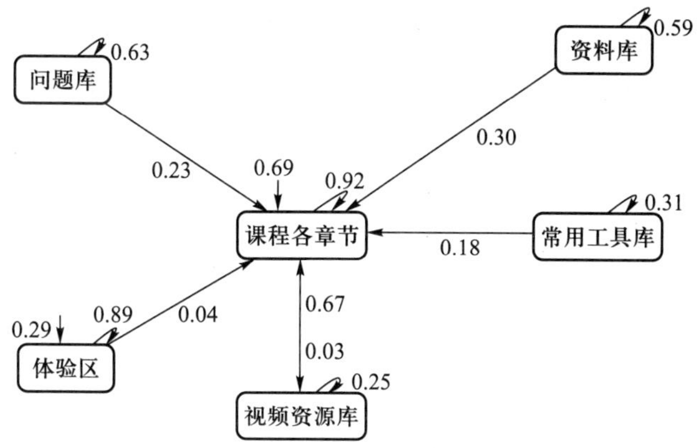

图 5-11 各模块的跳转情况图

Moodle 平台具有完善的 web 日志功能,记录了用户对每个模块的访问及行为方式(浏览、增加、修改等),它的“报表”模块可让学习者了解自己一段时间的行为概况。一个典型的学习者活动报告(概要报告)如图 5-12 所示。“活动报告”有多种呈现方式,如“概要报告”,展示一个学生在课程各章节中的行为表现,“所有日志”将展示一个学生沿着时间维度的行为频次分布情况和所有行为记录。基于这些行为记录,学习者可以了解自己在 Moodle 平台中各类功能模块的活动频次和活动类型。

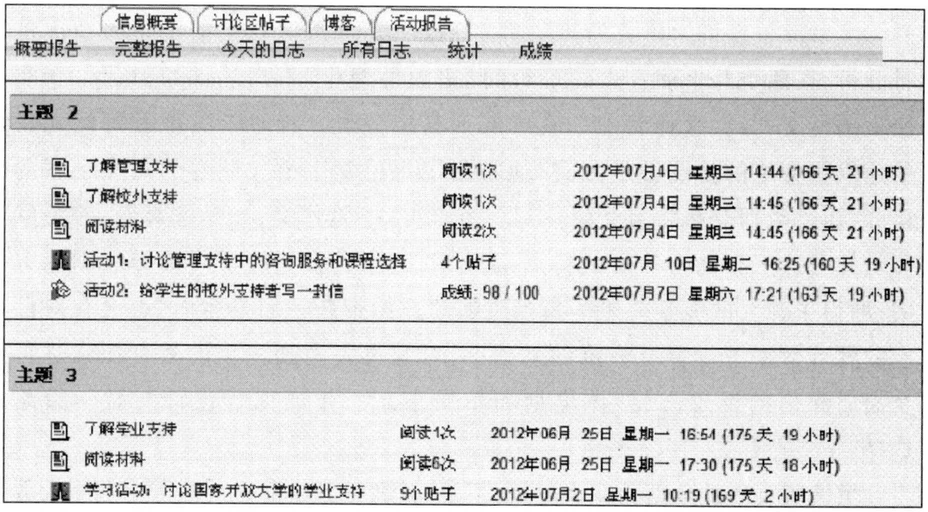

信息概要
讨论区帖子
博客
活动报告
概要报告
完整报告
今天的日志
所有日志
统计
成绩
主题 2
了解管理支持
阅读1次
2012年07月4日 星期三 14:44 (166天 21小时)
了解校外支持
阅读1次
2012年07月4日 星期三 14:45 (166天 21小时)
阅读材料
阅读2次
2012年07月4日 星期三 14:45 (166天 21小时)
活动1:讨论管理支持中的咨询服务和课程选择
4个贴子
2012年07月 10日 星期二 16:25 (160天 19小时)
活动2:给学生的校外支持者写一封信
成绩: 98 / 100
2012年07月7日 星期六 17:21 (163天 19小时)
主题 3
了解学业支持
阅读1次
2012年06月 25日 星期一 16:54 (175天 19小时)
阅读材料
阅读6次
2012年06月 25日 星期一 17:30 (175天 18小时)
学习活动:讨论国家开放大学的学业支持
9个贴子
2012年07月2日 星期一 10:19 (169天 2小时)

图 5-12 Moodle 平台中的“活动报告”界面图

从统计结果可知,学习者可以知道,自己最经常访问的模块是"讨论区",说明课堂讨论是主要的学习活动。相比之下,"资源"模块的访问频次要低很多,这就使学习者反思,自己是否是在充分自主学习的基础上参与讨论的。

学习者在 Moodle 平台中的学习不是孤立的,他也想知道与辅导教师、同学之间的关系,这种关系既有无向关系,如对某项资源的共同关注,也有有向关系,如师生在论坛中的回复与被回复的关系。这种关系的呈现可以借助社会网络分析方法来完成,常用的社会网络分析工具则有 UCINET。例如,一位学习者在学完一门课程后,想了解自己在论坛中的回复和被回复情况,此时可以做一个以该学习者为中心的师生交互网络分析。

(三)大数据和学习分析促进有效的在线个性化学习

姜强等在基于大数据的个性化自适应在线学习分析模型及实现的研究中提供了基于大数据的个性化自适应学习结构[①],构建了个性化自适应在线学习分析模型,并在此基础上提出以下观点:在大数据分析的支持下可全面地记录、跟踪和掌握学习者的不同学习特点、学习需求、学习基础和学习行为,并为不同类型的学习者提供个性化的学习路径,动态适应性地调整教学的内容、时间、方法等因素实施干预式教学,可增强学生的学习效率。

(四)大数据和学习分析提升学生应试能力、助力素质教育

南京市教育科学研究所洪劬颉利用数据分析,对学生语文学习情况进行分析,在两个月里使其带领班级的"语数外理化"五门功课超过另一个实验班整整 27 分。这种状况一直维系到高二分班。相对于其他教师漫无目的地以题带练的传统教学方式,他收集了每位学生语文试卷的每类题型的得分,通过数据分析将目光聚焦到三个点上:一是作文;二是选择题;三是默写。针对这三类题型各自的特点,为学生设计了有效的学习指导和训练方案,取得了惊人的教学效果。每当洪劬颉开始带新一届学生时,都会在对已有的教育数据进行学习分析的基础上,对其过去两到三年的教育探索进行全面而深刻的反思,以整体谋划和布局未来三年的课程设计与教学策略选择。

虽然所收集的数据并非大数据,但是,其教学方法的成功对未来利用大数

---

① 姜强,赵蔚,王朋娇,等.基于大数据的个性化自适应在线学习分析模型及实现[J].中国电化教育,2015(1).

据和学习分析进行教育教学具有重要的实践指导性。通过大数据和学习分析,为教师提供教学决策,改进教学方式,给学生适当的干预性指导,确保学生以最有效、最高效的方式学习,从而提高学习成绩。教学效率的提高,必将助力素质教育的推进。

(五)应用于教育资源网站评价——Web 流量分析视角的教育资源网站评价

马红亮和孟庆喜①以“教育技术学开放教育资源”网站为个案,应用谷歌分析对其进行实证分析和评价,他们指出,在面对谷歌分析提供的异常丰富的数据进行分析和评判时,由于不同维度和不同层次的数据之间相互关联且可以相互比较、相互印证,因此需要采集多个维度、多个层次的数据进行综合分析;即使 Web 流量分析在教育资源网站的评价中是一种非常有价值的方法,但是由于网站的许多维度往往是难以量化的,或者只能进行有限的量化,所以还需要结合人工手段进行定性评价。

该案例启示我们在进行教育资源网站的评价研究时,可以充分利用谷歌分析提供的大数据,多维度、深层次地对教育资源网站进行分析与评价,对比不同流量来源的访问效果,从而确定网站的宣传途径和方式,促进教育资源网站利用率最大化。

(六)应用于设计与优化学习资源

在上海市科学技术委员会项目“跨平台智能教育服务平台设计”中,学习者在二维码增强的纸质图书上学习,遇到需要拓展学习的时候,通过智能终端扫描图书中的二维码可以获得丰富的扩展学习资源。② 平台系统记录了所有与扫描行为相关的学习数据,包括学习者信息、知识点信息、位置信息、时间信息等,对这些数据进行分析,一方面可以为出版机构编制更具有针对性和个性化的资源和图书提供决策支持;另一方面可以为学习者推送具有针对性和个性化的网络辅助媒体资源。图 5-13 所示是对学生通过智能终端扫描二维码的统计。从这些数据可知,学生在编号 0677-00 的知识方面普遍需要扩展资源的支持。这为后续图书设计、资源设计提供了可靠依据。随着用户使用次数的增多,平台将相关数据记录进行获取和存储,从而为教育决策、教师教学干预和学生个性化学习提供全方位服务。

---

① 马红亮,孟庆喜.教育资源网站的评价研究:Web 流量分析视角[J].中国电化教育,2012(12).

② 冯翔,吴永和,王健,任友群.基于二维码技术的纸质教辅书服务平台[J].华东师范大学学报(自然科学版),2013(6).

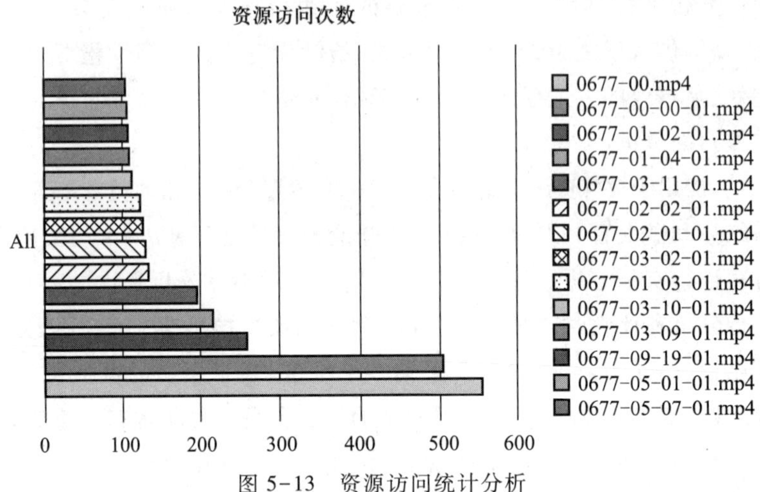

图 5-13　资源访问统计分析

四、基于学习分析技术的教学的问题与挑战

（一）技术挑战

目前，大数据与学习分析应用于教学中存在很多局限，最大的缺点是数据收集的范围小。目前很多数据来自学习管理系统、键盘数据、浏览器数据，基本上都是学生操作电脑的数据，且数据格式各不相同。实际上，很多学习发生在现实情境当中，但我们并没有捕捉这些发生在现实情境中的学习过程。乔治・西蒙认为，学习分析面临的最大挑战就是如何扩大数据捕捉范围，只有解决这个问题，我们才能深入了解学习和教学过程。① 目前尚未有较好的分析模型，现有的多个应用项目也仅完成对学习数据的表面挖掘，对实践未能产生革命性的影响。②

（二）机构能力的限制

学习分析获取的数据源丰富，但是缺乏统一的陈述标准，导致部分数据难以共享及重复使用，这都需要相关研究人员进行深入研究。面对海量的教育信息，对教育机构来说，如何最好地和商业领域、市场领域以及娱乐领域的数据挖掘工具齐头并进是一大挑战。大数据与学习分析的研究者来自不同领域，要促进大数据与学习分析的发展，一个关键因素是增加研究者和实践者的

---

① 魏雪峰，宋灵青.学习分析：更好地理解学生个性化学习过程——访谈学习分析研究专家 George Siemens 教授[J].中国电化教育，2013(9).

② 李青，王涛.学习分析技术研究与应用现状述评[J].中国电化教育，2012(8).

对话，以指导用于分析的新工具和新技术的开发。如果解决了这一系列问题，大数据与学习分析技术在提高教学、学习以及评价方面将发挥巨大的作用。

（三）隐私和伦理问题

大数据与学习分析涉及学生隐私和档案等问题，如何在合理利用这些数据的同时保护学生个人隐私是一个亟待解决的问题。此外，通过大数据与学习分析技术所做出的预测和建议，将会导致学生活动更加透明，这会带来一系列的社会伦理问题，需要相关研究和教育机构重视并采取有效解决措施。① 笔者建议利用新型技术手段限制使用个人数据，并让个人控制自己的信息安全。除通过技术解决和个人使用自觉外，也需要国家制定相应的法律法规以规范教育大数据的使用，保护学生隐私安全。

---

① 徐鹏，王以宁，刘艳华，等.大数据视角分析学习变革——美国《通过教育数据挖掘和学习分析促进教与学》报告解读及启示[J].远程教育杂志，2013(6).

第六章
智慧学习创新的案例介绍

来自实践的思考,只有在被赋予了理论的意义之后,才能具备逻辑和系统的力量;而源于理论的知识,只有在得到了实践印证和检验之后,才能产生解释现象和指导行为的说服力。

——本书作者

第一节 美国宾夕法尼亚州立大学智慧校园

一、PSU 校园信息化发展战略目标及组织架构①

美国宾夕法尼亚州立大学是一所居世界排名前 1%的著名研究型大学,是"公立常春藤"之一。该校在宾夕法尼亚州全境拥有 24 个校区,共有近 10 万名在校生,其中包括 1 万多名分布在全球的"世界校园(World Campus)"的网络学生。该校历来注重信息技术投入及其在校园教学和管理事务中的高效应用。

(一)战略目标

在学校制定的《卓越优先权:PSU 战略计划(2009—2014)》(Priorities for Excellence)②中,指出"在迈向更卓越学术机构的过程中,学校需要寻求新的方式来提升其教学、前沿研究和创造力",并认为信息技术投入在学校的发展过程中不是消耗品,而是富有价值的资本投资,需要持续增强校园中的信息技术总体投入,从而保持该校在美国和全球具有最佳高等教育和研究机构地位的竞争力。根据学校的总体发展战略,该战略计划将"应用技术来扩展联接和机遇(Use Technology to Expand Accessand Opportunities)"列为其七大战略目标之一,并制定了四项指导举措,包括:扩展学校面向全世界学习者的网上世界校园(World Campus)和其他在线教育机会;在教学、研究和管理上投入更为强劲

① 熊频,胡小勇.面向智慧校园的学习环境建设研究:案例与策略[J].电化教育研究,2015(3).

② Priorities for Excellence:The Penn State Strategic Plan 2009-10 through 2013-14[EB/OL].[2014-05-11].https://trustees. psu. edu/pdf/may2009minutesappendix1. pdf.

和弹性的信息技术架构;基于效率和效用的考虑,在学校集中式和分布式信息技术服务方面做出平衡优化;保护校园信息技术架构的安全性和完整性。

(二)组织架构

宾夕法尼亚州立大学的信息技术服务部(Information Technology Services, ITS)在该战略计划之下,具体负责为学校全体人员提供全方位的优质信息技术服务的实施工作。ITS 由七个子部门构成,包括[①]:

行政信息服务部:行使为整个学校提供集中性资源的职责,负责支持行政信息系统,并使用中心校区的数据库参加开发、维护和实施较先进的校园信息化应用。

咨询支持服务部:通过个性化响应,为学生、教学人员和职工提供较高水平的信息技术咨询服务。

数字图书馆技术部:为学生、教职员工提供较好的数字化图书资源和技术服务,支持学校教学、研究和公共服务项目。

研究计算与网络架构部:为学校的研究生教育和研究性项目提供高性能计算的技术服务。它与美国国家科学基金会(National Science Foundation)合作,为高性能计算架构等项目(Advanced Computational Infrastructure Program)提供服务,提升学校研究者处理和管理研究数据的能力。同时,该部门负责研究和实施如何把可视化计算技术的创新应用整合到研究类和教学类项目中。

安全操作服务部:关注发展,解释和强化校园中的计算机和网络安全政策。负责应对突发事件,提供法律支持、风险评估、易损性评估,并为学校教职工提供与技术安全主题相关的建议。

信息技术教学部:为教工提供课堂、实验室、课件资源和技能培训,促进开展信息技术支持的创新性教与学,通过在学校教学中促进广泛地应用技术,丰富学生的学习体验。

通信网络服务部:负责校园内外和各校区间的通信服务,满足高性能的信息技术通信需求。

二、《履行信息技术的承诺:PSU 信息技术服务战略计划》概要

与《卓越优先权:PSU 战略计划(2009—2014)》相呼应,ITS 牵头校园内的信息技术相关部门制订了《履行信息技术的承诺:PSU 信息技术服务战略计划

① Mission and Goals[EB/OL].[2014-05-11].http://its.psu.edu/about/about-its.

(2008—2013)》[①],对校园内的信息技术环境建设进行了通盘考虑和顶层设计。ITS 意识到,“PSU 变得越来越以学生为中心,而校园中的大学生都已经是新一代的数字土著,他们期望 PSU 能够搭建全新的学习环境,提供最好的信息技术服务”。因此,该信息技术服务战略计划甄别了七个正在挑战传统 PSU 校园学习环境变革的驱动力:数字化学习与在线考勤;网络基础架构;移动力、带宽、服务聚合;信息管理与创新;安全性、业务托管、业务连续性;资源约束和能量效能;国际化与全球化。并在新形势下使用信息技术转换学校的各项业务流程,以提升教学水平,强化科研能力,创建新型大学。

ITS 不但提供基于云技术的信息基础设施架构,让各类学校用户能够在学习、教学、研究和社会服务、管理以及相关活动中最大限度地使用相应的信息技术工具,还提供必要的支撑活动和数字化资源,以支持学校持续提升其履行多样化卓越使命的能力,这包括:帮助教职工提升教育实施途径的水平;为学生提供丰富其教育体验的技术资源;创建并维护能够开展最前沿研究的学术环境;帮助提升学校的整体效能;建设信息技术基础架构,保持宾夕法尼亚州立大学在教学、研究和服务方面开展高质量项目的整体卓越性。

借助实施《履行信息技术的承诺》这一战略计划,“新的宾夕法尼亚州立大学,被定义为技术架构上的宾夕法尼亚州立大学”,拥有与其他大学明显区别的十个关键优势:为学校所有师生和教职员工,以及他们在世界范围内工作和合作的人,提供丰富的信息通信工具和连接性;通过实施身份识别管理,为用户的个人信息提供强有力的安全保障;通过技术保证校园课室、实验室、图书馆等学习环境的灵活性、个性化和有效性;具有支持学生在学术和课程发展方面得到提升的评估策略;通过图书馆和其他网络资源,对世界范围内的信息资源保持有效的拓展连接;为从基础的本科生到最高级的研究实验室,提供开展研究和分享发现的先进技术工具;在管理校园业务操作和校园信息系统时,确保有效性和高效用;在学院、校区、业务单位和信息技术服务部之间,形成浓厚的合作创新氛围;在支持教职工开展与学科相关的教学法和研究支持方面,提供更多的技术培训机会;通过技术支撑保持学校对全球竞争、国际合作、学术交换、教育合作的高度敏感性。

三、美国宾夕法尼亚州立大学智慧校园环境的关键特征

目前,美国宾夕法尼亚州立大学已经形成泛在网络接入机会、安全可靠的

---

① Strategic Plan for Information Technology Services,2008-2013:Fulfilling the Promise of Information Technology[EB/OL].[2014-05-11].http://its. psu. edu/about/ITSStrategicPlan2008-2013. pdf/.

高性能云服务、支撑最高水平前沿科研和创新教学的新型信息化氛围,从多个方面响应了智慧校园理念的要求,如图 6-1 所示。

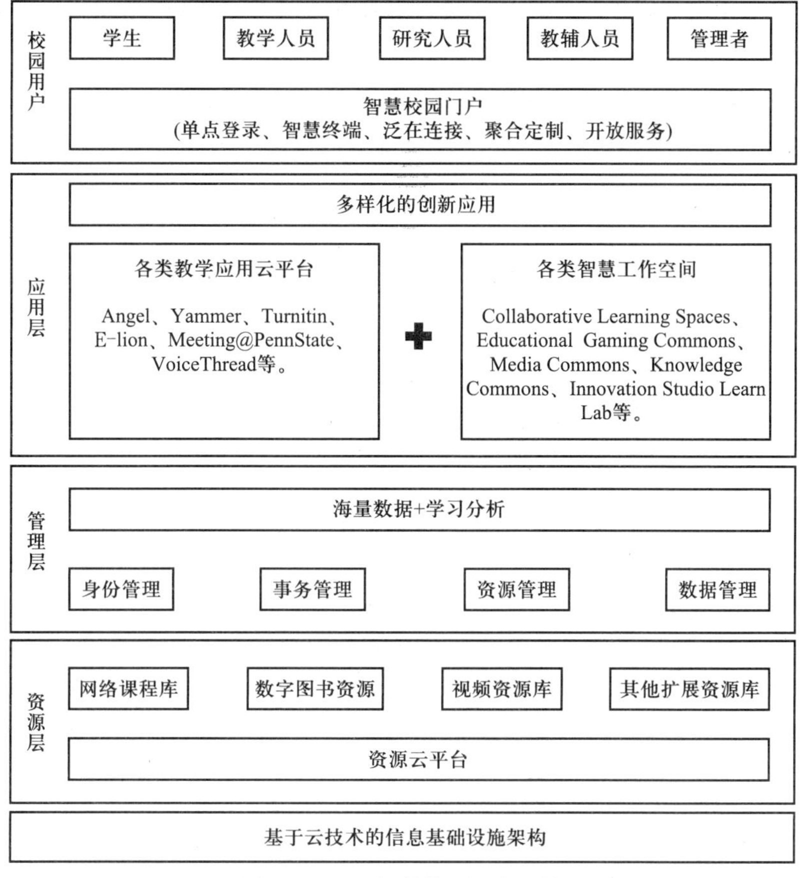

图 6-1　PSU 智慧校园服务环境

(一) 多样化智慧终端的泛在可连接性

PSU 为学校用户提供了遍布校园的数十个大型公共机房的有线接入服务。除此之外,PSU 更适应移动校园用户数量快速增长和各种信息技术智慧终端的普及,为学习者提供了多样化的泛在连接服务,使在校师生能够在任何时间、任何地点使用各种技术终端接入学校的泛在学习环境中。具体表现为校园信息技术服务平台能够根据用户需求,支持包括 Windows、Macintosh、Linux、Android 等各类操作系统,从笔记本电脑到智能手机、平板电脑的各类终端设备,捕获各类技术终端的特性并提供便捷的泛在访问功能①,提供按需组

① It Knowledge Base[EB/OL][2014-05-11].http://kb. its. psu. edu/wireless.

合和无缝应用的接入能力,使校园用户能够随时随地使用各种信息技术服务,打造以学生为中心的智能服务环境。在研究生教育中,在线授课方式十分普及,许多学生选择在家或工作场所进行远程在线考勤,教师则通过高带宽校园网与教学云平台和学生进行同步视频互动。

(二) 教学云平台的协同互通和海量资源的知识管理

学校基于云技术的基础架构,为校园用户提供了从学习管理系统(LMS)到即时通信平台、协作学习软件等在内的多样化教学云平台,以完全支撑以数字化形式所开展的各类教学活动,同时支持用户对学习内容和学习资源的云存储和云应用。与此同时,该学习环境提供业务整合的解决方案,校园师生只需要通过单点登录,就能够访问校园中的所有应用系统,以及与这些系统相关联的海量学习资源。例如,通过提供:(1) Angel 平台①,为学校所有课程师生提供学习管理服务,教学者可以上传课程材料,促进网络课堂沟通和小组合作,收集学生作业,测评学生学习进度,管理各类教学活动等。(2) Yammer 社交平台②,为学校师生提供具有类似脸书功能的社交化沟通平台,用户可以创建网络学习小组,并与其他任何校园用户进行连接沟通。(3) Meeting@PennState 平台③,通过使用 Adobe Connect 会议系统,为校园师生和教职工提供网络会议服务和实时视频教学服务功能。用户即使不在学校,也能够通过各种技术终端接入网络课堂,实现远程实时上课或视频会议。所有的视频授课资料都能够选择备份存储在云平台数据库中,提供按需检索的服务。(4) Voice Thread 平台④,可用来创建在线演示材料和开展协作评论服务,校园用户可以进行免费创建和内容评注。(5) Turnitin 平台⑤,允许教学者通过该网络写作评价平台,以标注工具、量规、证据工具等形式给学生提供反馈,或者进行同伴评价。

(三) 基于学习数据智能分析的研究与评价

学校尝试采用学习分析技术,对校园智慧学习环境中的各类学习行为进行记录和评价,从而开展基于对学习记录数据进行分析的智能化教育决策。目前,ITS 每年都为学校的学术计算教学咨询委员会(Faculty Advisory Committee on Academic Computing,FACAC)提供学习者对各类教学云平台和学

---

① Penn State Angel Course Management System[EB/OL].[2014-05-11].https://cms.psu.edu/.

② Why Yammer at Penn State[EB/OL].[2014-05-11].http://yammer.psu.edu/why_yammer/.

③ What is Meeting@PennState?[EB/OL].[2014-05-11].https://meeting.psu.edu/.

④ VoiceThread at PSU[EB/OL].[2014-05-11].http://voicethread.psu.edu/.

⑤ Turnitin at Penn State[EB/OL].[2014-05-11].http://turnitin.psu.edu/.

习系统的数据分析报告①,并通过观察、调研、热组(hot team)研究、数据集分析等手段,为各类学习技术、媒体教室、学习空间和学习者的个性服务提供决策指导。在分析过程中,学习记录主要来自两方面:一方面是在各类教学云平台和课程管理系统中存储的源自课程、测试和其他系统操作记录的比较结构化的正式数据。另一方面,来自校园用户,尤其是学生在各类学习过程中由移动终端、社交媒体和学习管理系统所记录的非结构化动态数据。通过收集和存储大量学生行为记录数据,并结合统计分析和数据可视化技术,提供学生学习行为和技术使用情况报告,预测学习趋势、鉴别服务差距和评价学习效果。

(四)适应师生个别化应用需求的服务聚合和定制

PSU在校园服务器端实现服务聚合,并根据校园用户的个性化需要,依据各种渠道对资源进行收集、整理和分类,向不同用户提供和推荐相关信息,以实现学习终端、学习资源和学习支持服务在客户端的自主个性化定制。一方面,实现了服务聚合功能:针对其种类繁多的通信服务,如脸书、SNS、论坛、邮箱和即时聊天工具等难以融合的现状,基于云计算架构的服务聚合系统,搭建一种能够让处于不同平台和终端的用户进行无障碍交流的综合服务平台。另一方面,实现了“用户+业务”相结合的个性化服务定制功能:以用户身份为基础,针对学生、教师、教辅等不同用户群体的特点和需求,提供差异化服务;以及以业务功能为基础,根据用户使用业务与业务水平的不同,提供服务定制功能。

(五)支持校园师生进行积极社会交往的联通性

联通主义倡导,“联通”比“联通中的内容”更为重要,知识中的有价值部分不再是知识本身,而是在知识使用过程中的交流、沟通、探讨和启发。除在各类校园网站中提供对脸书、Google+、Flickr等美国常见网络社交媒体的导入渠道之外,PSU所构建的校园信息技术服务系统还提供了便捷强大的社交网络服务。校园用户在单点登录诸如Yammer等学校提供的云平台后,能够与学校其他师生用户建立学习联结、加入各类学习社交圈,在校园社会网络结构中确定和寻找自己感兴趣的同伴。用户之间可以通过校园网络里的人际关系网络,交流想法和分享观点,乃至合作解决问题,比如进入在线课堂、学习小组、在线工作坊等,向其他人或群组发布消息或者进行信息共享。校园师生和教

---

① Teaching and Learning with Technology Annual Report[DB/OL].[2014-05-11].http://tlt.psu.edu/category/reports/.

职工也可以根据自身需求开展各种网络社交活动等。通过支撑“SNS 中的学习”,PSU 构建了一种提供学习交往的学习环境,改变了传统校园网络服务中用户缺乏沟通交流的局限,实现“学习是一个联结的过程”。每个用户都能够在校园中建立独立的社交网络“小世界”,又能方便地与他人进行沟通、分享以及协作。

(六) 面向学生数字素养和创造性能力培养的开放服务

智慧空间(Smart Space)/数字化学习空间(eLearning Space)①是智慧学习环境的实体形式之一,它是嵌入了计算、交互接口、信息设备和传感装置的工作空间,能够支持使用者便捷地获得各种信息服务,具有动态、开放、智能等特性。学习者可以在学习空间中拥有丰富的技术选择权,使用各种技术工具来达到自己的学习目的,进行内容创建、沟通合作和构建共同体,开展创新工作等。PSU 为学生提供了使用技术开展创造性学习和研究的平台,创建了系列智慧学习空间和智慧课堂,并面向校园全体用户提供预约开放服务,诸如:(1) 协作学习空间(Collaborative Learning Spaces)②,校园内建有多个协作学习空间,其目的是用技术来支持学生之间的项目协作、同伴学习、创意分享和主题研讨等。每个学习空间都被设计成不同的技术配置和开放格局,以满足各种学习活动的需求。(2) 教育游戏共享空间(Educational Gaming Commons)③,为学校中有志于使用游戏来提升教学和研究的团体提供服务。使用者可以与教学人员合作设计开发教育游戏,保持与最前沿的教育游戏、游戏技术和游戏类实践进行接触的机会。(3) 媒体共享空间(Media Commons)④,通过 PSU 内部的媒体行动计划,通过为师生和教职员工提供使用媒体技术和课堂训练的机会,丰富学生的教学体验。媒体共享空间提供了如何让教学人员对在教学中整合媒体技术感兴趣的多种特别设计服务。媒体共享空间还鼓励 PSU 校园用户参与将数字媒体与课堂教学相交叉的面向未来的创新研究。(4) 知识共享空间(Knowledge Commons)⑤,主要为 PSU 本科生提供促进信息发现、合作学习和知识构建服务的物理空间。它为学生提供了技术丰富、以学习者为中心的共享环境,同时满足学生用数字媒体技术构建和分享知识的需求。(5) 创新工

---

① eLearning for Smart Classrooms[EB/OL].[2014-05-11].http://education. qld. gov. au/smartclassrooms/documents/strategy/pdf/scbyte-elearning. pdf.

② Collaborative Spaces[EB/OL].[2014-05-11].http://clc. its. psu. edu/learningspaces.

③ Educational Gaming Commons[EB/OL].[2014-05-11].http://gaming. psu. edu/.

④ Media Commons[EB/OL].[2014-05-11].http://mediacommons. psu. edu/.

⑤ Tombros and McWhirter Knowledge Commons[EB/OL].[2014-05-11].http://www.libraries. psu. edu/psul/kc. html.

作 & 学习实验室(Innovation Studio Learn Lab)①,它提供了一个致力于将各种创新工具和技术应用于教学中的21世纪教育领导者的物理智慧课堂。它不是传统意义上的计算机机房,而是坚持“教学第一、技术第二”的理念,其学习环境设计集中于交互和活动,而非技术工具。工作室拥有多个小组合作学习平台和交互式电子白板、多屏幕投影系统等,用户可以全方位地向其他人展示创新学习项目。

第二节　智慧课堂促进高级思维能力发展

一、案例基本情况介绍

广州市番禺区象贤中学共有60个班,其中高二年级20个班不仅配备交互式一体机,还给每个学生配备了一台电子书包。学生从高一开始使用电子书包学习,熟悉电子书包的基本功能。该校研究制定了“基于智慧课堂的学生高级思维能力发展策略”,将其应用于高中二年级信息技术课《生存者探索》的教学中,通过提供给专家、教师基于智慧课堂的学生高级思维能力发展策略,《生存者探索》教学设计和《生存者探索》课程视频,组织专家、教师在线观看相关资源,从理论和实践两方面评价所制定策略的有效性。

(一)智慧课堂为本研究提供的支持

一是推送教学资源。通过电子书包教师端或交互式一体机实时推送教学资源至学生端,包括文字、图形、图像、动画、视频、音频等。

二是监控和实时指导。智慧课堂可以实时记录教师的教学轨迹和学生的学习轨迹,实时监控学生学习进度,对个别学生或小组进行实时引导和评价,注重学生个性化发展。

三是作品上传与收集。学生可以将个人或小组作品上传至智慧终端云平台,同时可以分享和评价其他学生或小组的作品。

四是作品展示、操作演示。教师可以利用一体机或实物投影仪引导学生进行作品展示或操作演示。

五是组织多元化教学评价。智慧课堂支持对组内、组间进行评价,通过授予与撤销奖章的方式对学生的学习表现进行实时评价。

---

① Krause Innovation Studio-Teaching First, Technology Second[EB/OL].[2014-05-11].https://innovation.ed.psu.edu/.

（二）课程所需教学资源

本研究教学内容选用广州市番禺区象贤中学高中二年级研究性学习课程中的《生存者探索》这节课。根据教学内容和已有的教学策略设计教学活动、教学设计（表 6-1）、学习任务单（表 6-2）测试题等资源。

表 6-1 《生存者探索》教学设计

课程名称	生存者探索	设计者	研究者
学习对象	高中二年级	学习课时	2 课时
教学方法	基于问题的学习、协作学习	教学环境	智慧课堂

学习目标

（一）知识与技能

➢ 了解信息获取的一般步骤

➢ 掌握获取网络信息的策略与技巧

➢ 理解问题解决学习活动的一般过程与步骤

（二）过程与方法

➢ 能够根据问题解决活动步骤完成《生存者探索》的探究任务

➢ 学会运用解决问题的方法和技能，解决有关实际问题

（三）情感态度与价值观

➢ 经历生存者探索过程，增进对解决问题过程的理解，发展高级思维能力

➢ 体验生存者探索过程活动的乐趣，养成发现问题、解决问题的习惯

教学重点

➢ 能够根据解决问题活动步骤完成《生存者探索》的探究任务

➢ 掌握获取网络信息的策略与技巧，提高信息素养

教学难点

➢ 快速、有效地获取资料，准确地筛选、加工信息

➢ 理解问题解决学习活动的一般过程与步骤，养成发现问题、解决问题的习惯

学习过程				
活动环节	教学内容	学生活动	教师活动	环境支持
温故知新	主要教学知识点	根据学习目标，复习信息获取的相关知识，自学问题解决的一般过程，完成前测试题	说明教学目标和教学流程、协作学习的注意事项	呈现教学资源

续表

<table>
<tr><th colspan="5">学习过程</th></tr>
<tr><th>活动环节</th><th>教学内容</th><th>学生活动</th><th>教师活动</th><th>环境支持</th></tr>
<tr><td>情境创设</td><td>利用数字故事，导入生存者探索的主题</td><td>观看数字故事，发现问题，产生学习兴趣</td><td>教师简单复述问题情境，保证学生明确学习任务</td><td>资源展示</td></tr>
<tr><td>问题表征</td><td rowspan="2">引出问题：如果你要去一座孤岛上探险，至少一周，只允许带一个背包，你认为背包里必须带的5项物品是什么？请说明理由</td><td>• 根据学习任务单，思考问题
• 借助网络或已有资源，确定小组需要解决的问题
• 运用在线平台进行小组实时讨论与观点共享</td><td>• 推送学习任务单
• 监控学生讨论过程，确保学生问题解决思路合理
• 辅助学生确定最终需要解决的问题
• 对学生进行解决问题方法的指导</td><td>实时交流、资源展示、无线网络、监控平台</td></tr>
<tr><td>问题解决</td><td>• 借助思维导图或其他工具筛选、加工已有信息，形成解决问题的初步方案
• 小组分工合作，集思广益，对初步方案进行评议，形成最佳方案
• 将最佳方案拍照上传至智慧终端</td><td>• 提供解决问题方案的样本
• 桌间巡视，实时解决学生的学习问题
• 引导学生从多个角度思考问题解决的方案</td><td>思维导图等学习辅助工具、资源共享、监控平台</td></tr>
<tr><td>总结评价</td><td>小组作品展示，组内互评、组间互评，教师总结</td><td>• 小组展示学习成果
• 组内互评，包括小组成员参与讨论；所提思路或想法对小组完成任务贡献程度</td><td>• 组织各小组展示学习成果
• 引导学生组内互评和组间互评</td><td>成果展示、评价反思工具</td></tr>
</table>

续表

学习过程				
活动环节	教学内容	学生活动	教师活动	环境支持
总结评价		• 组间互评:任务完成情况 • 填写学生满意度量表	• 教师评价学生表现、总结知识点	
迁移应用	• 修改原有问题解决方案 • 完成升级后的问题情境任务	• 小组内部根据教师和同学的反馈,分析、讨论并修改原有方案,上传至智慧终端 • 学生个体挑战升级版问题情境,形成解决问题方案	引导学生发散思维,补充、完善解决问题方案	作业发布、平台讨论

表 6-2　学习任务单

《生存者探索》学习任务单

下面是一节《生存者探索》的小故事,请你仔细阅读小故事,分析各个探究问题,并在相应位置完成探究问题,最后根据记录表里的信息,完成表格背包物品清单。

生存者探索

电影《荒岛余生》讲述了一个联邦快递公司员工在南太平洋上空遇难坠机流浪到荒岛的故事。飞机失事后,男主角查克被困在一座资源贫瘠的无人荒岛上,更不幸的是这座岛不在搜救的范围内,因此查克必须做好打持久战的准备。与他一起漂流到小岛上的可用物品只有一双溜冰鞋(可用作刀)、手电筒和一件衣服,在如此恶劣的环境下,查克凭借顽强的意志在荒岛上生活了四年,直到获得救援。

假如你被选为学校的代表参加广东省举办的“生还者”比赛。比赛与上述情节类似,你将独自前往一座热带荒岛(如下图所示),要求如下:首先,这不是“游戏”,在日复一日的严酷生存挑战中,忍受时间最长的人才会赢得比赛(至少一周),当然你也可以选择放弃。其次,你被允许带一个小背包,里面装有你认为对你的生存最关键的 5 件物品,这 5 件物品将关系着你的生存。

画面上的岛,是你的目的地。这里有一些细节:

- 水资源情况——没有溪流,仅仅在蓄水池中提供定量的淡水。

续表

• 植物生长情况——茂盛的植被包含种类繁多的草和树。

• 动物生长情况——岛上有很多小的哺乳动物、爬行动物和两栖动物，海边暗礁生活着许多鱼。

• 陆地情况——沙和岩石海岸，岛的内部是丛林，岛的西部有一半由陡峭的岩石小山构成。

探究任务：

（1）要想找出关系到你生命的5件物品，请先尝试完成以下3个问题，你会有意想不到的收获哦！

首先，在这个荒岛上，哪些资源能够满足你的衣食住行？

____

其次，要想利用好这些资源，你需要用到哪些工具？

____

最后，由于你的书包容量有限，请慎重选出5件你需要带的物品。

____

（2）通过任务1的作答，相信大家对5件物品已经心里有数。但要想在荒岛上生存，就必须要掌握荒岛求生的常识。请分析下面的问题，搜集相关信息，在你的记录表上作答。

探究问题	提出假设：查找资料前，你的答案。（你脑海里首先想到的是什么？请写下来）	查找资料后，你的答案	你的信息获取方法
你应该掌握哪些关于热带荒岛生存的基本常识？			
怎样获得饮用水？			
收集食物需要一些什么技术？			
生火的最好方法是什么？			

续表

探究问题	提出假设:查找资料前,你的答案。(你脑海里首先想到的是什么?请写下来)	查找资料后,你的答案	你的信息获取方法
哪些才是值得带上的药品?			
怎样才能搭建一处简易住所?			

(3) 为了生存,相信你已经掌握求生的常识,知道带什么物品了,把它们都装进你的背包。在你的记录表上,列出你将带的5件物品,并且解释你带每件物品的原因。做出你明智的决定吧,因为,你的生命维系于此!

背包物品清单

物品	原因

二、操作流程

通过对国内外智慧课堂和高级思维能力相关文献的研究发现,问题是贯穿教学过程不可缺少的因素,它能够激发学生思考,促进学生参与,提高学生思考水平,引导学生更好地完成任务,促进学生高级思维能力的发展。因此在智慧学习理论、教学设计理论、建构主义理论和联通主义理论的指导下,本研究构建了以问题解决过程为核心的基于智慧课堂的教学流程,包括情境创设、问题表征、问题解决、总结评价、迁移应用等五个环节。

一是在情境创设环节,综合利用智慧课堂下的多种技术手段,通过外显的教学活动形式,营造一种和谐的学习氛围,通过教师的启发和智慧学习环境的引导,发现问题、明确教学目标,并产生解决问题的兴趣和动机。

二是在问题表征环节,教师组织小组内部讨论、探究,进一步明确小组成员需要解决的问题以及小组合作的目标。智慧课堂通过感知学生讨论过程中的困难,提供多种解决方案并推送相关资源,引导学生将头脑中的问题正确呈现,清晰解决问题的基本思路和步骤。

三是在问题解决环节,小组在智慧终端的引导下采用各种方法和技能,从多个角度确定解决问题的实施步骤,然后小组内部通力合作,组内分工明确,按照有效的计划完成学习目标。

四是在总结评价环节,在学生解决部分或全部问题后,智慧课堂可以根据学生的表现提供实时的鼓舞和奖励,并将学生的学习情况实时反馈给教师。教师根据反馈结果,运用多种评价方式对学生的学习过程和学习结果做出评价,注意调控学习者的积极性,照顾到每位学生,让学习者在学习过程中得到全面的锻炼。

五是在迁移应用环节,学生结合教师和学生的评价,自己对整个学习过程和学习结果进行总结和反思。与此同时,智慧课堂根据学生在学习过程中的表现,推送不同难度等级的问题至学生端,辅助将所学知识和方法运用到新的学习过程中。

基于对智慧课堂和学生高级思维能力发展的相关了解,本研究从引导者、学习者、教学过程和智慧课堂四个角度出发,以问题解决的过程(情境创设—问题表征—问题解决—总结评价—迁移应用)为切入点,构建了基于智慧课堂的学生高级思维能力发展策略,如图 6-2 所示。

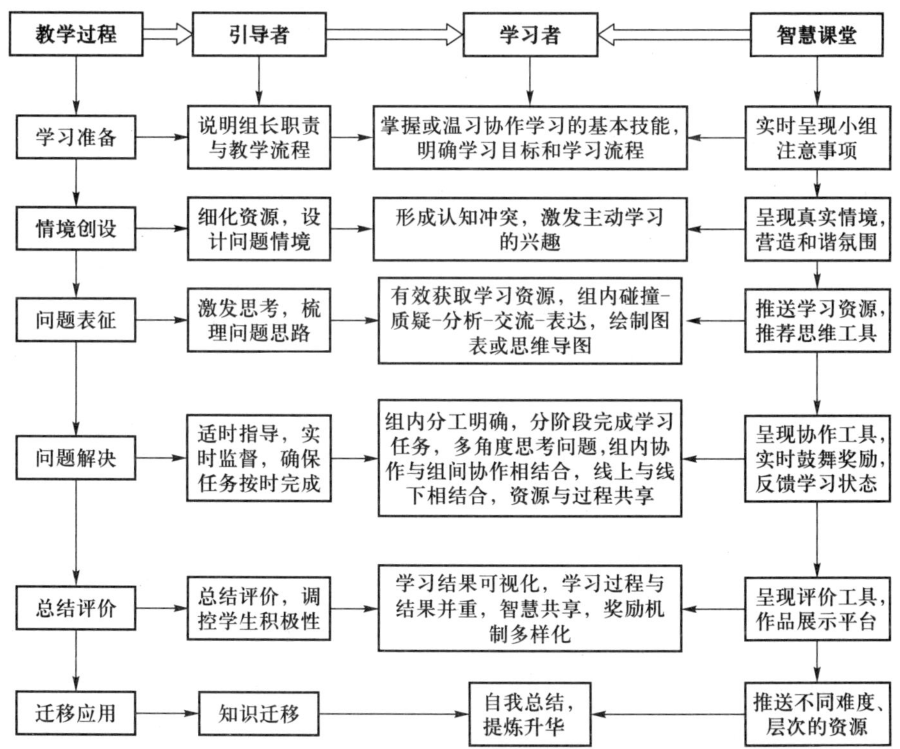

图 6-2 基于智慧课堂的学生高级思维能力发展策略

在学习准备环节,明确学习目标和学习流程,组织学生掌握或温习协作学习的基本技能,避免问题解决过程中不必要的争吵和混乱。

在情境创设环节,综合利用智慧课堂下的多种技术手段,通过外显的教学活动形式,营造一种和谐的学习氛围,在智慧课堂学习环境下发现问题、明确教学目标,并培养解决问题的兴趣和动机。

在问题表征环节,教师组织小组内部讨论、探究,进一步明确小组成员需要解决的问题以及小组合作的目标,智慧课堂根据学生需求提供相应帮助,引导学生正确呈现需要解决的问题,清晰解决问题的基本思路和步骤。

在问题解决环节,小组在智慧课堂的引导下采用各种方法和技能,从多个角度确定解决问题的实施步骤,然后小组内部通力合作,组内分工明确,能够按照有效的计划完成学习目标。

在总结评价环节,鼓励学生运用多种形式呈现解决问题的过程或成果,运用多种评价方式对学生的学习过程和学习结果做出评价,注意调控学习者的积极性,并及时引导鼓励,让学习者在学习过程中得到全面的锻炼。

在迁移应用环节,学生结合教师和学生的评价,自己对整个学习过程和学习结果进行总结和反思的同时,尝试将所学知识和方法运用到新的学习过程中。

三、智慧课堂的实施

在广州市番禺区象贤中学高二(一)班智慧课堂环境下,教师进行了《生存者探索》的研究性学习。学生在教师引导和智慧课堂的辅助下分析教学情境、发现问题、提出并实施解决问题的方案,然后进行成果展示,最后通过测试题检测学生是否掌握所学知识,通过评价量表检测学生的高级思维能力是否得到了发展。在整个教学过程中,智慧终端将学生学习过程中遇到的问题及时发送给教师,教师根据问题有针对性地做出引导;最后教师结合智慧终端反馈的数据,对学生作品和学生在问题解决过程中的表现进行总结。

四、应用效果总结

(一)学生学习效果的提高

为了验证基于智慧课堂的学生高级思维能力发展策略能够提高学生的学习效果,在第三轮基于设计的研究中,研究者采用了单组前后测对比实验的方法,让高二(一)班 56 名学生以闭卷答题的形式完成测试。

在实验实施之前,通过发放课程《生存者探索》相关知识点的前测试卷,以了解他们对《生存者探索》相关知识和操作技能的初始水平。课堂教学后，向学生发放《生存者探索》相关知识点的后测试卷，以了解该课堂教学策略对学生学习效果的提高。学生实验前后成绩统计表如表 6-3 所示。

表 6-3　学生实验前后成绩统计表

编号	前测	后测	编号	前测	后测
1	57	86	29	52	57
2	47	63	30	35	71
3	28	51	31	37	86
4	35	55	32	53	77
5	45	68	33	47	72
6	53	82	34	47	80
7	44	78	35	35	88
8	58	81	36	43	82
9	37	66	37	62	82
10	44	82	38	65	86
11	69	91	39	33	84
12	38	65	40	40	74
13	47	89	41	48	76
14	43	61	42	29	90
15	39	76	43	41	88
16	55	81	44	46	64
17	46	86	45	46	71
18	55	84	46	49	65
19	50	87	47	46	81
20	65	82	48	55	69
21	48	69	49	54	61
22	60	93	50	42	70
23	44	65	51	33	71
24	38	63	52	55	65
25	67	86	53	50	80
26	37	53	54	56	72
27	55	90	55	58	69
28	47	84	56	40	78

运用 SPSS17.0 软件对上述数据进行配对样本 t 检验，结果如表 6-4 所示，差异显著概率（即 sig）$p=0<0.05$，说明两次实验的结果差异显著。后测与前测的平均分值差为 27.821，后测的平均分比前测的平均分高，因此基于智慧课堂的学生高级思维能力发展策略显著提高了学生的学习效果。

表 6-4　前后测配对样本 t 检验结果

成对样本统计量					
		均值	N	标准差	均值的标准误差
对 1	前测	47.64	56	9.468	1.265
	后测	75.46	56	10.691	1.429

成对样本相关系数				
		N	相关系数	Sig.
对 1	前测 & 后测	56	.728	.000

成对样本检验									
		成对差分					t	df	Sig.（双侧）
		均值	标准差	均值的标准误差	差分的 95%置信区间				
					下限	上限			
对 1	前测-后测	-27.821	7.527	1.006	-29.837	-25.806	-27.659	55	.000

（二）学生学习态度的提高

为了验证基于智慧课堂的学生高级思维能力发展策略能够提高学生的学习态度和高级思维能力的发展，在第三轮基于设计的研究中，在课程结束后向高二（一）班 56 名学生发放了调查问卷 56 份，回收 56 份，有效问卷 51 份，回收率为 100%，有效率为 91.1%。然后对调查问卷进行统计分析，其中学习态度的调查结果如表 6-5 所示。

由表 6-5 可知，在学生态度方面，得分率 Fi 的平均值为 0.657，大于 0，且各项得分率均大于 0，说明绝大多数学生在基于智慧课堂的高级思维能力发展策略的引导下，学习态度都有所改善。具体来讲，通过基于智慧课堂的学生高级思维能力发展策略，使大多数学生：愿意接受智慧课堂的帮助，积极参与小组活动；能够认真倾听他人的观点，积极表达自己的观点；小组成员能够相互受益，乐于共享有价值的信息；意识到解决问题的重要性，养成发现问题、解决问题的习惯。

表 6-5　学习态度维度应用效果调查问卷统计处理

评价要素	标准描述	非常符合+2	比较符合+1	一般 0	不太符合-1	很不符合-2	Fi
学习态度	愿意接受智慧课堂的帮助,积极参与小组活动	27	14	10	0	0	0.667
	能够认真倾听他人的观点,积极表达自己的观点	26	17	8	0	0	0.676
	小组成员能够相互受益,乐于共享有价值的信息	27	16	8	0	0	0.686
	意识到问题解决学习的重要性,养成发现问题、解决问题的习惯	22	17	12	0	0	0.598

（三）学生高级思维能力的发展

1. 分析问题的能力

由表 6-6 可知,在学生的分析问题能力方面,得分率 Fi 的平均值为 0.818,大于 0.5,且各项得分率均大于 0.5,说明绝大多数学生在基于智慧课堂的高级思维能力发展策略的引导下,分析问题的能力都有所提高。具体来讲,通过基于智慧课堂的学生高级思维能力发展策略,使大多数学生:能通过智慧终端,有效获取所需信息,信息来源广泛、全面;能借助智慧课堂推送的学习工具,对获取的信息进行分析、甄别、筛选;能借助有效工具找到信息之间的关联,提出初步的问题解决方案,形成自己的观点。

表 6-6　分析问题能力维度应用效果调查问卷统计处理

评价要素	标准描述	优秀 5	良好 4	中等 3	较差 2	很差 1	Fi
分析问题的能力	通过智慧终端,有效获取所需信息,信息来源广泛、全面	13	28	10	0	0	0.812
	借助智慧课堂推送学习工具,对获取的信息进行分析、甄别、筛选	21	18	7	5	0	0.816

续表

评价要素	标准描述	优秀 5	良好 4	中等 3	较差 2	很差 1	Fi
分析问题的能力	借助有效工具找到信息之间的关联，提出初步的问题解决方案，形成自己的观点	21	16	14	0	0	0.827

2. 综合运用知识的能力

由表 6-7 可知，在学生综合运用知识能力方面，得分率 Fi 的平均值为 0.807，大于 0.5，且各项得分率均大于 0.5，说明绝大多数学生在基于智慧课堂的高级思维能力发展策略的引导下，综合运用知识的能力都有所提高。具体来讲，通过基于智慧课堂的学生高级思维能力发展策略，使大多数学生：能够理解、找到知识点间的关联，借助思维工具形成知识体系；能够通过智慧课堂将知识灵活地运用于问题解决方案中，模拟解决情境问题；能够对资源进行深层次的挖掘，从多个角度寻求不同的解决方案；能够交流信息、及时反馈，在学习中遇到的困难能够及时得到解决。

表 6-7　综合运用知识的能力维度应用效果调查问卷统计处理

评价要素	标准描述	优秀 5	良好 4	中等 3	较差 2	很差 1	Fi
综合运用知识的能力	能够理解、找到知识点间的关联，借助思维工具形成知识体系	16	19	16	0	0	0.800
	通过智慧课堂将知识灵活地运用于问题解决方案中，模拟解决情境问题	20	17	9	5	0	0.804
	对资源进行深层次的挖掘，从多个角度寻求不同的解决方案	15	23	13	0	0	0.808
	信息交流、反馈及时，学习中遇到的困难能够得到及时解决	20	19	8	4	0	0.816

3. 评价反思的能力

由表6-8可知，在学生的评价反思能力方面，得分率Fi的平均值为0.823，大于0.5，且各项得分率均大于0.5，说明绝大多数学生在基于智慧课堂的学生高级思维能力发展策略的引导下，学生的评价反思能力都有所提高。具体来讲，通过基于智慧课堂的学生高级思维能力发展策略，小组合作解决问题的方式使大多数学生能够达成事先设立的学习目标，解决提出的学习问题，取得相应的学习成果；学习成果质量高，且具有一定的创新与突破，有独到之处；合理、明确、科学，具有可操作性；能够根据智慧课堂的提示，反思自己的学习行为，总结经验；能尝试将所学知识和方法应用于其他学习过程中，不断突破自我。

表6-8 评价反思能力维度应用效果调查问卷统计处理

评价要素	标准描述	优秀5	良好4	中等3	较差2	很差1	Fi
评价反思的能力	达成事先设立的学习目标，解决提出的学习问题，取得相应的学习成果	17	20	14	0	0	0.812
	学习成果质量高，具有一定的创新与突破，有独到之处	19	15	17	0	0	0.808
	小组合作解决问题的方式合理、明确、科学，具有可操作性	19	22	10	0	0	0.835
	能够根据智慧课堂的提示，反思自己的学习行为，总结经验	17	20	14	0	0	0.812
	能尝试将所学知识和方法应用于其他学习过程中，不断突破自我	25	13	13	0	0	0.847

4. 创造性解决问题的能力

由表6-9可知，在学生的创造性解决问题能力方面，得分率Fi的平均值为0.820，大于0.5，且各项得分率均大于0.5，说明绝大多数学生在基于智慧课堂的学生高级思维能力发展策略的引导下，创造性解决问题能力都有所提高。具体来讲,通过基于智慧课堂的学生高级思维能力发展策略,使大多数学生:在小组内部能够维持良好的合作关系,分工合理,职责明晰;能依据各方面反馈,及时调整小组解决问题的方式和行为;能根据实际安排分配时间,完成相应的学习任务,解决学习问题;自己的设想能够得到小组认可,提出一套解决问题的合理方案,有一定的动手能力。

表 6-9 创造性解决问题的维度应用效果调查问卷统计处理

评价要素	标准描述	优秀 5	良好 4	中等 3	较差 2	很差 1	Fi
创造性解决问题的能力	小组内部维持良好的合作关系,分工合理,职责明晰	20	19	12	0	0	0.831
	能依据各方面反馈,及时调整小组解决问题的方式和行为	21	16	14	0	0	0.827
	能根据实际安排分配时间,完成相应的学习任务,解决学习问题	17	20	14	0	0	0.812
	自己的设想能够得到小组认可,提出一套解决问题的合理方案,有一定的动手能力	16	21	14	0	0	0.808

第三节 深圳市龙华中心小学智慧校园

一、案例简介

深圳市龙华中心小学重视智慧校园建设①,该校硬件设施较为完善。建有完善的校园网,包括有线和无线校园网。有学校网站、影视资源、活动图片、FTP 存储等各类服务器。校园公共场所布置书香点读机,个别班级作为“电子书包”项目实验班配置平板电脑,电子阅览室摆放平板学习机支持学生移动学

① 訾玲玲,丛鑫.基于智慧学习的虚拟现实课程教学模式研究[J].现代计算机(专业版),2015(19).

习,此外老师配置手提电脑、一体机支持移动办公等应用。

学校把“智慧校园”建设与应用列入学校的整体规划,建设方案具体可行。早在2013年,学校派骨干教师参与各级教育部门组织的“智慧校园”的研讨,初步规划学校“智慧校园”建设。此外积极申报市“教育云项目”(智慧校园)试点学校。2014年,学校根据自身实际发展需要,制定“智慧校园”建设详细方案报送龙华新区,5月,龙华新区组织“智慧校园”专家评审,肯定该校制定的“智慧校园”方案,该校成为龙华新区五所“智慧校园”试点学校之一。

二、学习方式

充分利用网络工具检索资源。由于现在很多学生家中都有计算机和网络,因此中、高年级学生大部分能熟练地利用网络工具和在线资源(如通过QQ沟通、发电子邮件、利用百度查找信息等)。学校也会根据四年级的课程内容,指导学生学习网络应用。此外学校自主建立moodle网络学习平台,为每个学生建立网络空间。

利用网络平台开展自主学习、个性化学习及协作学习。鼓励学生利用网络平台、电子阅读室平板学习机、书香点读机等阅读数字图书、欣赏微课等,开展自主学习、个性化学习;购置Scratch书籍和操控板,指导学生开展Scratch、“萝卜圈虚拟机器人”探究性、体验性学习;引导学生通过卓帆考试系统、moodle网络教学平台的测试系统进行自我测评等,成为智慧学习的新常态。搭建moodle网络教学平台,鼓励学生通过网络空间等与他人协作进行学习、资源建设与分享。

三、智慧学习创新应用形式

(一)教学应用

理解智慧教育的理念,利用各种移动终端探索信息技术支撑下的新型教学模式,构建智慧课堂。组织全校教师分学科进行交互式电子白板、微课、课件制作等多媒体应用培训,因此智慧教学实现学科全覆盖,应用多媒体教学设备授课课时数与总课时数的比例达到80%以上;应用交互式设备和网络教学系统、数字实验室或学习体验中心进行教学课时数与总课时数的比例达到50%以上。2014年,该校利用平板电脑、微课尝试翻转课堂课例《数码照片动手拍》参加全国第7届互动课堂教学大赛获得一等奖。2015年,该校利用平板、微课课例《数码照片动手拍》参加全国第8届互动课堂教学大赛获得一等奖。全校39个班的教室、主要功能室均配置短焦投影、交互式电子白板或一体机等多媒体设备。

能熟练使用交互式电子白板等相关的学科教学工具进行教学设计，关注学生能力培养和情感体验。如语文学科调用笔画顺序显示、读音批注等；数学学科调用尺子、圆规等。

在教学设计和实施过程中合理选择数字教学资源，利用学科教学工具对资源进行加工制作。精心制作的多媒体课件，多次在国家级和省级竞赛中获奖。

理解教学环境的分类及特点，能根据教学需要合理选择多媒体教学环境、数字实验室或学习体验中心实施教学。该校利用平板学习机及微课，引导学生自主学习，尝试翻转课堂课例获得全国互动课堂教学比赛一等奖。

理解信息化教学设计的理念及方法，有效利用备课及管理服务系统、网络空间等完成备课工作。学校实行电子备课，每学期上传 FTP 至服务器。学校于 2014 年组织各学科老师，尝试利用“习网”一站式网络学习平台进行备课，精心设计导学单。2015 年自主搭建 moodle 平台进行备课。

综合运用学科教学工具、网络空间、数字实验室或学习体验中心等开展智慧课堂教学，有效构建自主、合作、探究等新的教与学方式。该校在 2012 年组织微课制作培训，鼓励尝试制作微课。次年，该校鼓励学生利用电子阅览室的平板学习机阅览数字图书、欣赏微课等开展自主学习，并尝试在教学中实际利用平板学习机及微课，引导学生自主学习，尝试翻转课堂，录制的课例多次在全国互动课堂教学比赛中获奖。

根据教育教学目标设计并实施信息化教学评价方案，利用卓帆考试系统、“习网”一站式教学平台、moodle 网络教学平台等应用服务系统对教学对象、教学活动等进行有效管理和评价。

自主搭建 moodle 网络教学平台及利用“习网”平台，添加微课等自主学习资源，设计电子导学单，并合理利用网站、平板学习机、书香点读机等，倡行终身学习的理念，通过信息技术的教学应用引导学生更好地学习与生活。

（二）教研应用

自主搭建 moodle 平台、利用“习网”一站式教学平台，进行互动教研。利用学校网站的“教研动态、课题研究”等栏目进行教研信息的沟通、联系。此外建立或加入各类专业 QQ 群（如深圳市信息技术教师群、龙华新区教学主任群、虚拟机器人群、校园影视制作群等）、微信群（如“正面管理”微信群）等，与专家和同行建立并保持业务联系，依托交流组、群组等，促进自身专业成长、提升自身教育教学能力。

专任教师应用网络空间开展备课、教学、教研等交流研讨及培训学习等活动并形成常态化。利用“习网”一站式教学平台和自主搭建 moodle 平台，进行备课、教学、教研。参与市中小幼教师继续教育网、中央电化教育馆等组织的各类网络继续教育培训。利用学校网站的“教研动态、课题研究”等栏目进行教研信息的沟通、联系。此外利用 QQ 群、微信、腾讯通、校讯通等进行交流研讨。

名师、骨干教师依托市电化教育馆网络平台或自建平台，指导本学科教师专业发展，每年讲授至少 2 节信息技术环境下探索新教学模式的网络公开课。如 2011 年至今有 30 多节各类公开课，70 多节微课在市电化教育馆在线展示。

实施教师信息技术应用提升工程，3 年内学校全体教师参加信息技术应用能力培训。2012 年组织交互式电子白板、新电教平台等全员培训；2013 年，组织网站应用全员培训；2014 年，将全校教师分成语文、数学、英语、综合四个大科组，进行全员微课培训，此外组织骨干老师进行电子导学单应用培训。

四、应用效果

（一）应用程度

各学科教师探索在信息技术支持下的翻转课堂、泛在学习、探究式学习、体验式学习等，创新教育教学模式，并定期开展应用活动观摩与交流，取得良好的应用效果。学生能运用新模式进行创新性学习。鼓励学生利用学校网站建立的 Scratch 魔法学堂、微课资源库等教学资源进行自主学习。引导学生利用电子阅览室的平板学习机阅览数字图书、欣赏微课等进行泛在学习。教师尝试教学中实际利用平板学习机及微课，引导学生自主学习，尝试翻转课堂。

（二）示范活动

围绕智慧课堂的理念、思路和方法、支撑环境等有关问题开展各级各类交流研讨及示范课观摩活动。2013 年，该校与电信公司进行“电子学生证”研讨。“电子学生证”可以在学生进出校门时及时发送短信通知家长，也可让学生在必要的情况下与家长及时通话或报警，家长也可以查询学生的位置、活动轨迹等。经过反复研讨、认证，在一年级学生中以家长自愿为原则，尝试应用“电子学生证”。该校骨干教师到联通总部参观“智慧校园”展示，探讨“智慧校园”建设。经过与多家开展“智慧校园”建设企业的研讨，到多所开展“智慧校园”建设探索的学校参观，最终结合学校实际发展的需要撰写“智慧校园”建设方案。学校撰写的“智慧校园”建设方案通过龙华新区教育科组织的专家评选，成为龙华新区五所“智慧校园”建设试点学校之一，该校尝试利用物联网技术，搭建智能管控系统，实现远程控制，能效监控等。多个教育信息化访问团到校参观，了解、学习该校教育信息化的探索和实践情况，探讨“智慧校园”建设。

有计划地组织学生参加校级及以上信息技术创新与实践活动。先后开展Scratch、萝卜圈虚拟机器人、网页制作、信息技术奥林匹克、网络中文、信息学奥林匹克竞赛、电脑绘画、DV 创作、校园节目主持等活动，取得优异成绩，参与区级以上各类比赛，共获 300 多项奖励，其中 13 次获得冠军，促进学生信息素养的提升。

在区级（含区级）以上范围，组织优势学科或区级以上骨干教师、名师，每个月开展 1 次以上课堂教学实况在线直播或点播活动。2011 年至今有 50 多节课例、60 多节微课分别在全国互动课堂教学比赛网站、市电化教育馆、宝安教育局等网站参与在线点播。2012 年在深圳会展中心举行的首届全国教育信息化成果展中，该校英语整合课例现场直播展示，受到与会专家的好评。2015 年，该校被深圳市电化教育馆评为“优质数字教学资源建设合作单位”。

（三）应用成果

近年来，专任教师在区级及以上各类教育教学信息化比赛（评比）中取得较好的成绩，包括优秀课例、优质课、说课、课件、论文等。

及时梳理总结应用学科教学工具构建智慧课堂的基本思路、方法和成效，撰写论文和研究报告，每年在市级以上专业刊物发表一篇以上的相关论文；承担不少于 1 项区级以上教育信息化课题。

学生积极参加各种信息技术创新活动或竞赛，并获得较好成绩。组织开展丰富多彩的信息技术社团活动，取得一系列优异成绩，参与区级以上各类比赛，共获 300 多项奖，其中 13 次获得桂冠。

（四）特色应用

结合办学特色，学校自主探索和创新信息技术支撑下的教育教学应用，取得明显成效，并在全市甚至全省、全国范围内产生较大影响。学校先后被授予“全国百佳校园电视台”“全国百佳校园媒体示范学校”“全国电影课示范学校”“广东省现代教育技术实验学校”“深圳市首批现代教育技术实验学校”“深圳市教育云项目（智慧校园）试点学校”“宝安区优秀现代教育技术实验学校”、宝安区教育信息化示范学校、龙华新区首批“智慧校园”建设试点学校、“红领巾数字图书馆示范学校”等称号。其成绩也受到媒体、教育部门的关注。

五、可持续发展机制与保障

（一）组织机构

为保障“智慧校园”建设项目的组织协调和管理，学校在2014年4月成立“智慧校园”建设领导小组。由校长担任组长，负责学校“智慧校园”的组织领导。主管教学的副校长、教学处主任等负责各学科应用的组织领导工作。

此外学校成立了以校长为组长的建设项目执行领导小组，下设办公室由教学处主任负责建设项目的全面策划部署、组织管理和日常事务；成立了以副校长为组长的建设项目监督小组，监控项目的实施和资金使用；成立了由办公室主任为组长的建设项目资金管理保障小组，各工作组职责明确，领导和管理规范、科学，能有效保障建设目标的实现，提高建设效益。

为切实做好“智慧校园”建设项目的管理工作，保证项目建设的有序进行和建设目标的顺利实现，学校组织精兵强将成立了龙华中心小学“智慧校园”建设小组，确保项目建设保质保量按期完成。具体由懂技术、业务精湛的老师专职负责校园信息化建设。小组主要有两支队伍，一支是由信息科老师组成的信息技术服务与保障队伍，一支是由各学科骨干教师组成的信息技术应用研究推广项目团队。“智慧校园”建设小组成员，既有懂技术，对现代教育技术操作较好的信息科老师，也有语文、数学、英语、科学、美术等学科骨干老师；既有人负责技术开发，又有人负责教学设计；既有人负责设备维护，又有人负责美工；小组成员既有分工，又有合作。

（二）信息化领导力

为加快推进“智慧校园”建设，学校制定了“智慧校园”建设绩效评估方案。该方案注重制度落实，建立监控与考核评价体系，对各个项目采取信息收集、监控检查、进展公告等措施，实施全面跟踪和监控，加强对项目运行过程的管理。项目建设按照“分级管理、责任到人、全员参与、专家评估”的思路，采用“项目管理”运作模式，实行项目责任人制、项目责任追究制、项目建设情况定期报告制，层层落实责任，实现目标管理与过程管理相结合。对“智慧校园”各个项目建设的过程和效果进行公平、公正、公开的评价，并将以量化的考核结果累积作为教师年度绩效工资、评选先进、职称评聘的重要依据。构建一个以过程性评价结果为依据，以激励教师“积极性”和“创造性”为导向的“智慧校园”。

（三）制度保障

为切实做好“智慧校园”建设项目的管理工作，保证项目建设的规范、有序进行,学校在现有各项规章制度的基础上,建立一套科学有效的“智慧校园”建设与应用管理制度和工作激励机制。同时,根据需要,学校重点建设与完善教学应用、教务管理、奖励机制等方面的系列制度文件,促进日常管理的规范化、制度化,健全和完善“智慧校园”建设的制度保障体系。该文件包括专项管理制度和项目建设工作目标责任制度。

专项管理制度。学校制定《“智慧校园”建设项目实施管理办法》,明确各管理机构职责,实施项目责任制、项目建设情况定期报告制度,落实考核、奖惩制度,确保建设目标的实现。

为科学评价“智慧校园”建设项目进展情况与绩效,建立项目建设工作目标责任制,制定工作目标管理及年度绩效考核办法,责任到位,落实到人。定期检查建设进度,逐项落实建设内容,对不能按时完成任务的,按有关规定实行责任追究。

(四)机制创新

积极探索“智慧校园”建设与应用的创新机制,以保障“智慧校园”的可持续发展。在创建“智慧校园”所需设备采购以及管理方面,做到严格论证、依法采购、规范管理、保证质量,发挥最大效益。同时采购时与公司签订协议,要求保证设备的质量,如有故障要求能在 24 小时内进行响应维护。学校也将设立“智慧校园”设备小组,负责网络的日常维护,平板电脑的管理、维护工作。

第四节　智慧学习环境中的虚拟现实课程[①]

一、案例介绍

虚拟现实技术一直是信息领域研究开发和应用的热点方向之一。虚拟现实课程立足于虚拟现实的“3I(Immersion, Interaction, Imagination)”特性,从技术和应用两个方向全面系统地讲授基础理论和实践技能,是一门涉及知识面广,教学内容丰富,应用广泛,发展迅速的专业课程。訾玲玲、丛鑫针对虚拟现实课程特点,构建了基于智慧学习的教学模式,以充分发挥学生主体地位,提高学生的学习兴趣和积极性,提高学生的自主学习能力和创新能力。该模式应用在虚拟现实技术课程的教学中,取得了一定的教学效果。

---

① 訾玲玲,丛鑫.基于智慧学习的虚拟现实课程教学模式研究[J].现代计算机(专业版),2015(19).

二、基于智慧学习环境的教学模式

1. 基于智慧学习环境的教学设计原则

一是有利于学生的学习需求。智慧环境通过情境感知技术预知学生的学习需求,并主动推送学生感兴趣的资源,让学生自己选择感兴趣的知识进行学习,从而满足学习者的个性需求,激发学生的学习兴趣。

二是有利于学生对知识的理解与掌握。便捷的学习服务,方便学生灵活地选择学习资源,安排学习时间,不受传统教学模式中的教学进度的限制,从而更好地理解与掌握虚拟现实技术的相关知识。

三是有利于提高学生的实践能力。智慧学习在通过云计算、物联网、大数据构建的智慧环境中开展学习活动,方便学习者深入虚拟情景进行系统开发,从而大幅度提高学生分析问题、解决问题和实际应用的能力。相比于传统的非情景教学模式,智慧学习环境提高了学生知识迁移的能力。

2. 基于智慧学习的教学模式

基于智慧学习的教学模式由五个部分组成,分别是:自主式基本理论学习;分享式经典算法学习;自助式建模软件使用;协作式系统开发;探究式问题解决。前四个部分分别针对虚拟现实课程的四个大的教学单元,最后的探究式问题解决方法贯穿了整个虚拟现实的教学内容(图 6-3)。

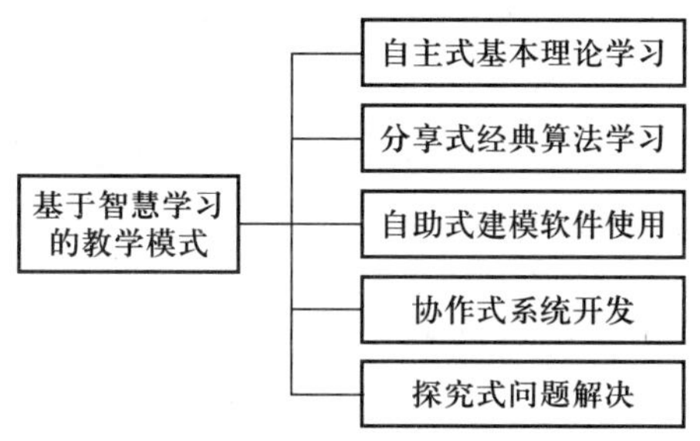

图 6-3 基于智慧学习的教学模式

一是自主式基本理论学习。在学习某一知识点前,教师发布教学任务,学习者带着这个教学任务进入情境,智慧环境及时感知学生的学习需求,并采用多种方式提供信息资源。学生根据资料进行学习,并提出问题,教师及时为学生答疑,并进行知识点的强化。此后,智慧环境提供身临其境的环境,将学到的知识点进行实践应用,加深对知识点的掌握。学生的学习过程被自动储存到云平台中,用于进行智能分析,并将此分析结果反馈教师,用于测评学生对知识点的掌握情况。

二是分享式经典算法学习。智慧环境根据学生的个人兴趣和需要，推送大量的虚拟现实算法知识，学生根据推送的内容进行自主学习。教师在课堂上组织教学，开展讨论式的学习方式，将学生学习得到的算法与大家分享，并及时解答学习算法过程中遇到的问题。课程结束时，教师检验学生的学习成果，并要求所有学习者进行自评和互评。

三是自助式建模软件使用。智慧环境中的云平台存储大量的建模软件信息资源，学习者可以根据自己的喜好选择任意建模工具进行学习，并依据智慧环境提供的学习目标，自己制定学习任务。在此过程中，教师可以起到引导和咨询作用。当学生确定学习目标后，智慧环境推送满足学习目标的最优学习资源，节省海量查找资料的时间，可以使学生高效率地进行软件工具学习。

四是协作式系统开发。智慧环境快速感知学习者的个体特征信息，并根据群组构建策略组建开发团队。开发团队采用云平台提供的智能分析功能，建立统一的系统开发目标，根据获取的开发目标，团队成员进行协商讨论，确定合理的开发进度。云平台结合团队成员的个体特征及能力素质，科学合理地对开发任务进行分工。在此过程中，智慧环境会实时监控系统开发情况，及时发现问题并反馈建议。

五是探究式问题解决。在虚拟现实理论学习和应用实践过程中，学生在智慧环境中独立地发现问题，进行实验，并得出结果或结论。智慧学习营造具有感知性、自然性的智慧环境，结合几年来讲授本科计算机科学与技术专业的虚拟现实技术课程，对基于智慧学习的虚拟现实理论、实践与应用，进行详尽探讨与研究，并取得一定成果。

三、基于智慧学习环境的教学案例

1. 课程目标设计

虚拟现实技术主要从计算机科学与技术、控制科学与技术、机械工程科学与先进制造技术等学科中孕育并实现跨越，逐步发展成熟起来的。该课程涉及心理学、认知科学、计算机图形学、仿真技术、多媒体技术、人工智能技术、计算机网络技术、并行处理技术和多传感器技术等多学科，综合性较强。因而，在设计课程目标时需充分考虑到以上因素。基于课程特点，智慧学习的教学模式以独立的教学模块为单位进行学习，将课程内容分为 4 个教学模块，每个教学模块由知识单元构成。具体课程目标设定内容如表 6-10 所示。

表 6-10　虚拟现实课程目标设定

模块标识	教学模块	知识单元
模块 1	基础理论	虚拟现实技术的特性、虚拟现实分类、硬件设备
模块 2	关键技术	建模技术:几何建模、物理建模、行为建模 实时绘制技术:消隐、LOD、纹理映射、光照模型 引擎构建技术:场景调度、场景规划、立体现实
模块 3	相关软件	建模软件:3DSMax,Maya,MultigenCreator 开发软件:WTK,Vega,Web3D
模块 4	系统开发	3D 模型构建与展示系统 校园 3D 场景漫游

2. 教学实施

依据上述提出的虚拟现实课程目标,采用科学有效的教学方法并加以实施是教学过程的首要问题,结合课程内容及智慧学习的教学模式设计如图 6-4所示。其中,教学模块 1 以虚拟现实技术的特性为例,阐述了该模块的虚拟现实特点和讲授实施流程,重点突出"自主式"的学习特点;教学模块 2 以实时绘制技术为例,强调分享式的算法教学模式和探究式的问题解决教学模式;教学模块 3 以建模软件使用为例,强调自助式的教学模式;教学模块 4 以校园 3D 场景漫游系统开发为例,强调协作式系统开发的教学特点。

3. 教学效果评价

经过几个周期虚拟现实课程的教学,对 2010 级计算机科学技术专业的两个班 55 名学生进行了教学效果评价的问卷调查。问卷调查主要从以下 6 个方面进行:对虚拟现实学习结果的满意度;开发能力提高度;自主学习能力提高度;讲授方法满意度;解决问题能力提高度;创新能力提高度。评价等级满分为 5 分。其中 1 分表示非常不满意;2 分表示不满意;3 分表示基本满意;4 分表示很满意;5 分表示非常满意。调查结果如表 6-11 所示。

表 6-11　学生满意度调查表

评价指标	1 分	2 分	3 分	4 分	5 分
对虚拟现实学习结果的满意度	2%	9%	16%	55%	18%
开发能力提高度	0%	9%	27%	51%	11%
自主学习能力提高度	4%	11%	18%	56%	11%
讲授方法满意度	0%	0%	11%	69%	20%
解决问题能力提高度	5%	15%	27%	38%	15%
创新能力提高度	4%	5%	24%	47%	16%

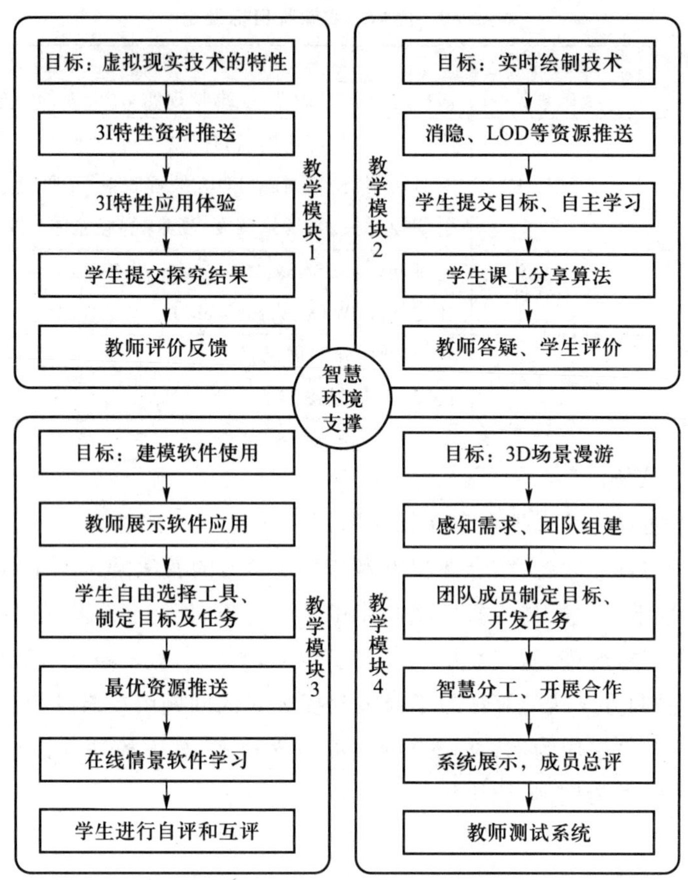

图 6-4 结合课程内容及智慧学习的教学模式设计

从调查结果来看，学生对虚拟现实课程学习结果的满意度中，非常不满意和不满意的占 11%，大多数学生对学习结果是满意的；从系统开发能力提高情况来看，89%的学生认为自己的开发能力有较大的提高；从自主学习能力情况来看，只有 15%的学生认为学习能力的自主性没有提高；从讲授方法的满意度来看，大多数学生对此教学模式是满意的；从解决问题能力和创新能力提高方面来看，分别只有 20%和 9%的学生认为能力没有提高。总体上讲，从以上各个方面的调查情况来看，基于智慧学习的教学模式的教学方法是可行的，教学效果明显提高。

结语

一种学习环境会给养一种学习,培养相应类型的学习者。[①]

——吉布森等

《教育信息化2.0行动计划》指出:“大力推进智能教育,开展以学习者为中心的智能化教学支持环境建设,推动人工智能在教学、管理等方面的全流程应用,利用智能技术加快推动人才培养模式、教学方法改革,探索泛在、灵活、智能的教育教学新环境建设与应用模式。”[②]因此,本书以智慧教育、联通主义、混合学习等先进理论为指导,基于对智慧学习环境概念和内涵的介绍和阐释,研究分析智慧学习环境对创造性人才培养的模式和案例,从技术支撑、理论依据、学习需求、创造力评价等多重影响因素入手,较深入细致地探讨了智慧学习环境下的创造性人才培养的理论发展和实践应用,创新了智慧学习环境下人才培养的内涵,力图为智慧学习和创新性人才培养提供指导。

一、研究结论

(1)智慧学习环境呈现出新的内涵和特征:智慧学习环境是一种能感知学习情景、识别学习者特征、提供合适的学习资源与便利互动工具、自动记录学习过程和评测成果,以促进学习者有效学习的学习场所或活动空间[③],它不仅可以适应学习者的学习风格和能力,为学习者终身学习和发展提供支持[④],而

① Gibson, Eleanor Jack. Perceiving the Affordances: A Portrait of Two Psychologists [J]. London: Lawrence Erlbaum Associates, 2002.

② 教育部关于印发《教育信息化2.0行动计划》的通知[EB/OL].[2018-11-11].http://www.ict.edu.cn/p/liaoning/tzgg/n2018050811145.html.

③ 张永和,肖广德,胡永斌,等.智慧学习环境中的学习情景识别——让学习环境有效服务学习者[J].开放教育研究,2012(1).

④ Chin K W.Smart Learning Environment Model for Secondary Schools in Malaysia:An Overview[EB/OL].[2018-11-11].http://www.powershow.com/view/13d931-ZGY4M/Smart_Learning_Environment_Model_For_Secondary_Schools_in_Malaysia_An_Overview_Making_a_difference_powerpoint_ppt_presentation.

且以泛在学习或者翻转课堂的方式将学习内容提供给学习者。智慧学习环境呈现出智能化、开放性、交互性、协同性等特征,为开展个性学习、群智学习、泛在学习、入境学习等形式提供了可能。

(2) 智慧学习环境下学习趋于泛在化、智能化、个性化:以人工智能、大数据、物联网等新兴技术为基础智慧学习环境,推动信息技术与教育教学的深度融合,促使教育理念与模式、教学内容与方法的改革创新,使得学习资源持续动态生成、学习方式更加丰富多元、学习评价趋于精准,以满足学生的认知差异,帮助学生实现个性化成长。

(3) 辩证看待智慧学习环境对人才培养的作用:重视智慧学习环境对发展学生能力的重要作用:智慧教育的基本内涵是运用智慧教学法,促进学习者智慧学习,培养有高智能和创造力的人。[①] 智慧学习环境能够真正实现学与教的变革,促进学习者轻松、投入和有效的学习,培养高素质的人才。[②] 但是,有学者对智慧学习环境的作用表示担忧,智慧学习环境存在数据互联与共享不稳定,资源与平台缺乏深度融合,隐私缺乏保障等问题。[③] 因此,需要各界共同努力,在引导学生科学使用智能化工具和空间上多维度、多元化地提出解决策略,引导学生发展综合能力,以培养适应新时代发展需求的创新性人才。

二、后续研究

智慧学习环境随着技术的发展处于动态优化的状态,给学习创新带来许多新的机遇和挑战。本书开展了关于智慧学习环境与学习创新的应用与示范的研究,难免存在欠缺,还需要做更多的工作去全面深化研究,有待在后续研究中不断完善和补充。

本书的后续研究将主要涵盖以下方面:(1) 依据智能时代创新学习的新变化和新特征,进一步系统梳理智慧学习环境下学习创新的新观点、新视角,以适应智能化特征的学习需求。(2) 我国已发布《新一代人工智能发展规划》,强调发展智能教育,因此本团队将进一步探究智能技术深度融入教育

---

① 祝智庭,贺斌.智慧教育:教育信息化的新境界[J].电化教育研究,2012(12).

② 黄荣怀,杨俊锋,胡永斌.从数字学习环境到智慧学习环境——学习环境的变革与趋势[J].开放教育研究,2012(1).

③ 程大章.智慧城市——未来城市的发展方向应重视对智慧城市顶层设计的研究[J].智能建筑与城市信息,2012(6).

的全过程，探索提升教学质量、优化教育管理、提高师生能力素养的新路径、新模式。(3) 深化探索智能学习环境下创造力与技术差异、认知基础以及认知方式之间的关系，以期为智能学习环境下创造性人才培养提供更多的参考借鉴。

参 考 文 献

中文参考文献

著作

[1] [美]伯尼·特里林(Bernie Trilling),查尔斯·菲德尔(Charles Fidel).21世纪技能:为我们所生存的时代而学习[M].洪友译,天津:天津社会科学院出版社,2011.

[2] [美]戴维·H. 乔纳森(David H. Jonnasen),苏珊·M. 兰德(Susan M. Land).学习环境的理论基础[M].徐世猛、李洁、周小勇译,上海:华东师范大学出版社,2015.

[3] [美]普里西拉·诺顿(Priscilla Norton),卡林·M. 维保(Karin M. Wiburg).信息技术与教学创新[M].吴洪建、倪男奇译,北京:中国轻工业出版社,2002.

[4] [美]全美教师教育学院协会创新与技术委员会.整合技术的学科教学知识:教育者手册(Handbook of technological pedagogical content knowledge (TPCK) for educators)[M].任友群、詹艺主译,北京:教育科学出版社,2011.

[5] 何锡涛.智慧教育[M].北京:清华大学出版社,2012.

[6] 李运林,徐福荫.教学媒体的理论与实践[M].北京:北京师范大学出版社,2003.

期刊文章

[1] 贺斌.智慧学习:内涵、演进与趋向——学习者的视角[J].电化教育研究,2013(11).

[2] 胡钦太,郑凯,林南晖.教育信息化的发展转型:从"数字校园"到"智慧校园"[J].中国电化教育,2014(1).

[3] 胡小勇,朱龙.数字聚合视野下的电子书包教学应用模式研究[J].中国电化教育,2013(5).

[4] 黄荣怀,胡永斌,杨俊锋,等.智慧教室的概念及特征[J].开放教育研究,

2012(2).
[5] 黄荣怀,杨俊峰,胡永斌.从数字学习环境到智慧学习环境——学习环境的变革与趋势[J].开放教育研究,2012(1).
[6] 姜强,赵蔚,王朋娇,等.基于大数据的个性化自适应在线学习分析模型及实现[J].中国电化教育,2015(1).
[7] 林崇德.创造性人才特征与教育模式再构[J].中国教育学刊,2010(6).
[8] 王佑镁,祝智庭.从联结主义到联通主义:学习理论的新取向[J].中国电化教育,2006(3).
[9] 王玉龙,蒋家傅.以需求为导向的智慧教室系统构建[J].现代教育技术,2014(6).
[10] 王运武."数字校园"向"智慧校园"的转型发展研究——基于系统思维的分析思辩视角[J].远程教育杂志,2013(2).
[11] 魏顺平.学习分析技术:挖掘大数据时代下教育数据的价值[J].现代教育技术,2013(2).
[12] 魏雪峰,宋灵青.学习分析:更好地理解学生个性化学习过程——访谈学习分析研究专家 George Siemens 教授[J].中国电化教育,2013.
[13] 武法提,李彤彤.网络学习环境生态化设计研究[J].中国电化教育,2013(7).
[14] 武法提,牟智佳.电子书包中基于大数据的学生个性化分析模型构建与实现路径[J].中国电化教育,2014(3).
[15] 熊频,胡小勇.面向智慧校园的学习环境建设研究:案例与策略[J].电化教育研究,2015(3).
[16] 徐鹏,王以宁,刘艳华,等.大数据视角分析学习变革——美国《通过教育数据挖掘和学习分析促进教与学》报告解读及启示》[J].远程教育杂志,2013(6).
[17] 严大虎,陈明选.物联网在智慧校园中的应用[J].现代教育技术,2011(6).
[18] 杨现民,刘雍潜,钟晓流,等.我国智慧教育发展战略与路径选择[J].现代教育技术,2014(1).
[19] 杨现民,余胜泉.智慧教育体系架构与关键支撑技术[J].中国电化教育,2015(1).
[20] 余胜泉,程罡,董京峰.E-Learning 新解:网络教学范式的转换[J].远程教育杂志,2009(3).

[21] 郁晓华,顾小清.学习活动流:一个学习分析的行为模型[J].远程教育杂志,2013(4).

[22] 张金磊."翻转课堂"教学模式的关键因素探析[J].中国远程教育,2013(10).

[23] 张金磊,王颖,张宝辉.翻转课堂教学模式研究[J].远程教育杂志,2012(4).

[24] 张进宝,黄荣怀,张连刚.智慧教育云服务:教育信息化服务新模式[J].开放教育研究,2012(3).

[25] 赵呈领,徐晶晶,刘清堂.基于微视频资源的翻转课堂教学模式设计与应用探究[J].现代教育技术,2014(12).

[26] 赵秋锦,杨现民,王帆.智慧教育环境的系统模型设计[J].现代教育技术,2014(10).

[27] 赵晓声,傅钢善,卢燕.规划纲要视角下的陕西教育信息化发展探讨[J].中国电化教育,2011(7).

[28] 郑军,王以宁,王凯玲.微型学习视频的设计研究[J].中国电化教育,2012(4).

[29] 郑凯,聂瑞华.基于诺兰模型的高校信息化发展现状及趋势分析[J].中国教育信息化,2009(11).

[30] 钟志贤,王水平,邱婷.终身学习能力:关联主义视角[J].中国远程教育,2009(4).

[31] 朱洪波,张登银,杨龙祥,等.南京邮电大学基于物联技术的"智慧校园"建设与规划[J].中国教育网络,2011(11).

[32] 祝智庭.以智慧教育引领教育信息化创新发展[J].中国教育信息化,2014(9):4-8.

[33] 祝智庭,贺斌.智慧教育:教育信息化的新境界[J].电化教育研究,2012(12).

[34] 祝智庭,沈德梅.基于大数据的教育技术研究新范式[J].电化教育研究,2013(10).

网络文章

[1] 温州市人民政府.温州市智慧城市创建实施方案[EB/OL].
http://www.wenzhou.gov.cn/art/2013/3/25/art_1230739_2350238.html.

[2] 新加坡卓越教育集团.卓越电子智能教室[EB/OL].

http://www.outstanding.cn/index.php? m = content&c = index&a = lists&catid = 84.

英文参考文献

著作

[1] Coronel C,Morris S,Rob P.*Database Systems: Implementation,and Management (10th Ed.)*[M].Boston: Cengage Learning,2013.

[2] Eleanor Jack G.*Perceiving the Affordances: A Portrait of Two Psychologists*[M]. London:Lawrence Erlbaum Associates,2002.

[3] Baltzan P.*Business-Driven Information Systems(3th Ed.)*[M].New York: Mc Graw-Hill,2012.

期刊文章

[1] Alvarez B.Flipping the Classroom: Homework in Class,Lessons at Home[J]. The *Education Digest*,2012,8:18-21.

[2] Anthony G Picciano.The Evolution of Big Data and Learning Analytics in American Higher Education [J].*Journal of Asynchronous Learning Networks*, 2012,3:9-20.

[3] Danielson J A,Mills E M,Vermeer P J,et al.Characteristics of a Cognitive Tool That Helps Students Learn Diagnostic Problem Solving[J].*Educational Technology Research and Development*,2007,55(5):499-520.

[4] Delors J.The Treasure Within: Learning to Know,Learning to Do,Learning to Live Together and Learning to Be.What Is the Value of That Treasure 15 Years After its Publication[J].*International Review of Education*,2013,3:319-330.

[5] George Siemens.Connectivism: A Learning Theory for the Digital Age[J]. *Instructional Technology & Distance Learning*,2005,2:3-10.

[6] Koehler M J.What Is Technological Pedagogical Content Knowledge[J]. *Journal of Education*,2013,1:60-70.

[7] Myung-Suk Lee,Yoo-Ek Son.A Study on the Adoption of SNS for Smart Learning in the "Creative Activity" [J].*International Journal of Education and Learning*,2012,3:1-18.

[8] Romero C,Ventura S,Garcia E.Data Mining in Course Management Systems: Moodle Case Study and Tutorial[J].*Computers & Education*,2008,1: 368-384.

网络文章

[1] Chin K W.Smart Learning Environment Model for Secondary Schools in Malaysia: An Overview [EB/OL]. http://www.powershow.com/view/13d931-ZGY4M/Smart_Learning_Environment_Model_For_Secondary_Schools_in_Malaysia_An_Overview_Making_a_difference_powerpoint_ppt_presentation.

索　引

页码为该词条第一次在正文中出现时的页码

郑重声明